人际竞争情报分析方法研究

吴晓伟　龙青云　王广雷　著

科学出版社
北京

内 容 简 介

人际竞争情报是对当前竞争情报理论的重要补充。本书把"嵌入性"思想与传统的情报分析方法融合，建立了人际竞争情报分析方法体系，构建了具有良好的规范性和可操作性的竞争情报分析工具。本书主要内容包括：人际竞争情报的研究背景及意义、人际竞争情报分析方法框架、人际竞争情报分析方法的理论基础、人际竞争情报网络建模、人际竞争情报网络静态分析研究、人际竞争情报网络动态分析研究、人际竞争情报分析方法的应用研究。本书的学术价值在于提出了基于网络思维的人际竞争情报分析方法，在理论和方法上均进行了创新，较好地解决了当前人际竞争情报研究的不足，使人际竞争情报分析方法成为竞争情报的基本方法之一，提升了人际竞争情报在竞争情报研究中的地位和作用。

本书主要为信息管理、竞争情报相关的研究人员提供参考，也可供企业管理者、数据分析、情报分析等岗位的实践者参考。

图书在版编目（CIP）数据

人际竞争情报分析方法研究/吴晓伟，龙青云，王广雷著. —北京：科学出版社，2024.3

ISBN 978-7-03-074251-3

Ⅰ. ①人… Ⅱ. ①吴… ②龙… ③王… Ⅲ. ①情报分析 Ⅳ. ①G252.8

中国版本图书馆 CIP 数据核字（2022）第 239860 号

责任编辑：杨慎欣　孟宸羽 / 责任校对：邹慧卿
责任印制：徐晓晨 / 封面设计：无极书装

科学出版社 出版
北京东黄城根北街 16 号
邮政编码：100717
http://www.sciencep.com

北京建宏印刷有限公司印刷
科学出版社发行　各地新华书店经销

*

2024 年 3 月第 一 版　　开本：720×1000　1/16
2024 年 3 月第一次印刷　　印张：12
字数：242 000

定价：128.00 元
（如有印装质量问题，我社负责调换）

前　言

包昌火教授是中国竞争情报研究的开创者和奠基者之一，致力于竞争情报基础理论研究与实践探索。2003 年他结合社会网络理论与中国企业现状首次提出了人际竞争情报网络，并把它列为中国本土现代情报学的理论基石之一。

本书作者自 2007 年开始对人际竞争情报进行深入研究，先后获得了上海市哲学社会科学规划课题"人际竞争情报研究"（2007BTQ001）、教育部人文社会科学研究项目"企业人际竞争情报网络建模研究"（09YJA870020）、国家社会科学基金项目"人际竞争情报分析方法研究"（11CTQ021）的立项，通过这些项目研究初步建立了人际竞争情报理论与方法体系，构建了具有良好的规范性和可操作性的竞争情报分析工具，丰富和完善了竞争情报分析方法体系。为了更好地开拓和提升人际竞争情报理论与实践应用，我们将近年来的研究成果以专著的形式进行总结出版，以期引起更多学者和企业的关注和跟进，促进人际竞争情报理论发展和研究水平提升。

本书主要结构和内容如下：

第 1 章绪论，对人际竞争情报的研究背景及意义进行解析，分析人际竞争情报研究的现状、局限性并指出本书主要研究内容。

第 2 章提出人际竞争情报分析方法框架。框架由理论基础、网络建模、网络分析、应用研究四部分构成。

第 3 章研究人际竞争情报分析方法的理论基础。人际竞争情报分析是一套建立在多学科理论基础上的情报分析方法。人际竞争情报分析的哲学基础是行动者网络理论，通过行动者网络理论搭建和维护人际竞争情报网络，实现情报规划。

第 4 章研究人际竞争情报网络建模。主要包括：①对人际竞争情报网络模型描述方法、建模对象确定方法进行研究；②重点探讨异质多层的网络建模对象描述方法，如何用超网络工具实现其向单质单层网络的转化。

第 5 章人际竞争情报网络静态分析研究。静态分析包括静态特征分析和静态验证性分析两方面。静态特征分析是把一些常规的网络特征指标分析作为人际竞争情报分析工具，研究其在竞争情报实践中的应用。静态验证性分析是对人际竞争情报网络关系结构产生的现象进行证实的一种研究方式，目的是发现人际情报活动的一些客观规律，在统计上主要使用相关分析法和回归分析法。

第 6 章是人际竞争情报网络动态分析研究。本章结合小世界网络模型和无标度网络模型提出了企业人际竞争情报网络动态分析框架模型。

第 7 章是人际竞争情报分析方法的应用研究。本章给出三个单项分析案例和一个综合分析案例，系统展示本书的研究成果在各种竞争情报分析领域的应用。

第 8 章是结论，对本书研究的主要成果和基本观点进行总结。

感谢包昌火教授、陈峰研究员长期给本书作者的学术帮助和指导。包昌火教授虽然已逝世，但他为中国竞争情报奠基和发展所做的贡献永远留在每个竞争情报研究人员的心中。感谢我的导师徐福缘教授，他把我带入竞争情报研究领域，他的睿智和创新始终感染和激励着我。感谢上海商学院为本书的出版提供资助。

由于作者水平有限，书中难免存在疏漏和不足，希望各位专家和同仁批评与指正。

吴晓伟

2024 年 1 月 1 日

目 录

前言

第1章 绪论 ··· 1
1.1 人际竞争情报的研究背景及意义 ·· 1
1.2 人际竞争情报研究的现状 ·· 2
   1.2.1 人际竞争情报规划研究现状 ··· 3
   1.2.2 人际竞争情报搜集与传播研究现状 ································ 4
   1.2.3 人际竞争情报分析研究现状 ··· 5
1.3 当前研究的局限性 ··· 6
   1.3.1 当前研究内容的局限性 ··· 6
   1.3.2 当前研究方法和工具的局限性 ······································ 7
1.4 本书主要研究内容 ··· 8
   1.4.1 本书主要研究内容简介 ··· 8
   1.4.2 研究思路和研究方法 ·· 10
   1.4.3 本书结构安排 ·· 11
1.5 本章小结 ·· 14
参考文献 ·· 14

第2章 人际竞争情报分析方法框架 ··· 16
2.1 理论基础 ·· 17
2.2 网络建模 ·· 18
2.3 网络分析 ·· 20
2.4 应用研究 ·· 23
2.5 本章小结 ·· 23
参考文献 ·· 24

第3章 人际竞争情报分析方法的理论基础 ···································· 26
3.1 人际竞争情报分析的哲学基础 ·· 26
   3.1.1 人际竞争情报分析的认知基础 ···································· 26

3.1.2　人际竞争情报的分析思路 ································ 28
　　　3.1.3　人际竞争情报分析的应用领域 ···························· 28
　3.2　社会资本理论在人际竞争情报分析中的拓展 ························ 30
　　　3.2.1　嵌入性理论 ·· 31
　　　3.2.2　弱联结优势理论和结构洞理论 ···························· 32
　　　3.2.3　强联系优势理论 ·· 33
　　　3.2.4　社会资本负债理论 ······································ 34
　3.3　社会网络分析在人际竞争情报分析中的拓展 ························ 34
　　　3.3.1　社会网络分析模型的发展 ································ 34
　　　3.3.2　社会网络分析与竞争情报分析相关的主要应用领域评析 ········ 35
　3.4　行为科学理论在人际竞争情报中的拓展 ···························· 41
　　　3.4.1　人格特质理论 ·· 41
　　　3.4.2　人际吸引理论 ·· 42
　　　3.4.3　群体结构理论 ·· 43
　　　3.4.4　群体过程理论 ·· 44
　3.5　网络战略管理理论在人际竞争情报中的拓展 ························ 44
　　　3.5.1　网络治理理论 ·· 45
　　　3.5.2　企业生态理论 ·· 46
　3.6　本章小结 ·· 47
　参考文献 ·· 47

第4章　人际竞争情报网络建模 ······································ 51
　4.1　人际竞争情报网络模型描述方法研究 ······························ 51
　　　4.1.1　社群图描述 ·· 51
　　　4.1.2　邻接矩阵描述 ·· 53
　4.2　人际竞争情报网络建模对象确定方法 ······························ 54
　4.3　单质单层的人际竞争情报网络建模 ································ 56
　　　4.3.1　关系 ·· 56
　　　4.3.2　二方关系与三方关系 ···································· 57
　　　4.3.3　群体 ·· 58
　4.4　异质多层的人际竞争情报网络建模 ································ 59
　　　4.4.1　一个异质多层的人际竞争情报网络案例 ···················· 59
　　　4.4.2　多层关系解决途径——超网络思维 ························ 60

4.5 人际竞争情报网络资料搜集 …………………………………………… 63
4.5.1 结构性变量搜集策略 ……………………………………… 63
4.5.2 构成性变量搜集策略 ……………………………………… 66
4.6 网络建模在人际竞争情报分析方法中的意义 ………………………… 66
4.7 本章小结 ………………………………………………………………… 67
参考文献 ……………………………………………………………………… 68

第 5 章 人际竞争情报网络静态分析研究 ……………………………………… 70
5.1 人际竞争情报网络结构基本特征 ……………………………………… 70
5.1.1 路径相关指标及其对人际竞争情报分析的意义 ……………… 70
5.1.2 密度指标及其对人际竞争情报分析的意义 …………………… 73
5.1.3 群聚系数指标及其对人际竞争情报分析的意义 ……………… 76
5.2 中心性指标及其对人际竞争情报分析的意义 ………………………… 78
5.2.1 度中心性及其对人际竞争情报分析的意义 …………………… 79
5.2.2 接近中心性及其对人际竞争情报分析的意义 ………………… 82
5.2.3 中介中心性及其对人际竞争情报分析的意义 ………………… 84
5.3 中心性指标的拓展及其对人际竞争情报分析的意义 ………………… 88
5.3.1 基于整体结构扩展的特征向量中心性 ………………………… 90
5.3.2 基于相关性扩展的权力中心性 ………………………………… 90
5.3.3 基于步长扩展的 k-步可达中心性 ……………………………… 91
5.3.4 基于中介性扩展的圈子中介中心性 …………………………… 92
5.3.5 多种中心性指标的综合评价 …………………………………… 93
5.4 小团体分析指标及其对人际竞争情报分析的意义 …………………… 95
5.4.1 小团体分析指标的类型 ………………………………………… 95
5.4.2 小团体分析指标对人际竞争情报的意义 ……………………… 96
5.5 位置、角色和对等性分析指标及其对人际竞争情报分析的意义 …… 103
5.5.1 结构对等性与个体行动者的位置、角色分析 ………………… 103
5.5.2 子结构对等性与行动者集合的位置、角色分析 ……………… 106
5.5.3 规则对等性与同类行动者的位置、角色分析 ………………… 108
5.6 人际竞争情报网络静态特征分析在竞争对手分析中的意义 ………… 111
5.7 人际竞争情报网络静态验证性分析 …………………………………… 113
5.8 本章小结 ………………………………………………………………… 114
参考文献 ……………………………………………………………………… 115

第6章 人际竞争情报网络动态分析研究 ··············· 116

6.1 人际竞争情报网络动态分析研究的必要性 ············ 116
6.2 人际竞争情报网络动态分析框架 ················ 118
6.3 人际竞争情报网络行动者选择机制研究 ············· 119
6.3.1 基于行动者网络理论的选择机制分析 ············ 119
6.3.2 人际竞争情报网络行动者选择步骤 ············· 120
6.4 人际竞争情报网络联结机制研究 ················ 121
6.4.1 人际竞争情报网络行动者联结影响因素 ··········· 122
6.4.2 人际竞争情报网络行动者联结概率 ············· 124
6.5 人际竞争情报网络动态演化模式 ················ 125
6.6 本章小结 ··························· 127
参考文献 ····························· 127

第7章 人际竞争情报分析方法的应用研究 ·············· 129

7.1 静态特征分析案例研究——华泰证券股权投资竞争对手分析 ······ 129
7.1.1 案例背景 ······················· 129
7.1.2 人际竞争情报网络构建 ················· 130
7.1.3 人际竞争情报搜集：数据来源及处理 ··········· 131
7.1.4 人际竞争情报网络分析 ················· 132
7.2 静态验证性分析实证研究——结构、认知和关系对团队竞争情报共享影响的实证研究 ···················· 138
7.2.1 案例背景 ······················· 138
7.2.2 结构、认知、关系与情报共享的网络建模和测量方法 ···· 139
7.2.3 竞争情报共享程度测量方法 ··············· 142
7.2.4 数据搜集方法 ····················· 143
7.2.5 网络验证性分析 ···················· 143
7.3 动态分析案例研究——J区人际竞争情报网络演化 ········ 146
7.3.1 案例背景 ······················· 146
7.3.2 行动者选择 ······················ 147
7.3.3 网络联结机制 ····················· 150
7.3.4 网络演化发展 ····················· 151
7.4 综合分析案例研究——产业集群信息服务人际竞争情报分析 ····· 152
7.4.1 研究背景 ······················· 152

7.4.2　产业集群信息服务人际竞争情报网络建模⋯⋯⋯⋯⋯⋯⋯⋯⋯154

　　7.4.3　产业集群信息服务人际竞争情报网络分析⋯⋯⋯⋯⋯⋯⋯⋯⋯157

　　7.4.4　上海 S 区产业集群信息服务机制的具体应用⋯⋯⋯⋯⋯⋯⋯⋯160

7.5　本章小结⋯⋯⋯⋯⋯⋯⋯⋯⋯⋯⋯⋯⋯⋯⋯⋯⋯⋯⋯⋯⋯⋯⋯⋯177

参考文献⋯⋯⋯⋯⋯⋯⋯⋯⋯⋯⋯⋯⋯⋯⋯⋯⋯⋯⋯⋯⋯⋯⋯⋯⋯⋯⋯178

第 8 章　结论⋯⋯⋯⋯⋯⋯⋯⋯⋯⋯⋯⋯⋯⋯⋯⋯⋯⋯⋯⋯⋯⋯⋯⋯⋯⋯180

第 1 章 绪　　论

1.1　人际竞争情报的研究背景及意义

2003 年，包昌火教授等最早在中国提出人际竞争情报的概念[1]。他认为人际网络理论的应用是对中国传统情报学理论体系的完善，它促进植根于社会活动和人际网络之中的人际情报活动理论化、科学化，为运作人际情报网络、构建情报和知识管理平台提供理论指导，对人际情报网络的建设和现代情报学的发展具有重要的意义，构成了现代情报学的重要基础理论[2]。

在企业竞争情报活动中，人际具有关键地位。人际的本质就是关系，传统的人际指人与人之间的关系，企业人际则既可以指企业相关人员之间的关系，又可以指企业相关部门或机构之间的关系，还可以指企业相关的技术、产品或产业之间的关系等。大量"物"的关系背后实质是"人"的关系。人际关系具有网络结构，从企业内外关系的视角，以企业人员、产品、机构或产业为节点，以节点之间有形（人员、原材料、产品、资金等）或无形（信息、技术、影响、股权等）的转移或共享关系为边，可以建立起各种各样的企业人际网络。企业人际网络既是企业获取竞争情报的重要资源，又是开展竞争情报活动所依托的实践和运营平台[3]。人际竞争情报就是通过企业人际网络的构建与分析来获得竞争对手、竞争态势、竞争环境、竞争策略等相关情报，它是对当前竞争情报理论的重要补充和创新研究[4]。

社会资本和社会网络分析催生了人际竞争情报。社会资本观点为企业竞争战略研究开创了新的视角，它为竞争战略带来了全新的手段和分析技术。社会网络分析、网络角色行为分析等新名词逐渐出现在企业战略研究中。企业把社会资本提高到和经济资本、人力资本等同的地位，开始用战略的眼光创建符合自己竞争优势的社会资本，这样也就出现了企业社会资本战略、网络管理战略的新管理理念。和竞争战略实施需要竞争情报一样，社会资本战略、网络管理战略的有效实施需要有系统的关系信息搜集、分析的支撑，传统的竞争情报和社会网络分析结合最终催生了人际竞争情报[5]，新的竞争情报只有和社会资本有效融合才能适应新的发展需求。

信息技术的发展使得企业人际活动进入可测量时代和大数据时代，这为人际竞争情报分析方法研究提供了可行性和必要性。人际在企业竞争情报活动中虽然具有关键地位，但由于其缺乏可测量性，传统的情报理论研究对此尚处于空白或只有零星的定性研究。近几年，随着社会媒体席卷式的普及、监管机构及企业自发推动的信息公开日益扩大化，大量的企业人际活动信息具有记录详细、披露及时、传播广泛、收集方便的特点，使大规模的实证和定量分析有了可能，这为人际竞争情报研究提供了可行性和实用性。其次，竞争情报搜集与分析是日常工作，传统的竞争情报分析手段是人工处理，当前企业竞争所处的信息环境进入大数据时代，企业人际相关情报的信息量大、更新速度快和信息源种类多样对人工处理提出严峻挑战，定量分析、工具化的研究亟待加强，这为人际竞争情报分析方法研究提供了必要性。

人际竞争情报分析方法为竞争情报分析带来了新途径。人际的本质是关系，人际竞争情报分析的本质是关系分析，从以局部、微观、个体为视角的原子主义转向以联系、综合、结构化为视角的关系主义。它既重视个体分析，又把个体嵌入其所处的关系网络中进行考察，架起微观、宏观等不同层次之间的桥梁。它以图论、关系代数和概率统计为工具对研究内容进行网络建模，推崇在定量的基础上进行定性分析，具有规范性和可操作性[6]。

人际竞争情报是对当前竞争情报理论的重要补充。人际竞争情报研究的出现给当前竞争情报研究的范式创新带来了希望，开创出具有良好的规范性、可操作性、经济性、正确性的竞争情报分析工具，同时把竞争情报研究定位在宏观竞争战略分析和微观企业个体竞争策略之间。这样，从学科角度来看，人际竞争情报填补了经济学、管理学、情报学等学科对竞争理论、竞争策略、竞争信息研究的空隙，同时其又成为其他各学科知识相互融合的黏合剂，使自己的学科特殊性更加明显，更有利于开拓自己的服务和产品市场[6]。

王崇德教授认为，情报学的前景很大程度上取决于方法论，如果方法论有所突破，那么情报学必将摆脱其在萌芽期并且流行至今的一些狭隘的观点，在更广阔的背景下完善情报学理论大厦，甚至成为独立的学科[7]。为了更好地深化和提升人际竞争情报研究水平，有必要对其方法论进行根本性的思考，同时对当前人际竞争情报研究工作及其局限性进行总结，进而提出人际竞争情报研究的方法和路径。

1.2 人际竞争情报研究的现状

分别用关键词"社会网络+竞争情报"和关键词"人际网络+竞争情报"在中国知网对 2000 年以来的文献进行查询；对查询到的文章进行梳理，我们可以发现当前人际竞争情报主要研究社会关系、社会资本对竞争情报活动的嵌入影响，即分析竞争情报规划、搜集、分析、传播等活动环节中的社会网络影响机制，有一些文献从宏观角度提出了人际竞争情报基本的理论与方法论，为人际竞争情报研究水平的提升奠定了基础。下面分别从人际竞争情报规划、人际竞争情报搜集与传播、人际竞争情报分析三个主题对一些有代表性的文献进行评析[5]。

1.2.1 人际竞争情报规划研究现状

人际竞争情报规划研究主要集中在以下三个方面。

一是建立人际竞争情报战略。王知津等[8]提出用竞争情报社会网络扩张战略、竞争情报知识管理战略、反竞争情报战略构建基于社会网络分析的竞争情报战略。基本构想是利用社会资本、社会资源理论及其分析方法设计"广撒网"的战略来实现竞争情报战略。王馨等[9]揭示了竞争情报活动、人际情报网络、竞争情报制度文化三者之间的双层嵌入关系，这打破了以往研究仅从网络内部的关系和结构出发，把人际情报网络当作孤立系统进行研究的情况，将经济、文化、政治制度对人际情报网络的影响纳入研究视野，从而科学地解释了企业人际情报网络的构建和运行机制，具有重要的理论意义。

二是确立情报需求。由于情报部门的资源限制，往往不能满足所有部门的情报需要，因此也就有所谓的关键情报课题（key intelligence topic，KIT）之称。大多数情形下，关键情报课题是用投入产出、市场重要性等经济指标衡量，但情报部门也要考虑组织内部各部门对相关情报的关注程度，另外还要从情报部门自身资源获取、与各利益相关部门关系权衡的角度去思考把哪些情报需求列为优先级别，这就意味着社会网络嵌入机制对情报需求确定是有影响的，目前相关研究还比较缺乏。

三是规划和设计相应的组织模式实施情报活动，同时根据情报需求构建合适的人际网络。解娟等对陕西参与"一带一路"倡议的企业进行访谈和抽样调查，总结出中国企业参与国际竞争，需要通过人际情报网络的3种渠道（政府、市场、社会）获取关键信息和资源，加快企业国际化进程、提升企业国际竞争力[10]。文献[11]、[12]从社会网络概念出发，结合竞争情报活动特性分析如何构建相应的竞争情报网络。吴晓伟等根据系统工程理论，从自适应复杂演化性、参与主体的多源性揭示人际竞争情报网络构建的复杂性，提出网络创建环节的动态不稳定性、网络运营过程中的人际情报工作者的角色地位选择、网络维护过程中的人际情报软件的研究将成为竞争情报活动实施的重点[13]。周九常从实践出发分析产业集群网络组织间竞争情报网络构建模式，提出了两种基于弱联结和结构洞开拓的网络组织间的竞争情报模式，这两种模式很好地把社会网络结构特征与情报组织模式有机结合，对开展以产业集群网络为主体的网络组织间竞争情报活动，提升集群网络中成员和整体网络的竞争优势给予了指导[14]。彭靖里等从中国台湾集成电路（integrated circuit，IC）产业创新网络的成长过程分析了跨国社群在构建人际竞争情报中的作用。跨国社群的发展为一些专业知识的组合和交换提供了情景化的媒介，创造了志同道合的人之间相互信任、专业交流和知识分享的机会，这些都为人际竞争情报网络的形成和壮大创造了广阔的演化空间，同时也促进其不断提高信息、知识搜集的质量和情报传递与利用的效率[15]。

1.2.2 人际竞争情报搜集与传播研究现状

人际竞争情报搜集与传播是当前人际竞争情报研究成果最丰富的领域[5]。丰成君最早从广义角度，探讨了社会信息交流的心理模型，研究情报机构在社会信息传递交流中的职能[16]。文献[17]说明社会网络在竞争情报源挖掘中运用的意义，着重从基于整个网络角度的分析和以个体为中心的分析两个层面探讨社会网络在竞争情报源挖掘中的应用。文献[18]在详细分析典型案例的基础上，揭示出广泛隐藏于企业人际网络中的竞争性信息，提出必须培育企业内部人际情报网络和企业外部人际情报网络以获取竞争情报，同时也提到在竞争情报搜集过程中应采取的策略技巧和方式方法。文献[19]对中国的生产型企业进行情报关系的嵌入性建设进行调查，通过实证研究指出：为保证情报质量，企业应首先在关系质量方面下功夫，优先与关键情报源（占据中介中心性或度中心性地位的节点）建立联系，因为这些情报源接触到的信息量大，且获得关键情报的概率比较高，优质情报的获取能够使竞争情报工作事半功倍；其次是加强对关系持久度和关系强度的把控，避免"有效嵌入不足"和"嵌入过度"。文献[20]专门用新产品开发举例说明企业内外部人脉间流动的隐性情报的重要性，提出用竞争情报部门的内部网络、企业内部人际情报网络、企业外部人际情报网络为企业新产品开发提供所需情报。秦铁辉等分析了友谊网络、咨询网络、信任网络和工作流网络四种人际网络的构成特点，探讨了如何运用它们更好地为企业提供情报搜集与传播服务[21]。文献[22]、[23]从网络的弱联结优势、结构洞、强联系等结构特征和行为因素两个方面对人际竞争情报搜集和传播过程进行了全面分析。研究指出网络结构特征是确定搜集、传播目标，制定相应策略的重要依据，人际竞争情报系统本质上是一个社会技术系统，不同的社会场域的规范、规模以及个体构成结构将对搜集、传播效率和效果产生显著的影响。文献特别提出可以用声望模型解决情报搜集的正确性、即时性、经济性问题，以有效提高情报搜集质量。

1.2.3 人际竞争情报分析研究现状

当前,社会资本理论、社会网络理论对人际竞争情报分析研究主要体现在以下两个方面。

一是利用社会资本理论、社会网络理论工具创新性地开发竞争情报分析工具,对企业竞争对手、竞争战略进行分析[3,6]。如文献[24]探讨了竞争情报工作者如何用中心性指标对竞争对手企业的内部人际网络、基于供需链的人际网络、基于战略联盟的人际网络的各节点做出正确的竞争策略分析。文献[25]从社会网络分析常用的两种均衡指标——结构均衡(structural equivalence)和规则均衡(regular equivalence)出发提出竞争态势图的分析工具,它可以抽象描述产业链中的各角色的社会联系方式,并由此来理解网络节点的社会角色的本质。文献[26]提出了基于社会网络分析的合作竞争情报研究基本思路,主要包括合作竞争情报研究主题确定、基于战略联盟形成关系的人际竞争情报网络建模、人际网络结构分析,通过该分析思路,最终可获得合作竞争态势和战略联盟体中的合作关系模式。用此思路对上市公司年报中的股东进行分析,对国内上市公司的合作竞争模式进行实证分析,结果发现国内上市公司基于参股关系的社会网络密度、群聚系数比较小,战略联盟的地域性强,合作动机多样,联盟体间缺乏合作关系,联盟内成员地位差异性大,结构空洞丰富。文献[27]进一步用社会网络分析了上市公司机构股东的社会网络,在企业间建立区别于业务关联的合作渠道,对集成电路企业在产业内合作提供参考建议。上述研究日渐成熟,相关的分析过程和步骤具有良好的规范性和可操作性。

二是根据人际情报网络的特点,创立独特的分析指标[26]。王知津等利用数据库中的关系概念提出人际网络关系模型的理论及其影响因素,重点讨论了竞争情报人际网络关系模型的实现过程[28],提出的分析方法从理论上并不复杂,但具有很好的实用性,企业可以根据关系库和关系模型的特点,构建基于业务需求的若干个基本关系,依据业务需求,将形成的各种关系进行笛卡儿积运算,找出组织中的人员各自潜在的人际网络。王曰芬等利用信息论中的信息熵、模糊数学中的隶属函数及离散数学中的图论等基本理论,研究了人际情报网络分析的方法和模型,独创了联系效度的概念,探索了人际情报网络无向图和有向图的分析方法,为人们了解人际情报网络中的关键节点、节点的分布以及网络的结构、联通性等提供有效的参考依据[29]。

1.3 当前研究的局限性

1.3.1 当前研究内容的局限性

当前研究内容的局限性主要表现在两个方面：其一，社会网络的分析指标众多，有特征分析指标、小团体分析指标、中心性分析指标等。目前的文献往往只对一类或者一个指标进行应用分析，没有进行完整的系统梳理，需要进一步完善。其二，研究内容没有很好地体现"双嵌入"的效应[4]。社会资本包括结构维度（structural dimension）、关系维度（relational dimension）和认知维度（cognitive dimension）。结构维度是指人际网络的结构特点，比如结构空洞、网络密度、网络直径等，是人际网络基本特征表象，它是社会资本的硬载体，不因网络联系的个体不同而不同；关系维度是指网络中具体的人表现出来的社会交往关系，比如相互之间行为互动的方式、共同遵守的规范、信任机制等；认知维度是指提供人际网络个体之间交流的语言、符号、文化和默会知识。当前人际竞争研究只强调了结构维度对情报价值链的影响，即只考虑网络关系特征、结构对网络行动者、网络群体的约束与影响。但结构分析无法解释很多现象，比如处于同样位置的网络行动者或者群体，为什么会表现出不同的情报搜集和传播效果。很多学者在反思网络分析范式的弊端，即过分强调社会关系的静态结构，忽视网络所处的社会背景、制度、信任机制、角色属性（比如个性）、认知水平对关系产生和发展的影响，也就是缺乏"双嵌入"的思考[30]。

新经济社会学双嵌入理论认为：经济行动嵌入在社会网络中，社会网络嵌入在制度文化中。社会网络既具有自身的独立性，同时又受到经济行动和社会制度文化的影响。该理论本质上进一步阐明了结构影响网络。网络又受到关系与认知的影响。人际竞争情报双嵌入机制研究具体可以用图 1-1 说明。一是对竞争情报规划、搜集、传播和分析应纳入竞争情报工作者预先确定的网络背景中去研究，要充分考虑人际竞争情报网络对竞争情报价值链的影响；二是要研究社会资本中的非结构因素（制度、文化、信任机制、行动者认知水平）人际竞争情报网络的影响；三是研究竞争情报价值链、人际竞争情报网络、社会资本中的非结构因素（制度、文化、信任机制、网络行动者认知水平）三者的相互影响机制[7]。只有充分研究三者之间的关系，人际竞争情报的基本理论才能建立，人际竞争情报的科学性、有效性才能得以体现。显然目前研究是不充分的，关于前者的研究颇多，而后面两部分几乎没有涉及。

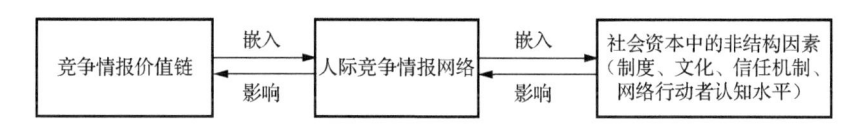

图 1-1 人际竞争情报双嵌入机制研究

1.3.2 当前研究方法和工具的局限性

人际竞争情报研究应当遵循社会科学研究的普遍方法——质性研究和定量研究相融合。当前人际竞争情报研究方法总体比较落后，大都是一种定性的描述，即使是开放型访谈、参与型和非参与型观察、实地分析等质性研究，也没有很好的指导性工具和方法，研究的目标和目的很模糊[4,5]。

在定量研究方面，目前常用的方法是人际竞争情报网络建模。人际竞争情报网络建模更多的是借鉴社会网络分析的思路，但社会网络分析和竞争情报学科需求有很大的出入，不能解决诸如技术竞争情报、产业竞争情报所面临的问题，制约了人际竞争情报分析方法应用的普遍性，需要建立合适的方法对竞争情报方法体系进行补充。

社会网络图中的行动者（或称角色、节点等）一般要求来源于同一集合体，若来源于两个集合体，一般要把同一集合体的关系图转化为 2-模图才能分析它们之间的关系。若行动者来源于三个以上集合体，则 2-模图无法转化，社会网络模型将无能为力。图 1-2 为多个企业（E1、E2、E3、E4、E5）对多个产品（P1、P2、P3、P4、P5）的销售关系，竞争情报分析人员试图通过产品销售研究获得市场开拓策略。这里涉及两个集合——企业集合和产品集合，可以通过转化得到两个单质集合构成的网络即 1-模图，一个图中只有企业间关系，另一个图只有产品间关系，这样就可以用社会网络分析的指标对其单独分析（图 1-3）。同样两个 1-模图可以转化为 2-模图，这样就可以分析各集合体行动者之间的关系。若再增加其他集合（比如专利、技术等）就难以用此方法进行相互转换。

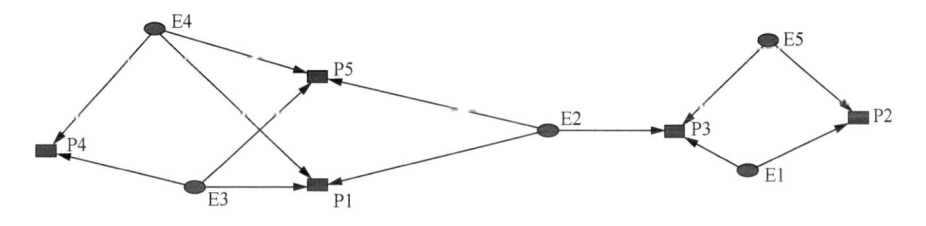

图 1-2 来源于两个不同集合的 2-模图

(a) 企业间关系　　　　　　　　　(b) 产品间关系

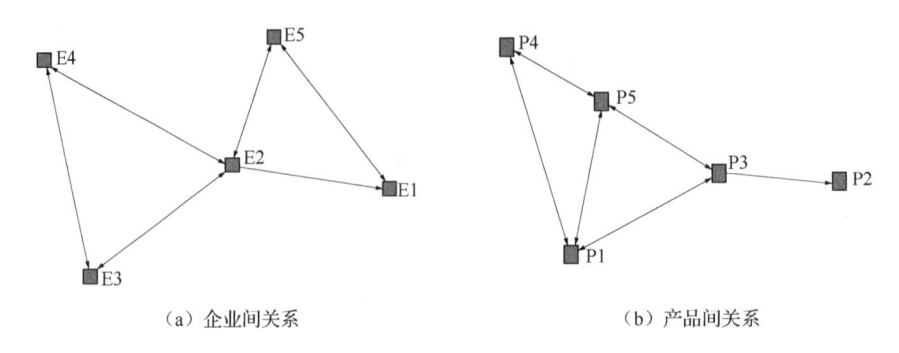

图 1-3　来源于同一集合的关系图

另外，当前研究中，行动者一般是组织、人，很少见到"物"（企业、技术、产品、标准），这限制了网络分析模型在竞争情报中的应用拓展。但实际企业竞争情报往往如图 1-3 所示涉及企业和产品两种"物"，再如技术竞争情报研究需要分析（企业、技术、产品、标准）之间的关系以便确定技术竞争策略，产业竞争情报要分析国家政策、上下游企业、技术之间的关系。这些分析均涉及与"物"（企业、技术、产品、标准）相关的网络分析。

1.4　本书主要研究内容

1.4.1　本书主要研究内容简介

本书把"嵌入性"思想与传统的情报分析方法融合，建立人际竞争情报分析方法体系，开创出具有良好的规范性和可操作性的竞争情报分析工具。这不仅给当前竞争情报研究的范式创新带来希望，使自己的学科特殊性更加明显，也使竞争情报方法体系得到进一步丰富和完善，更有利于开拓自己的服务和产品市场。具体研究包括以下内容。

1. 人际竞争情报分析方法的理论基础研究

理论体系和方法体系是一门学说或者一门学科发展的根本。理论体系决定了研究的广度和深度。人际竞争情报分析方法的理论体系是人际竞争情报分析方法体系建立的基础。总体上看，理论体系应以行动者网络理论（actor network theory，ANT）为哲学基础，并在此基础上把竞争情报学、经济社会学（社会资本、社会网络理论）、网络战略管理理论、行为科学作为人际竞争情报分析方法论的逻辑起点，把价值链理论、协同论和系统论作为配合和补充。人际竞争情报的诞生是竞争情报发展到一定阶段的产物。竞争情报的发展与企业、产业、国家的战略、经济决策信息需求密切相关。网络战略管理理论将战略管理领域与社会经济学（社会资本）领域的相关研究相结合，将结构、关系和文化三个网络维度构建出相应的竞争策略。以竞争战略为服务对象的竞争情报，在新时期下要紧跟战略管理的发展趋势，提升自己的服务水平，人际竞争情报的推出正符合战略管理的潮流。人际竞争情报分析的理论体系自然要以竞争情报、社会经济学（社会资本理论、社会网络理论）、网络战略管理理论作为出发点，同时要把这些理论与竞争情报需求结合起来，从竞争情报的角度对其重新诠释。

2. 人际竞争情报网络建模研究

当前基于社会网络分析的人际竞争情报分析方法存在局限性，需要用一种新的网络模型来重构人际竞争网络建模，具体内容包括：用社会经济学的行动者网络理论统领建模分析过程，确定建模对象（网络行动者），指导人际竞争情报网络策略制定、实施、反馈；用超网络方法宏观分析网络各类行动者的关系，超网络能解决人际竞争情报网络模型描述的多层性和集成性问题，具体思路是让单质行动者形成社会网络，然后在网络与网络之间寻找两两行动者集合之间的关系映射，通过关系映射，实现各网络之间的集成、协调、统一；用社会网络精确微观剖析各子网络的局部关系，用图论和矩阵进行具体描述和计算，依据社会网络分析方法，对行动者、关系、二方关系、三方关系、群体等建模对象的内涵和特点进行研究，指出功能性和适用性是人际竞争情报网络建模的基本要求，从结构性变量和非结构性变量两个角度，分析人际竞争情报网络情报搜集的基本方法和测量过程。

3. 人际竞争情报网络分析研究

网络分析由静态分析和动态分析构成。

1）人际竞争情报网络静态分析研究

静态分析包括静态特征分析和静态验证性分析两方面。静态特征分析分为微观、中观和宏观三类分析。微观分析研究网络节点或整体网络的关系多寡程度，由此分析节点或网络在人际竞争情报活动规划、搜集、传播以及分析中的应用；中观分析研究网络节点的结构特征，分析社会嵌入下的节点面临的战略机会和行为意图；宏观分析用派系指标对网络中群体间的互动行为模式进行分析。静态特征分析的研究要结合人际竞争情报的具体应用背景，通过网络结构特征分析、中心度分析、小团体分析、位置和角色分析进行。静态验证性分析是指验证人际竞争情报网络结构,特别是嵌入机制(如制度、文化、信任机制、网络行动者认知水平等嵌入情形)对人际情报活动的影响,研究人际关系、社会资本对竞争情报活动的影响,为竞争情报价值链增值提供理论与方法基础。

2)人际竞争情报网络动态分析研究

静态分析只能对当前的网络关系进行扫描式分析,不能对网络关系的发展趋势进行说明。动态分析研究的是人际竞争情报网络创建、运营和维护等活动的动态特点和规律,重点是分析网络的形成与成长机制。动态分析框架主要由行动者选择、网络联结、网络演化发展三部分组成。研究涉及的理论包括行动者网络理论、社会网络理论、复杂系统(自组织)理论和经济学的交易费用理论等。

1.4.2 研究思路和研究方法

本书结合三大网络理论,在情报理论、战略管理理论、系统工程理论的指导下构建人际竞争情报分析方法,具体思路如图1-4所示。

(1)通过文献梳理,研究人际竞争情报研究领域及其特点,运用社会资本理论、系统论、价值链理论、协同论、网络战略管理等理论分析网络建模的必要性,指出人际竞争情报基本方法体系是网络建模。

(2)通过行动者网络理论确立建模主体,用社会网络对单质行动者进行建模,用超网络对各层网络进行集成分析。

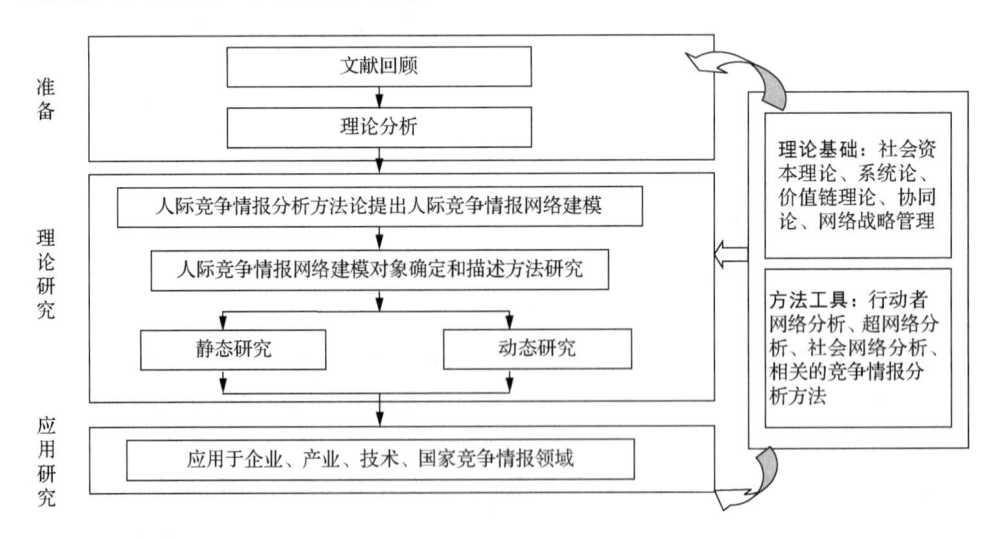

图1-4 本书的研究思路和研究方法

(3)将网络分析分为静态和动态两个方面展开研究。结合人际竞争情报规划、搜集、分析、传播各环节分析主题，建立一套可操作的分析工具，如：应用具体计算和经验明确人际竞争情报网络各种特征指标及其竞争情报分析意义，应用基于网络结构和主体策略行为的动态耦合模型明确网络动态演化规律，等等。这里的研究包括单质网络和异质网络两大类，对于单质网络，主要用社会网络分析工具，异质网络主要用超网络分析工具。这里的研究不可能穷尽所有的竞争情报分析主题，但至少给出了一种分析事物的思路。

(4)用人际竞争情报分析方法对一个开发区的产业集群信息服务组织的创建、发展和维护进行实证研究，以此来说明该分析方法具有普遍价值，由此可以预见该方法在技术竞争情报、国家竞争情报中均具有很好的应用前景。

1.4.3 本书结构安排

本书总体结构如图 1-5 所示。

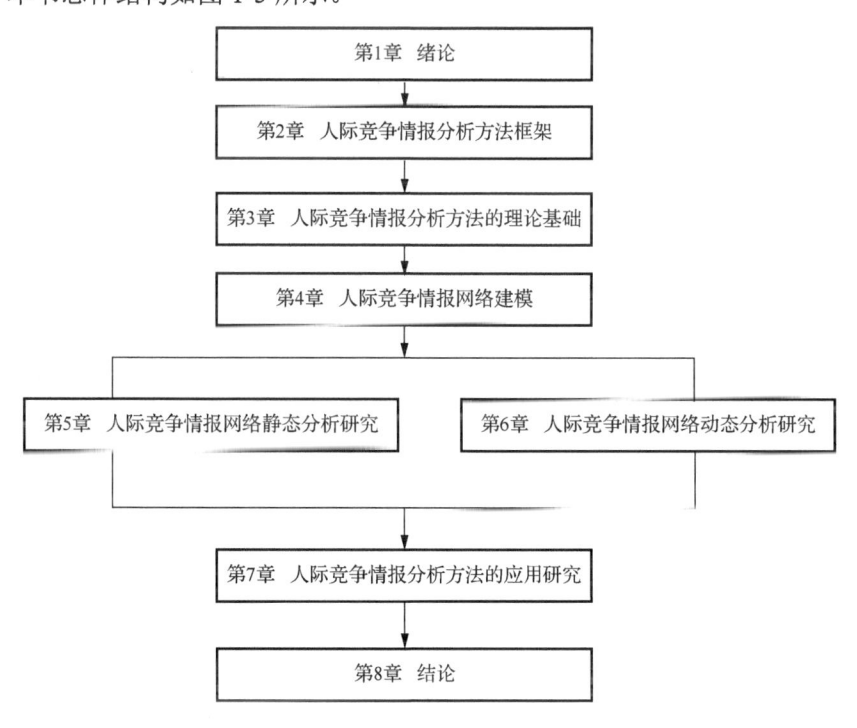

图 1-5 本书总体结构图

各章内容安排如下：

第 1 章对人际竞争情报的研究背景及意义进行了解析，同时对当前的人际竞争情报研究从规划、搜索、分析与传播各环节进行了点评，指出当前人际竞争情报研究在内容和方法方面的局限性，需要建立一套完整的分析方法体系来提升当前的研究水平，介绍了本书的研究目的、研究内容、研究方法及技术路线。

第2章提出人际竞争情报分析方法框架。框架由理论基础、网络建模、网络分析、应用研究四部分构成。人际竞争情报研究分析方法总体上基于行动者网络哲学思想，同时在情报学、社会网络理论、网络战略管理理论、行为科学、价值链理论系统论、协同论的基础上，以行动者网络分析、社会网络分析、超网络分析以及相关的竞争情报分析方法为工具，完成网络建模、网络分析、战略制定、战略实施，其应用范围将涵盖竞争情报的主要领域。

第3章研究人际竞争情报分析方法的理论基础。人际竞争情报分析是一套建立在多学科理论基础上的情报分析方法。人际竞争情报分析的哲学基础是行动者网络理论，通过行动者网络理论搭建和维护人际竞争情报网络，实现情报规划。人际竞争情报的诞生和发展与企业、产业、国家的战略需求密切相关，因此要把社会经济学（社会资本理论、社会网络理论）、网络战略管理理论作为人际竞争情报理论体系的逻辑起点，用价值链理论、协同论和系统论作为配合和补充。人际竞争情报分析方法的理论还需要扎根于竞争情报理论，竞争情报的相关理论均适用于人际竞争情报分析。

第4章研究人际竞争情报网络建模的相关问题。主要包括：其一，对人际竞争情报网络建模的基本要素——建模原则、建模对象及其资料搜集方式进行了研究，指出了人际竞争情报网络模型描述工具包括社群图和矩阵，研究了与重排、加减法、幂运算、相关、回归矩阵运算的竞争情报分析意义，明确了行动者、关系、二方关系、三方关系、群体是建模的五个基本对象，从结构性变量和非结构性变量两个角度出发对人际竞争情报网络建模过程中的资料搜集策略进行研究，强调非结构性变量在人际竞争情报网络分析中的重要性。其二，重点探讨异质多层的网络建模对象描述方法，以及如何用超网络工具实现其向单质单层网络的转化。

第5章是人际竞争情报网络静态分析研究。静态分析包括静态特征分析和静态验证性分析两方面。本章以社会网络分析方法为线索，系统研究了网络结构的基本特征指标（路径、密度、群聚系数）、网络的中心性指标、网络的小团体分析指标（核、派系）、网络的对等性指标等在竞争情报活动、竞争环境扫描、竞争对手分析中的应用。给出了基于人际竞争情报网络的竞争对手分析框架，该框架具有很好的实践指导价值。同时研究了网络位置、角色和对等性指标对行动者之间的竞争行为的社会嵌入机制的影响。

第 6 章是人际竞争情报网络动态分析研究。本章结合 Watts 等[31]的小世界网络模型和 Barabási 等[32]的无标度网络模型提出了企业人际竞争情报网络动态分析框架模型。人际竞争情报动态分析由网络选择机制、网络联结机制、网络动态演化模式三部分构成。网络选择机制包括网络行动者分类备选和选择条件设计两个步骤。网络联结机制是研究网络形成的条件，网络行动者资源的吸引力度和社会网络的嵌入效应决定人际竞争情报网络行动者间的联结概率。网络动态演化模式有三种：一是由单个核心行动者发展的单中心模式；二是由多个核心行动者演化的多中心模式；三是由基础行动者支撑的分散支撑模式。

第 7 章是人际竞争情报分析方法的应用研究。本章给出三个单项分析案例和一个综合分析案例，系统展示本书的研究成果——人际竞争情报分析方法如何应用于各种竞争情报分析领域。静态特征分析案例研究——华泰证券股权投资竞争对手分析，详细展示了人际竞争情报网络的构建以及如何把静态分析指标应用在竞争情报活动、竞争环境扫描、竞争对手分析中。静态验证性分析案例实证研究结构、认知和关系对团队竞争情报共享影响的实证研究，该案例弥补了以往只关注结构特征的缺陷，说明了认知、信任等其他非结构因素对竞争情报活动的影响，证明了验证性分析在寻找和研究企业人际竞争情报活动规律中的作用。动态分析案例研究——J 区人际竞争情报网络演化，以 J 区科学技术委员会推动的服务于产业发展的人际竞争情报网络发展为例，分析该网络的选择机制、联结机制和演化机制，该案例也间接验证了人际竞争情报网络发展可以在动态分析框架指导下进行。综合案例分析是把人际竞争情报分析方法应用于产业集群的信息服务机制研究，利用人际竞争情报分析方法框架，对产业集群中的行动者进行了网络建模和分析，利用社会网络分析、超网络分析等工具对网络的静态特征进行了分析，给出了相关应对策略。具体包括用网络基本特征指标对产业集群现状进行分析，依据行动者网络理论，构建产业集群信息服务行动者网络，同时提出利用网络度中心性、中介中心性、接近中心性等指标对子网络之间的协调机制进行分析，同时结合特征指标对预警机制进行了研究。通过案例，我们可以发现人际竞争情报分析方法具有通用性，能解决当前多关系、异质、多网络的复杂问题。

第 8 章是结论。对本书研究的主要成果和基本观点进行总结。

1.5 本章小结

本章首先对研究背景和研究意义进行了分析。其次对当前人际竞争情报研究的现状进行了综述，对当前研究的不足，特别是研究内容、研究方法和分析工具的局限性进行了深入分析。再次对本书的研究内容、研究方法进行了详细介绍。最后从全局的角度出发介绍了本书内容结构、章节安排等。

参 考 文 献

[1] 包昌火, 谢新洲, 申宁. 人际网络分析[J]. 情报学报, 2003, 22(3): 365-374.

[2] 包昌火, 刘彦君, 张婧, 等. 中国情报学论纲[J]. 情报杂志, 2018, 37(1): 1-8.

[3] 龙青云, 吴晓伟. 企业人际网络中心性指标的扩展及其对竞争对手分析的启示[J]. 情报理论与实践, 2012, 35(11): 61-66.

[4] 吴晓伟. 人际竞争情报研究基本方法——网络建模[J]. 情报学报, 2009, 28(3): 451-458.

[5] 吴晓伟, 龙青云, 刘海学. 人际竞争情报研究现状及其发展思路[J]. 情报理论与实践, 2011, 34(8): 1-6.

[6] 吴晓伟, 刘仲英, 李丹. 竞争情报研究的创新途径——基于社会网络分析的观点[J]. 情报学报, 2008, 27(2): 295-301.

[7] 王崇德. 图书情报学方法论[M]. 北京: 科学技术文献出版社, 1988.

[8] 王知津, 樊振佳. 基于社会网络分析的企业竞争情报战略[J]. 图书情报知识, 2007(6): 5-10.

[9] 王馨, 秦铁辉. 基于嵌入理论的人际情报网络影响因素模型研究[J]. 情报理论与实践, 2009, 32(10): 13-16, 20.

[10] 解娟, 杨洋, 边燕杰. 人际情报网络何以提升中国企业的国际竞争力——基于陕西走出去企业的实证研究[J]. 情报杂志, 2018, 37(5): 59-63, 181.

[11] 包昌火, 李艳, 王秀玲, 等. 人际情报网络[J]. 情报理论与实践, 2006, 29(2): 129-141.

[12] 赵宇翔. 企业竞争情报中人际网络的信息构建[J]. 图书情报工作, 2007, 51(4): 124-127.

[13] 吴晓伟, 李丹. 企业人际竞争情报网络复杂性研究[J]. 图书情报工作, 2007, 51(9): 75-78.

[14] 周九常. 产业集群网络组织间竞争情报模式[J]. 图书情报知识, 2007(6): 16-20.

[15] 彭靖里, 谭小金, 李建平. 嵌入跨国社群的人际情报网络演化过程及其作用——以中国台湾 IC 产业创新网络的成长为例[J]. 情报理论与实践, 2017, 40(5): 6-11.

[16] 丰成君. 社会信息交流的心理模型与社会网络模型[J]. 图书情报知识, 1995(4): 2-5.

[17] 曹超, 盛小平. 社会网络在竞争情报源挖掘中的应用[J]. 情报理论与实践, 2009, 32(3): 60-62.

[18] 程红梅. 基于人际网络的企业竞争情报收集[J]. 现代情报, 2010, 30(1): 162-165.

[19] 仝丽娟, 仝若贝, 李明慧. 关系嵌入对企业竞争情报工作的影响分析[J]. 图书情报工作, 2019, 63(8): 116-126.

[20] 仝丽娟, 王瑞梅. 浅谈人际情报网络在企业新产品开发中的应用[J]. 情报理论与实践, 2008, 31(6): 868-872.

[21] 秦铁辉, 吴菁. 基于结点关系的企业人际网络解析[J]. 情报科学, 2006(12): 1761-1765.

[22] 李丹, 吴晓伟, 徐福缘. 人际竞争情报搜集机制研究[J]. 图书情报工作, 2008, 52(11): 66-69.

[23] 吴晓伟, 胡纬华, 吕继红. 人际竞争情报传播模式与机制研究[J]. 情报杂志, 2009(1): 102-105, 114.

[24] 吴晓伟, 徐福缘, 宋文官. 基于人际网络节点中心度的竞争对手分析[J]. 情报学报, 2006, 25(1): 122-128.

[25] 吴晓伟, 徐福缘 宋文官. 社会关系态势图在竞争对手分析中的应用[J]. 情报学报, 2007, 26(1): 100-105.

[26] 吴晓伟, 楼文高. 基于社会网络分析的企业合作竞争研究及其实证分析[J]. 情报理论与实践, 2010, 33(5): 52-57.

[27] 周磊, 方芳. 基于企业年报的产业竞争情报分析方法研究——以集成电路产业为例[J]. 现代情报, 2021, 41(8): 129-135.

[28] 王知津, 王文爽, 金鑫. 竞争情报人际网络关系模型的构建及实现[J]. 情报理论与实践, 2010, 33(6): 5-10.

[29] 王曰芬, 李鸿元, 戴建华, 等. 人际情报网络分析的方法和模型研究[J]. 情报学报, 2007, 26(4): 574-582.

[30] 吴晓伟, 李丹. 人际竞争情报研究主题分析[J]. 情报杂志, 2008(2): 69-72.

[31] Watts D J, Strogatz S H. Collective dynamics of "small-world" networks[J]. Nature, 1998, 393(6684): 440-442.

[32] Barabási A L, Albert R. Emergence of scaling in random networks[J]. Science, 1999, 286(5439): 509-512.

第 2 章　人际竞争情报分析方法框架

理论体系决定了研究的广度和深度，方法体系决定了研究的水平，高水平的方法体系对理论的提出和完善具有重要的推动意义。近年来，人际竞争情报研究日益增多，但大多数是社会网络分析方法在情报学中的应用。人际竞争情报的理论基石和分析框架还没有搭建完善，这不利于人际竞争情报研究的规范性和科学性，削弱了人际情报网络在中国现代情报学基础理论体系中的地位。

包昌火等[1]认为情报具有"耳目""尖兵""参谋"的定位和决策支撑作用，应以辩证唯物主义、历史唯物主义和系统理论为基础指导，把一般和特殊、吸收和独创很好地结合起来，在总结和继承的基础上不断创造、改进、优化情报学特有的流程和方法，引进、借鉴、创新社会学、经济学、统计学、计算机科学等其他学科的流程和方法，并概括抽象方法的普适性规律，建立以情报获取和分析方法为核心，为各领域情报活动提供方法指导，提高情报活动效率和最大限度增加情报价值增值的、开放式的、可扩展的情报方法论科学体系。基于此，本章综合各学科在网络分析中的特有理论和视角，结合竞争情报应用特点，提出人际竞争情报分析方法的框架。

如图 2-1 所示，人际竞争情报分析方法框架由理论基础、方法工具、应用研究三部分构成，总体上是基于行动者网络理论，同时在情报学、社会网络理论、网络战略管理理论、行为科学、价值链理论、系统论、协同论的指导下，以行动者网络分析、社会网络分析、复杂网络分析超网络分析以及相关的竞争情报分析方法作为工具，完成网络建模、网络分析、战略制定、战略实施，其应用范围将涵盖竞争情报的主要领域[2]。下面对人际竞争情报分析方法框架中的各个模块以及模块之间的关系进行简要阐述，详细内容将在后续各章节展开介绍。

第 2 章 人际竞争情报分析方法框架

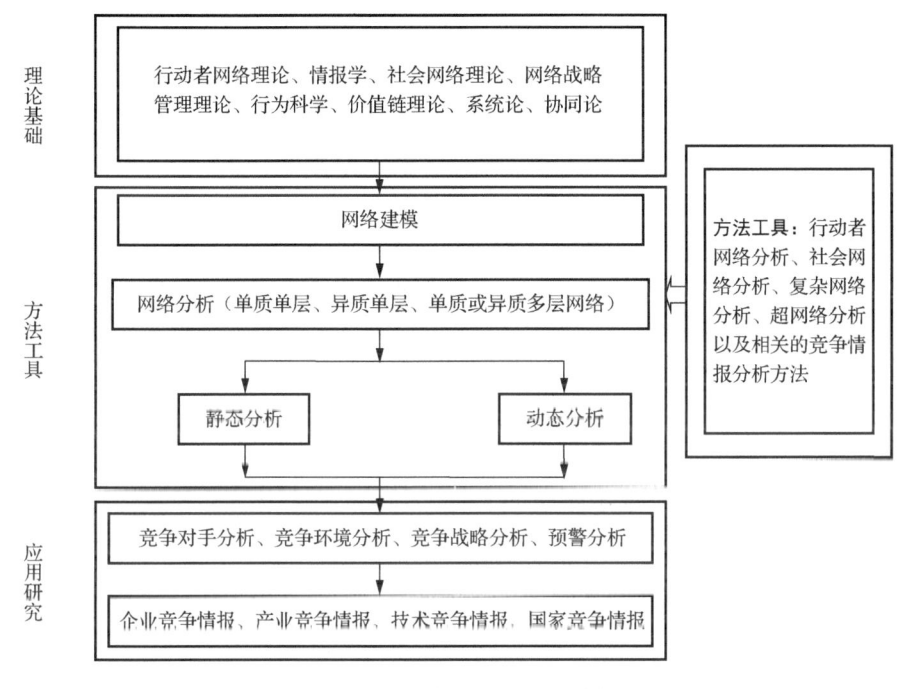

图 2-1 人际竞争情报分析方法框架

2.1 理 论 基 础

总体上看,理论体系应以行动者网络理论为哲学基础,并在此基础上把情报学、社会网络理论、网络战略管理理论、行为科学作为人际竞争情报分析方法论的逻辑起点,将价值链理论、系统论和协同论作为配合和补充[2]。

任何一门学科的发展都需要一定的哲学理论做支撑,哲学理论不仅是理论研究的重要组成部分,同时也是指导理论研究和实践研究的世界观和方法论。行动者网络理论是认识网络世界的哲学基础,这里的"网络"不是传统意义上的网络,如互联网或人际网,其更多的是一种描述联系的方法论,它强调互动、流动、变化的过程[3]。行动者网络理论认为:认识事物不能孤立,而应基于网络视角;网络的行动者具有异质性,不仅包括人,还包括非人,如技术、观念等;网络构成过程就是理解各个行动者的利益并加以转译,从而让行动者相互协作或达成共识。把行动者网络理论作为人际竞争情报分析的哲学基础,一方面是因为行动者网络认知世界的模式决定了人际竞争情报分析方法的应用领域的普适性,可以对单质单层、异质单层、单质多层、异质多层的关系进行分析,丰富人际竞争情报分析方法的内涵并扩大其外延，使人际竞争情报成为竞争情报的普适性分析方法成为可能；另一方面，行动者网络理论提供了人际竞争情报的分析思路和人际竞争情报网络维持、发展思路，给出了在网络分析背景下竞争策略的制定和实施过程，使人际竞争情报分析方法具有一般竞争情报分析方法应具备的科学性、规范性、有效性和实战性[2]。

人际竞争情报的诞生和发展与企业、产业、国家的战略，经济决策信息需求密切相关。随着经济全球化的到来，原先将企业视为单个原子彼此在市场上参与竞争以获得收益的经济理论、战略管理理论已经不能对诸如虚拟企业、供应链、业务外包、特许经营、产业集群、连锁经营等经营组织模式进行解释，战略网络理论应运而生，同时成为当前战略管理的主流理论。战略网络理论将战略管理领域和社会资本领域的相关研究相结合，用结构、关系和文化三个网络嵌入维度构建出相应的竞争策略，网络结构对网络中个体的竞争行为产生约束，同时网络中个体的竞争行为又影响网络结构的演化。以竞争战略为服务对象的竞争情报，在新时期下要紧跟战略管理的发展趋势，提升自己的服务水平，人际竞争情报的推出符合战略管理的发展趋势。人际竞争情报的理论体系自然要以情报学、社会网络理论、网络战略管理理论、行为科学理论作为出发点，同时要把这些理论与竞争情报需求进行结合，从竞争情报的角度重新对其进行诠释。价值链理论指出了人际竞争情报研究和服务的主要领域，这里的价值链有两层含义：一是竞争情报价值链，人际竞争情报研究内容就是要让竞争情报价值链增值，是为竞争情报规划、搜集、传播和分析服务的；二是企业的价值链，这是人际竞争情报（也是竞争情报）最终实现价值的所在。应用协同论，可以把其他学科已经取得的研究成果协同应用创新到人际竞争情报研究中；反之，也可以把人际竞争情报研究成果协同创新到所对应的支撑学科中。这种协同应用创新是相关学科进步的源泉，也是探索未知领域的有效手段。

2.2 网络建模

人际竞争情报分析方法的出发点就是人际竞争情报网络构建[2]。行动者网络理论有两大特点：一是以广义对称性原则为基准，力求平等地看待人类及非人类力量在社会发展中的作用；二是行动者网络发展具有动态性，网络状态不是一成不变的，会随着相关行动者进入或退出不断变化[4]。广义对称性使得人际竞争情报网络有单质网络和异质网络之分。单质网络的构建相对简单，行动者要么是有形的（如企业、董事、管理人员），要么是无形的（如知识、情报、资金、标准、环境、技术、政策要素)。很多问题在分析时均被简化为单质网络,这也是当前人际竞争情报分析的主要方式。异质网络把人和非人两大集合融合在一起,网络构建的思路主要参考行动者网络形成的方式,同时结合竞争情报活动的特点来实现。

网络构建是人际竞争情报分析框架中的核心环节,人际竞争情报网络构建和动态运行如图 2-2 所示。网络中的个体和关系的选择应从情报分析的目的出发,一般把这类网络称为功能网,即所构建的网络是以解决情报分析或者实施情报活动为目的的。竞争情报工作者在构建人际竞争情报网络时,首先要做的就是规划工作,确定情报需求和目标,明确所构建网络的功能属性。情报人员要善于把规划工作描绘成一种脚本(script),通过各种途径去吸引、激发相关的单质或异质的个体对脚本产生兴趣。这个过程能否成功,取决于情报工作人员能否让情报规划目标与相关个体的利益协同一致,使规划目标成为所有个体完成自身利益的一个强制通行点(obligatory points of passage,OPP)。利益赋予是实现强制通行点的重要手段之一。所谓利益赋予就是通过行动者之间的各种关系(如供需关系、咨询关系、资金关系、技术转让关系、控制关系等)将网络共同利益赋予所有行动者,各个行动者围绕强制通行点及各自目标(利益)形成了行动者网络。强制通行点对后面的网络运行和稳定至关重要,它是网络能否有效完成情报规划任务

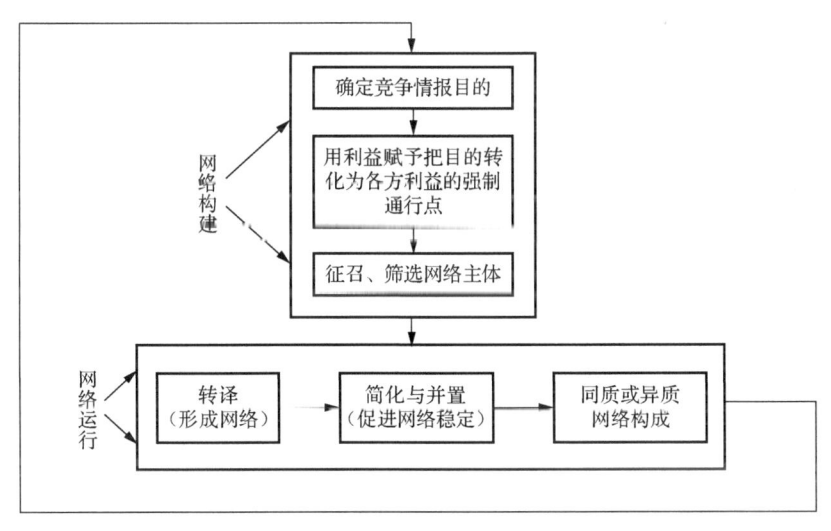

图 2-2 人际竞争情报网络构建和动态运行

的关键所在。情报规划目标成为利益一致的强制通行点后,情报工作人员进入动员和征召阶段,通过一定的方式把单质或者异质的个体纳入网络中。一般通过转译进行兴趣激发,让行动者进入网络。转译是由事实建构者给出的,是关于他们自己的兴趣和那些征召者的兴趣的解释[5]。转译能否成功除了对兴趣的经济算计,还与行动者之间的关系结构、地位、强度、密度等相关,社会网络分析方法可以指导和协助情报工作人员进行网络个体的筛选。网络行动者的筛选、纳入和关系构建将直接影响后续的网络发展,其涉及的因素较多,具体细节可以参考第 6 章。

通过征召和转译的方式完成人际竞争情报网络建模的第一阶段,然后进入网络的运行与控制环节。简化就是让网络行动者围绕既定情报规划目标努力,抛弃自己的私心杂念,通过简化使网络行动者的行为可以预测。并置就是把网络中的所有行动者看成一个整体。在网络运行过程中,情报工作人员可以利用超网络、社会网络等分析工具对网络关系状况进行分析,监控网络行动者的相互关系和行为,努力确保网络的稳定。

2.3 网络分析

网络分析需要依靠多种分析工具[2]。在网络分析前,首先要对筛选获得的行动者建模。单质单层网络一般利用社会网络分析,建模要素包括行动者、关系、二方关系、三方关系、群体。网络分析由静态分析和动态分析构成。静态分析又分为静态特征分析和静态验证性分析。静态特征分析主要包括网络结构特征分析、中心度分析、小团体分析、位置和角色分析,如表 2-1 所示。静态验证性分析主要是对人际竞争情报的一些客观规律或关系结构产生的现象进行实证研究。静态分析的内容详见第 5 章。

表 2-1 人际竞争情报网络静态特征分析

	网络分析指标	人际竞争情报意义
网络结构特征分析	网络直径:网络中所有节点间的最短路径总和/网络理论总关系数 R	整体统计特征可以反映网络资源配置现状,资源转移的有效性(经济性、时效性、客观性、准确性、预见性)、网络的稳健性等,能从整体上把握网络行动者当前的关系。具体应用:文献[6]用基于参股的关系对中国上市公司的网络结构特征进行了分析
	网络密度:网络中各节点之间的关系总数与现有的关系总数之比	
	网络群聚:衡量网络中各节点相互关系疏密状况。网络群聚系数说明了网络各节点之间的传递性概率	

续表

网络分析指标		人际竞争情报意义
中心度分析	度中心：行动者的度数与该行动者理论最大度数 n-1（n 为网络总行动者数）之比。可以描述行动者在网络中的控制范围和影响程度	度中心、接近中心、中介中心主要从局部的角度分析行动者的权威和声望，对行动者的交易能力、周旋能力、控制力进行度量。具体应用：文献[7]利用中心性对竞争对手进行分析。文献[8]、[9]分析了结构特征对竞争情报搜集、传播的影响。文献[10]研究了分析竞争情报群体知识共享行为
	接近中心：行动者理论上到其他各节点最短路径总和与行动者实际到其他各节点最短路径总和之比。用来衡量行动者与其他行动者的接近距离，可以反映行动者在网络中的快速获取机会的能力	
	中介中心：行动者 k 的中介中心用 $\sum g_{ijk}/g_{ij}$ 来衡量，其中 g_{ijk} 表示两个行动者 i,j 之间的最短路径经过行动者 k 的次数，g_{ij} 表示网络中任意两个行动者 i,j 之间的最短距离路径数。可以衡量行动者转接关系的能力	特征向量中心、权力中心关注的是网络整体，是一种全局视角。特征向量中心是基于整体结构识别出促成整体竞争格局的主要因素，并计算出各竞争者在主要因素上的表现值。权力中心认为分析竞争对手，不仅要关注竞争对手本身，而且要关注竞争对手的关联方，尤其对那些自身好像不起眼，但却跟实力强的竞争者有关系的竞争对手要予以重视，不可掉以轻心。文献[11]用案例分析了局部中心和整体中心在分析网络行动者中的差异。文献[12]、[13]利用网络链接共现分析来获取网站之间的社会关系，用中心度指标探究当前互联网企业的市场竞争态势
	特征向量中心：特征向量中心是运用类似主成分分析法找出网络整体结构的主要因素，并利用节点在主要因素上的贡献值来刻画该节点的核心程度	
	权力中心：由 Bonacich 提出，是在考虑到节点的权力与其周围节点的权力具有相关性这一特性的基础上对权力进行度量[10]	
小团体分析	n-派系：任意两个节点之间的距离小于等于 n 的所有节点	小团体反映网络行动者在一个局部封闭的环境下相互之间的行动策略和资源控制情况。如文献[6]利用参股关系，用 n-派系指标对国内上市公司进行派系分析
	k-丛：n 个节点的小团体中，每个节点与其他节点有 n-k 条联系	
位置和角色分析	结构均衡：指网络中的两个行动者与其他行动者具有同等的关系	位置和角色指标能从微观上揭示企业与竞争对手的社会关系差异度，更适于竞争对手分析。竞争情报工作者可以依据结构均衡指标来获得企业与竞争对手的社会关系态势图。正则均衡在宏观产业竞争研究中要比结构均衡有意义，它可以抽象描述产业链中各角色的社会联系方式，由此来理解网络节点的社会角色本质，文献[14]对此进行了详细的研究
	正则均衡：两个节点若正则均衡则它们具有相同的社会联系规则，即两个节点与其他规则均衡的节点集合有相同的联系模式	

人际竞争情报网络的发展和演化趋势需要动态分析来解决。人际竞争情报网络具有如下的复杂网络特点：其一，网络节点具有复杂性。网络构建利用行动者网络理论，网络节点具有异质性和多样性，节点自身具有感知和自适应性。其二，网络联结关系具有复杂性。网络行动者通过人、物、资金、信息、情报、知识等多种载体形成各种关系，同时在合作与竞争过程中，网络节点间还长期存在信任、契约等其他社会关系。其三，网络结构具有复杂性。一方面，随着网络的发展，

网络中行动者的密度、中心度将会变化，网络中的小团体会聚集或被打破；另一方面，网络行动者不断进入和退出，促进网络结构特征动态变化，推动网络演化。针对人际竞争情报网络的复杂特性，需要用复杂网络的方法来揭示其演化发展。

复杂网络行动者资源的吸引力和社会网络的嵌入效应决定人际竞争情报网络行动者间的联结概率，进而推动网络演化。演化规则可以利用Barabási等[15]提出的无标度（scale-free）网络模型。演化规则包括：①增长规则。网络节点资源是相互依赖和互补的关系，能动态吸引更多的行动者加入。②择优连接。新进入的成员趋向于与网络中密度大的行动者合作，同时，网络行动者之间的竞争使得各成员联结更加趋向于拥有资源多的个体。③衰退规则。网络内竞争能力较弱的行动者将面临与其相联结的行动者逃离到资源多、社会资本雄厚的行动者的局面。

多网络的建模，在理想情况下，能将来自不同集合的异质行动者和行动者之间的多种关系统一表示在一个模型中，并能实现建模的所有目的即描述性分析、预测性分析、统计推断和形象化表示。目前，对于异质多层网络各学科都有相应的研究。比如计算机领域的学者构建了来自不同集合的异质行动者之间的多模网络（multi-modal network），并利用矩阵分解的数学方法实现了单质行动者集合内的聚类分析，但这类模型中任意两个行动者之间只能存在一种关系，未能表达出行动者之间存在的多种关系，黑箱式聚类结果的产生过程使得对于聚类结果的意义也难以解读[16,17]。Nagurney等[18]在处理交织网络时，把高于而又超于现存网络的网络称为超网络（super-network）。王众托等[19]进一步研究了超网络的特征。目前，超网络的研究主要有：基于变分不等式的研究，主要是将多分层、多标准的超网络平衡模型转化为优化问题，然后用进化变分不等式来解决；综合系统科学与社会网络分析的研究，主要从整体和局部对超网络进行研究，包括超网络中网络与网络间关系的研究、利用外界与网络间关系对网络的研究，以及整体性能的研究[20]。文献[21]～[24]构建了超网络的节点超度、超边连接度、超边集聚集系数等度量指标对舆情、论坛中的异质、多层网络进行度量，揭示了网络信息传播机制。传统社会网络研究学者建立了反映来自同一集合行动者之间的多种关系的模型，并将这种模型定义为多重网络（multiplex network），并解决了多种关系的代数运算（加、减、乘、转置、求逆）、统计推断（相关分析、回归分析、关联列表分析）和可视化表达问题[25]。社会统计学家针对行动者的分层现象构建了多层网络（multilevel network）模型，多层指对行动者在不同层次上的抽象，如根据企业行动者的地址，可以将企业之间的关系网抽象为城市之间、区域之间、国家之间的关系网。多层网络模型的描述性分析、统计推断和形象化表示方法目前都比较成熟[26]。社会网络分析最新研究通过多模网络和多重网络结合，尝试解决多网络问题，该模型已能进行描述性分析、预测性分析、统计推断和形象化表示。该模型结合了一个 2-模网络和一个 1-模网络，其中 1-模网络的行动者是 2-模网络的一个行动者集合，1-模网络中可以表达行动者之间的多种关系[27]。多网络人际竞争情报的建模可借鉴上述相关领域的研究成果，并结合人际竞争情报的实际背景进行研究。

2.4 应用研究

把行动者网络理论作为人际竞争情报分析方法的哲学基础决定了人际竞争情报分析方法是竞争情报的基本方法之一，因此人际竞争情报分析方法的应用具有普遍性。当前人类社会正进入物联网社会，通过网络，物与物、人与物之间形成了智能化的感知、识别、定位、跟踪、监控和管理。正在发展的事物和未来即将要发生的事物均在网络的约束中进行。只有把人和物均纳入网络才能更好地帮助企业、国家洞悉未来。

从应用领域看，人际竞争情报分析方法能解决诸如企业竞争对手分析、竞争战略制定、企业危机预警和处理、企业人际情报网络构建、企业情报组织构建和发展等一系列企业竞争情报问题，能解决技术预见、技术评价、技术转移等技术竞争情报问题，能解决产业预见、产业创新联盟、产业预警等产业竞争情报问题。从分析对象看，人际竞争情报分析方法对人流、资金流、物流、技术流、信息流、知识流均能纳入研究范围；从分析角度看，其既能对单质对象构成的网络进行研究，也能对异质对象构成的网络进行分析；从分析层次看，其既能对单个网络进行分析，也能对多个网络之间的关系进行研究，从分析的时间跨度看，其既能对网络进行静态分析，也能对网络进行历史动态跟踪。

2.5 本章小结

本章系统研究了人际竞争情报分析方法框架。框架由理论基础、网络建模、网络分析、应用研究四部分构成，需要行动者网络理论、情报学、社会网络理论、网络战略管理、行为科学、价值链理论、系统论、协同论等多种理论的支撑，采用了行动者网络分析、社会网络分析、超网络分析、多网络分析等多种分析工具。人际竞争情报分析方法、应用领域具有普适性。后面各章将围绕本章内容进行展开，对其内涵进行细化和丰富。

参 考 文 献

[1] 包昌火, 刘彦君, 张婧, 等. 中国情报学论纲[J]. 情报杂志, 2018, 37(1): 1-8.
[2] 吴晓伟, 李丹, 龙青云. 人际竞争情报分析方法论[J]. 情报学报, 2013, 32(11): 1138-1147.
[3] 赵强. 电子政务政策过程研究——政策网络和行动者网络的视角[M]. 上海: 学林出版社, 2009.
[4] 王江, 王光辉. 中国电动汽车技术演进分析: 行动者网络视角[J]. 科技进步与对策, 2018, 35(11): 60-68.
[5] Latour B. Reassembling the Social: An Introduction to Actor-Network-Theory[M]. Oxford: Oxford University Press, 2005.
[6] 吴晓伟, 楼文高. 基于社会网络分析的企业合作竞争研究及其实证分析[J]. 情报理论与实践, 2010, 33(5): 52-57.
[7] 吴晓伟, 徐福缘, 宋文官. 基于人际网络节点中心度的竞争对手分析[J]. 情报学报, 2006, 25(1): 122-128.
[8] 吴晓伟, 胡纬华, 吕继红. 人际竞争情报传播模式与机制研究[J]. 情报杂志, 2009 (1): 102-105, 114.
[9] 李丹, 吴晓伟, 徐福缘. 人际竞争情报搜集机制研究[J]. 图书情报工作, 2008, 52(11): 66-69.
[10] 吴晓伟. 社会网络对企业竞争情报团队学习能力影响的个案研究[J]. 图书情报知识, 2009(1): 57-62.
[11] 龙青云, 吴晓伟. 企业人际网络中心性指标的扩展及其对竞争对手分析的启示[J]. 情报理论与实践, 2012, 35(11): 61-66.
[12] 邱均平, 余厚强. 探究 URL 共现分析作为商业竞争情报研究的新方法[J]. 情报杂志, 2014, 33(6): 22-27.
[13] 唐晓琳, 余世英, 吴江. 基于 URL 共现分析的医疗健康类网站竞争态势研究[J]. 情报杂志, 2016, 35(4): 98-104, 20.
[14] 吴晓伟, 徐福缘, 宋文官. 社会关系态势图在竞争对手分析中的应用[J]. 情报学报, 2007, 26(1): 100-105.
[15] Barabási A L, Albert R. Emergence of scaling in random networks[J]. Science, 1999, 286(5439): 509-512.
[16] Long B, Zhang Z F, Wu X Y, et al. Spectral clustering for multi-type relational data[C]. 23rd International Conference on Machine Learning, New York, USA, 2006: 585-592.
[17] Tang L, Liu H, Zhang J P, et al. Community evolution in dynamic multi-mode networks[C]. ACMKDD International Conference on Knowledge Discovery and Data Mining, Las Vegas, NY, USA, 2008: 677-685.
[18] Nagurney A, Dong J. Supernetworks: Decision-making for the Information Age[M]. Cheltenham: Edward Elgar Publishing, 2002.
[19] 王众托, 王志平. 超网络初探[J]. 管理学报, 2008(1): 1-8.
[20] 席运江, 党延忠, 廖开际. 组织知识系统的知识超网络模型及应用[J]. 管理科学学报, 2009, 12(3): 12-21.
[21] 席运江, 赵燕, 廖晓, 等. 基于 LDA 的企业微博主题传播超网络建模及分析方法[J]. 管理学报, 2018, 15(3): 434-441.
[22] 梁晓贺, 田儒雅, 吴蕾, 等. 基于超网络的微博相似度及其在微博舆情主题发现中的应用[J]. 图书情报工作, 2020, 64(11): 77-86.
[23] 杨湘浩, 阚顺玉, 叶旭, 等. 基于超网络的突发事件网络谣言传播模型研究[J]. 情报理论与实践, 2021, 44(10): 129-136.

[24] 武澎, 王恒山. 基于特征向量中心性的社交信息超网络中重要节点的评判[J]. 情报理论与实践, 2014, 37(5): 107-113.

[25] 汉尼曼, 里德尔. 社会网络分析方法: UCINET 的应用[M]. 陈世荣, 钟栎娜, 译. 北京: 知识产权出版社, 2019.

[26] Snijders T A B, Bosker R J. Multilevel Analysis: An Introduction to Basic and Advanced Multilevel Modeling[M]. 2nd ed. London: Sage Publications, 2013.

[27] Snijders T A B, Lomi A, Torló V J. A model for the multiplex dynamics of two-mode and one-mode networks, with an application to employment preference, friendship, and advice[J]. Social Networks, 2013, 35(2): 265-276.

第3章 人际竞争情报分析方法的理论基础

人际竞争情报分析需要相关的理论作为基础。人际竞争情报分析方法的哲学基础是行动者网络，通过行动者网络思想搭建和维护人际竞争情报网络，实现情报规划。新经济社会学双层嵌入理论认为"经济行动嵌入在社会网络中，社会网络嵌入在制度、文化中"。人际竞争情报的诞生和发展与企业、产业、国家的经济行为和战略需求密切相关，因此要把社会网络理论、网络战略管理理论、行为科学理论作为人际竞争情报理论体系的逻辑起点，用价值链理论、系统论和协同论作为配合和补充。人际竞争情报分析方法的理论还需要扎根于竞争情报理论以及竞争情报的相关理论。人际竞争情报分析是一套建立在多学科理论基础上的情报分析方法。由于竞争情报理论对于竞争情报研究者来说非常熟悉，价值链理论、系统论以及协同论已经体现在行动者网络的构建中，下面只对其他相关理论及其应用进行探索。

3.1 人际竞争情报分析的哲学基础

3.1.1 人际竞争情报分析的认知基础

行动者网络理论是认识网络世界的哲学基础[1]。行动者网络理论最早由法国著名的科学社会学家、科学人类学家拉图尔（Latour）于20世纪80年代创立。行动者网络理论开创了一种全新的认识论，打破了传统的二分法，认为主体与客体、人与自然、社会与科技之间是不对立的，它们的不同是因为它们处于与其他个体的联系之中，如果孤立看待它们将毫无意义。从网络角度看，由于社会环境和其他联结个体是不断变化的，任何个体包括人和技术都是模糊和多变的。拉图尔强调科学研究不能只停留在实验室，而要站在社会这个大的视域下，采用宏观与微观相结合的动态网络分析方法，充分调动网络中人与非人等各种异质性要素的积极性，以促进我们的科学研究向前推进[2]。

行动者网络理论以三个概念为核心，即行动者（actor）、转译（translation）、网络（network）。行动者是构建网络的基本要素，其具有异质性，内涵非常丰富。异质是指不仅包含人，还包括观念、技术、生物等许多非人的物体，其打破了人和非人行动者的区别，认为二者之间的地位是平等的，任何通过制造差别而改变了事物状态的东西都可以被称为行动者[3]。把非人行动者纳入网络进行观察，体现了行动者网络理论的两大基本原则，即公平性和一般对称性，强调研究人员要尊重行动者的多样性，对自然与社会必须一起解释，将两者结合起来，不应局限于单一方面的思维，自然与社会都将影响结果[4]。转译是构建网络的核心环节。无论是国家间的竞争、国内政策制定，还是企业的新技术研发、企业战略实施，均需要在一种广阔的社会中通过行动者间的转译来实现。网络构成过程就是理解各个行动者的利益并加以转译（空间上和形式上），从而让行动者相互协作或达成共识[5]。网络不是由原有预定的行动者简单组合而成的，转译过程使每一个行动者在网络中的角色、功能、发挥的作用和获取的利益重新被安排和赋予。行动者网络能否高效运作取决于转译过程的有效性。转译是行动者网络联结的基本方法，也是行动者网络建立的关键，具体可分为 4 个阶段，即问题化（problematization）、利益赋予（interessement）、征召（enrollment）和动员（mobilization）。在问题化阶段，关键行动者提出问题并定义问题的本质；在利益赋予阶段，关键行动者根据其他行动者的目标，赋予其相应的利益；在征召阶段，关键行动者利用各种手段吸引其他行动者进入网络，并使其在即将形成的网络中各司其职；在动员阶段，关键行动者升级为整个网络的代言人，并对其他行动者行使权力。通过这些环节，各个行动者重新界定和分配自身与他人的利益、角色、功能和地位，行动者之间通过转译，不断把其他行动者的问题和兴趣用自己的语言表达出来。各个行动者借助转译开始交往、流动，经过一系列的磋商和博弈，使其利益得以协调，最终达成共识、建立网络。成功的转译会使整个网络变成一体，成为单一的行动者。而能否形成行动者网络，取决于交互协商过程中稳定性因素能否占据优势[6-8]。

行动者网络理论中的网络不是传统意义上的网络，如互联网，也与格兰诺维特（Granovetter）提出的那种对人类行动者之间非正式联结的表征的结构化网络不同，其更多的是一种描述联结的方法论，强调互动、流动、变化的过程[9]。

人际的本质就是关系，关系的表现形式就是网络，行动者网络理论是认识网络世界的哲学基础，自然是人际竞争情报分析的认知基础。当前，人际竞争情报的起源与发展依托于社会网络分析方法。大部分研究把社会网络分析中的密度、群聚系数、中心度、派系等分析指标应用在竞争情报领域。社会网络分析工具在单质性（来源于同一集合）、同层性（单网络）分析中具有优势，但这限制了人际竞争情报的适用范围。互联网、物联网使企业被各种网络缠绕，从微观的企业供需网络，到中观的产业网络，再到宏观的经济社会网络，这些网络是由能动的个人、企业、组织、国家和无生命特征的技术、产品、资源等形成的。政府、企业、个人面临的诸多问题更多的是一个复杂网络的问题，很多问题（如5G推广、新能源应用、物联网发展等）早已超越科技或社会单方面的解决能力，任何一个行动者的活动都会影响整个网络的稳定性。随着科技与社会的进步，人和物的融合度越来越高，如果我们还固守二元论的哲学思维去观察和认知世界，我们就会感到困惑和迷茫。显然，当前基于社会网络理论的人际竞争情报面对日益复杂的实践需求是力不从心的，急需新的认识论来统领其发展，把行动者网络理论作为人际竞争情报分析的认知基础，一方面是因为企业所处关系环境的现实存在，另一方面可使人际竞争情报分析方法的外延扩大并丰富其内涵。

3.1.2 人际竞争情报的分析思路

行动者网络理论给出了人际竞争情报在网络分析背景下竞争策略的制定和实施过程。人际竞争情报研究的核心是根据情报规划需求，通过人际（这里的人际更广泛一点，实际应是一个联结网络）来实现情报的搜集，根据网络的联结机制对网络中的人流、物流、信息流、资金流等进行解释与分析，发现各种流之间的相互作用，制定相应的竞争策略。从这点上看，其与行动者网络理论的核心思想是完全一致的。行动者网络理论两大基本原则——公平性和一般对称性[10]对人际竞争情报网络的建模对象的确定提供启示，既要考虑人，还要考虑观念、技术等非人要素。网络构成的要素具有异质性，人际竞争情报网络建模、网络构成应超越社会网络。行动者网络理论中的转译思想要求人际竞争情报网络的组建、运维必须理解各方的利益诉求并进行协调，对各方的角色、功能、发挥的作用和获取的利益进行转译设计。人际竞争情报分析方法水平的高低取决于转译过程的理解和转译设计的水平。对不复杂的问题，社会网络分析仍然是主要的分析工具，但对于复杂问题，通过多层网络分析工具，可以对异质多层网络的互动关系进行研究，使网络的运营和维护（竞争战略的实施）更具有可行性。

3.1.3 人际竞争情报分析的应用领域

行动者网络理论作为一种认识论，必定具有广泛的应用价值，能解决众多的社会、科学与技术问题。自拉图尔提出该理论以来，行动者网络理论已为众多问题提供了独特的研究视角和方法论。下面对一些主要应用进行阐述，从侧面说明该理论对人际竞争情报分析方法应用领域拓展具有重要的意义。

（1）在企业经济与管理领域的应用。在金融、市场营销、信息管理、会计等各领域均可见相关应用，比如用行动者网络理论考察金融活动内部运作的方式，对金融商品从生产设计到公开发行，以不同阶段、不同参与者的互动过程，解释金融服务业集聚的机理，用转译过程研究金融服务企业内部的网络联系特征[11]。西方主流学者认为行动者网络理论能够解释市场经济的存在和运作程序，满足了一项重要的需求——市场需求。在新产品推广方面，企业家或营销人员往往需要招募大量的行动者进入自己构建的网络当中，越多的行动者被动员，整个行动者网络也就越稳固和持久，新产品的认知效果就能提升[12]。在信息管理领域中，行动者网络理论在信息技术创新与发展、信息技术采纳与使用、社交媒体信息交互行为以及信息系统领域知识构建4个方面均有大量的应用[13]。在会计方面，文献[14]综述了当前西方管理会计中的行动者网络理论应用，意识到该理论对于会计变革具有重大意义。从方法论上看，行动者网络理论是对我国会计领域过分注重量化研究的一个补充。

（2）在国家区域发展、公共政策制定中的应用。当前旅游业已经成为各地区重要的支柱产业，地方在进行旅游区域规划时，要充分考虑景点、旅行社、居民、管理当局等行动者，通过网络的转译，可以获得旅游发展的瓶颈，并就利益协调方面提供相关发展建议[15]。Hardy等[16]从理论和实践中探讨了公共电子采购政策如何被转译，分析了公共电子采购政策的稳定性取决于行动者、行动和环境之间的利益一致性，通过案例分析强调政府在公共政策制定过程中面临的潜在风险及其化解思路。文献[17]通过对访谈资料的分析，归纳出公众科学项目运作机制网络中包含的行动者，根据行动者网络转译的四个步骤对公众科学项目运作过程进行分析，梳理各行动者之间的关系，并确定第三方管理机构为核心行动者。研究发现，公众科学项目运作过程中主要存在个体认知差异、任务设计困难、技术支撑不足、制度缺乏、协调困难和成本限制六个障碍，各行动者的收益主要包括声誉、自我提升和价值实现。针对所存在的问题，从招募培训、任务设计和数据管理三个层面对公众科学项目的运作机制提出了相关建议。

（3）在科学技术应用领域的应用。通过行动者网络理论可以发现一项新技术在推广过程中，各类行动者（人与非人）是如何相互作用构建联结网络，最终促成新技术应用的。如从行动者网络理论的视角来审视物联网技术，不仅能够给我们带来深刻的哲学启示，还能够为该技术的发展提供新的对策思路。再如从行动者网络理论的视角，利用行动者网络理论的转译原理对建筑低碳化的动力机制进行分析，可以全面揭示建筑低碳化过程中的动力因素（行动者）及其之间的作用机制。政府作为核心行动者通过采取合理的手段可以调整行动者的行为，消除建筑低碳化过程中的利益冲突[18]。

从行动者网络理论应用现状分析可见，把行动者网络理论作为人际竞争情报分析的哲学基础，人际竞争情报分析方法的应用领域可以得到极大拓展且具有普适性。

3.2 社会资本理论在人际竞争情报分析中的拓展

社会资本的定义非常多，目前被广泛认可的是纳比特（Nahapiet）和戈沙尔（Ghoshal）给出的定义，他们认为社会资本是镶嵌在个人或社会个体占有的关系网络中、通过关系网络可获得的、来自关系网络的实际或潜在资源的总和[1,19]。社会资本由三个维度组成，即结构维度、关系维度和认知维度。因此从狭义上理解，社会关系网络是社会资本的代名词。就像物质资本和人力资本一样，社会资本也是一个生产性的资源，可以为从小到个人求职、大到公司的商业运作等行为带来便利。

社会资本理论是社会经济学的重要组成部分。在传统的经济学中，行动者被假定为具有一种既定且不变的偏好集，并且依照效用最大化来选择行动的方式，也就是理性行动。经济学家通常用原子论的视角，把行动者描述成不考虑其他行动者的行为而独立决策和行动。社会经济学强调人际互动、群体、社会结构（制度）以及社会控制对理性行动的约束。特别是在当前网络社会中，社会资本理论更有利于对企业、组织之间的经济活动进行观察和分析，对于诸如经济实效（如通过网络获得市场机遇、加快创新、提高生产效率、帮助融资等）、资源配置（如企业集群、资源优化配置等）、信息知识情报传播（如创新技术应用、舆情控制等）等主题具有独特的分析视角。与人际竞争情报分析密切相关的社会资本理论包括三个方面，即嵌入性理论、单质或异质性理论（主要包括强联系优势、弱联结优势、结构洞优势）、结构角色理论（主要包括结构内聚、结构对等、角色对等），具体如表 3-1 所示。

表 3-1 社会资本理论在人际竞争情报分析中的应用

社会资本理论		含义	在人际竞争情报分析中的意义
嵌入性理论		包括关系嵌入和结构嵌入。关系嵌入指个人行为根植于个人关系之中；结构嵌入指群体行为根植于更广阔的社会关系当中[20,21]	贯穿于情报搜集、传播、分析整个价值链，竞争情报活动是缠绕在社会关系中的活动，要考虑嵌入性的影响
单质或异质性理论	强联系优势	人们喜欢同那些与自身相似（基于血缘、种族、宗教、友谊、爱好等）的人建立密切关系，一般同属于组织中的一个子群[22]。强联系优势在于团体内部的信息传递和信任	主要体现在对子群、小团体的分析。一个小团体中的行动者背景相同，容易信任、协作、共享，同时竞争行动容易预测，但不利于异质信息的获取与传播
	弱联结优势	通常是指与其他行动者只保持零星的接触，关系不紧密[22]。弱联结优势主要体现在小集团之间传递重要信息，同时可以架桥，把分裂的结构联结在一起，进行有组织的活动	通过弱联结可以获得异质信息，有利于创新和市场开拓，主要体现在对网络小团体之间的联结行动者的行动进行分析
	结构洞优势	特殊的弱联结位置可以为角色带来"洞效应"，即信息利益和控制利益的超额获取[22]	主要针对特定的结构洞（即"桥"，包括协调者、中介者、联络员、齐美尔带等形式）进行分析[23]
结构角色理论	结构内聚	在一个子群中，如果两个行动者是一组共同的其他行动者都可以联结到的，称这两个行动者结构内聚。结构内聚的行动者具有相似的思考方式与行为[24]	结构内聚的行动者在来自共同的行动者的压力下，思考方式和行为具有相似性，可以用来预测行动者的行为
	结构对等	在同一网络中与其他行动者有完全一样的关系的两个行动者称为结构对等	通过聚类分析获得对等结构，根据对等情况确定角色之间的相似程度进而分析相互行为的传递和影响效应
	角色对等	在不同网络中，与类似行动者有相似关系的两个行动者称为角色对等	

下面对人际竞争情报研究主要涉及的社会资本理论——格兰诺维特的"嵌入性理论"与"弱联结优势理论"、博特的"结构洞优势"、魁克哈特的"强联系优势理论"以及社会资本负债理论进行分析。

3.2.1 嵌入性理论

嵌入性理论认为各种经济活动要受到其所在的社会结构的制约[20,21]。格兰诺维特认为"嵌入性"有两种：关系嵌入和结构嵌入。人际竞争情报工作开展要充分考虑嵌入性因素的存在。情报规划、搜集、分析、发布活动要避免低度社会化倾向。这种倾向具体表现在三个方面：其一，认为竞争情报是情报工作人员或者竞争情报部门的单独行为，情报活动的质量完全依赖于情报人员的理性决策，和所处的社会关系、社会结构无关，没有意识到社会关系带来的信任、情感能左右各种理性决策。其二，认为情报活动的资源、信息的获取是情报部门自身能动的结果，与情报部门所处的企业社会资本地位关系不大，没有考虑到情报部门所处的企业社会资本能影响到其对内外资源和信息的控制。其三，没有意识到情报价值链的增值效用与社会资本的关系。比如规划活动中处于不同社会结构的角色对情报的需求是不同的，情报搜集中处于不同社会位置的角色提供的情报质量具有显著差异性，分析时既要考虑竞争对手的资源优势又要分析社会资本在这些优势的获取、维持中发挥的作用，发布环节更要研究社会关系结构对信息传播的时效性、准确性影响。嵌入性理论给人际竞争情报研究提供了社会嵌入分析框架（图3-1），即情报工作者、情报部门、情报价值链均不是独立运转的，它们是嵌入在由社会关系和社会角色构成的社会网络中的，不能忽视社会结构对情报活动的影响。

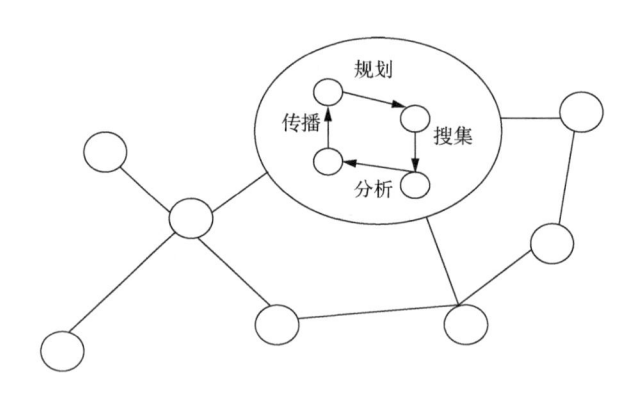

图 3-1　竞争情报活动的"社会嵌入"

3.2.2　弱联结优势理论和结构洞理论

弱联结优势理论和结构洞理论都强调了构建大型社会关系网络对企业竞争优势的影响，它们是人际竞争情报网络构建和发展的理论基础[19]。网络角色之间的关系强弱可以用联系频率、关系内容（主要指信息、资金、知识、技术、物资在角色之间的互惠方式）、时间长短来衡量[22]。企业若要维护强联系，需要花费大量的时间和金钱，因此企业的强联系网络范围往往比较小，不容易获得特别信息利益。反之，企业若拥有较多的弱联结就可以和不同背景、社会地位的角色建立松散的、范围广阔的社会关系网络。大型社会关系网络可以给企业带来两个好处：其一，能将企业需要散布的信息扩散到更远的地方；其二，可以更广泛地从网络中即时、准确地获悉有价值的信息[22]。结构洞理论进一步说明了特殊的弱联结位置可以为角色带来洞效应，即信息利益和控制利益的超额获取[23]。这里的特殊弱关系主要是指"桥"，"桥"有协调者、中介者、联络员、齐美尔带等多种表现形式（图3-2）[21]。图中的 A 是集团内部的协调者，与集团内部其他节点的联系只有通过它才能进行；B 被称为中介者，它在集团外部，不受团体约束，集团中的角色相互之间若想联系也可以借助它；C 是联络员，位于两个集团之间，是两个集团进行沟通的唯一途径，它不属于这两个集团，有很高的自由度，是最有能力控制这两个集团的人；D 也是联结两个团体的"桥"，但是它同时属于这两个团体，受两个团体的规范制约，自由度比较低，往往处于两难的困境，社会学家齐美尔最先发现这种现象，因此把 D 称为齐美尔带。

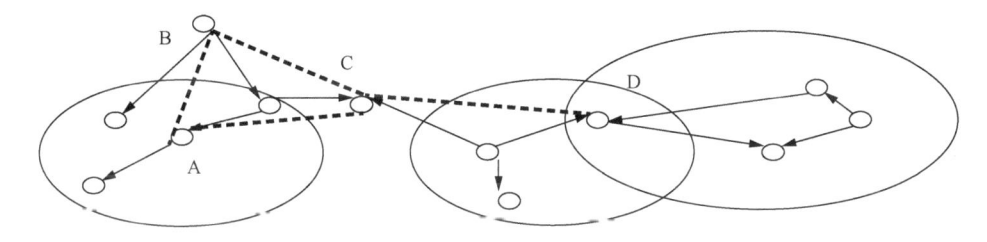

图 3-2 特殊的弱关系——结构洞

弱联结优势理论和结构洞理论大致描绘出人际竞争情报网络的一种演进途径。竞争情报主要是针对竞争环境、竞争对手、竞争战略的信息收集、分析和发布，这些信息往往具有对抗性、隐蔽性、灰色性的特征。获取可靠、即时、有价值的竞争信息是人际竞争情报网络创建的重要目标之一。社会网络演变轨迹主要受偶得性和目标性两种方式引导[24]。前者网络关系的建立具有随机性，最终会出现"小世界"的特征，后者的网络建立是围绕某一目标进行的，具有很强的工具性。人际竞争情报网络的发展虽然有偶得性的一面，但更多的会受到企业社会资本拓展以及竞争情报价值链增值的目标导引。由此，网络建立的时候往往选择那些最关键、最能带来目标绩效的关系角色。拥有弱联结（结构洞）的集团内外节点自然成为人际竞争情报网络的重要选择对象，竞争情报工作人员试图把图 3-2 中的节点 A、B、C、D 用一定的方式进行连接，以获得这些节点的信息控制和利益控制。随着时间推移，一个工具性网络自然诞生，人际竞争情报活动在很大程度上将围绕着该网络进行。

3.2.3 强联系优势理论

强联系优势理论对人际竞争情报研究的启示主要体现在两个方面[19]。一方面，人际情报传播和共享研究应注意强联系支持作用。Krackhardt[25]用情感网络和咨询网络来探讨强联系者（中心度高、联系密度大的角色）在知识、信息传递中的优势地位，认为通过强联系者可以获得他人更多的回馈，即比一般人拥有更多的社会资本[25]；同时，有许多学者发现强联系对于默会知识共享和转移具有重要作用[26]。另一方面，人际竞争情报分析应该关注由东西方文化的差异导致的对关系强弱作用的不同解释。边燕杰[27]认为，中国社会的"人情"比信息更重要。

虽然强联系往往会造成关系的冗余，但强联系能增加角色之间的信任与合作，能确保社会交换活动的正常实施。在国内，强联系在企业创业、市场开拓中的作用非常显著。边燕杰[28]用实证说明企业融资渠道、第一份订单的获得与本身拥有的强联系网络是密切相关的。

3.2.4 社会资本负债理论

社会资本负债理论给人际竞争情报研究带来另一个分析视角。虽然大量文献阐述社会资本具有获取信息、发现机会、控制和协调合作、吸取新知识新技术、提供信任与规范等功能，但也有很多学者反思社会资本带来的弊端，由此也就有所谓的社会资本负债理论。社会资本负债理论的主要观点有社会资本的代价性（维持费用、委托-代理机制）和社会资本的风险性（排斥外人、限制成员的自由和商业动机、对成员向上发展形成压制）[20]。人际竞争情报活动要时刻关注社会资本负债对其的影响。比如：网络关系维护和发展需要投入大量的资金和时间；社会资本的封闭性、排他性造成网络运行效率低；社会资本中的认知结构习惯会给网络发展带来惯性思维，给人际竞争情报组织创新、流程创新带来很大的障碍；信息搜集要注意网络节点的委托-代理问题，对代理节点的背叛和出卖要有预警；强弱联结的不对称性、网络中过度规范和信任会对情报传播的共享性、保密性、时效性产生负面影响；等等。

3.3 社会网络分析在人际竞争情报分析中的拓展

社会网络分析方法的发展得益于多种多样的学科和学派，这些学派在社会网络分析的发展过程中相互影响，时而汇聚交融，时而分道扬镳。简单地说，社会网络分析可以分为概念、模型建构和实证应用两部分[29]。如果没有对网络概念和模型的研究，社会网络的实证分析就不会有坚实的基础，网络模型研究的重要性即在于此[30]。

3.3.1 社会网络分析模型的发展

20世纪70年代是社会网络分析发展的重要分界点。20世纪70年代之前，社会网络分析模型主要运用社会计量分析和图论的一些方法。此时社会网络分析的主流学派主要有如下三个：社会计量学者，他们通过研究小团体，在技术上从很多方面推进了图论方法的发展；20世纪30年代的哈佛学者，他们研究了人际关系模式，提出了派系这个概念；曼彻斯特的人类学家，他们在前两种学派的基础上考察了部落和乡村的社区关系结构。这些研究最终于20世纪60年代和70年代在哈佛大学以群体代数模型和怀特（White）的区块模型汇聚在一起，从而牢固地确立了社会网络分析的地位，使之成为一种结构分析方法[31]。20世纪70年代后，社会网络统计模型研究发展迅速。这些模型大都建立在1981年霍兰（Holland）和林哈特（Leinhardt）提出的关系数据的 p^1 模型分布基础之上。1986年，弗兰克（Frank）和施特劳斯（Strauss）提出的马尔可夫随机图，1990年施特劳斯（Strauss）和伊可达（Ikeda）、沃瑟曼（Wasserman）和派提森（Pattison）给出的模型估计策略是该领域的开创性成果，把社会网络分析带入新的历史时期。因为马尔可夫模型及其各种推广模型（称为 p^* 概率模型）不需要假设二人组的相互独立性，从而可以利用逻辑回归（logistic regression）进行估计。这给研究者带来极大方便，如图3-3所示[30]。

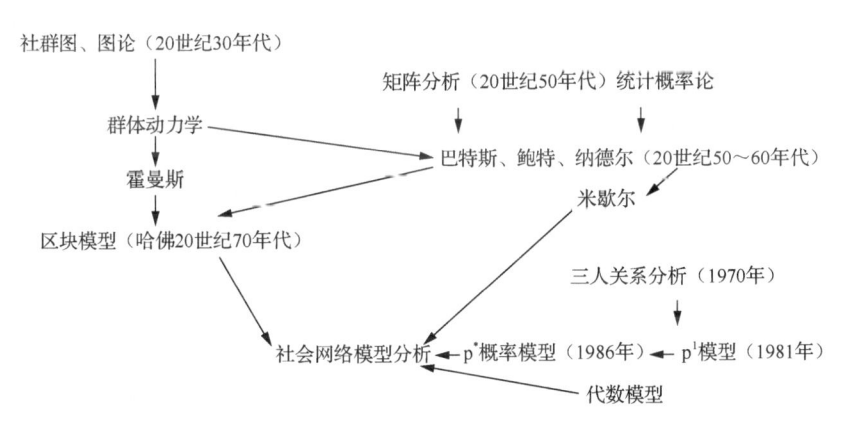

图3-3 社会网络分析模型的发展

3.3.2 社会网络分析与竞争情报分析相关的主要应用领域评析

起源于社会学研究的社会网络分析目前已扩散到经济、管理、信息、情报、文化、教育、工业技术、科学、政治、法律、安全等各个领域[31,32]，下面将与竞争情报相关的应用领域分八大模块进行综述[29]。

1）企业、产业、区域战略分析

社会网络分析方法应用于战略分析可归纳为三个层面：企业层面、产业层面和区域层面[29]。

在企业层面，往往把企业作为节点，企业与企业之间的某种关系作为连线，建立起企业的社会网络模型，目前已被研究的关系有：竞争合作关系、供应链关系、连锁董事关系、股权关系、社会资本关系、智力资本关系、资金往来关系、技术转移关系、知识流动关系、研发联盟关系、外包等。根据关系具体所指产生不同类型的企业网络，如企业竞合网络、供应链网络、连锁董事关系网络、上市公司股权网络、企业战略联盟网络等。研究的视角主要是从企业出发考察企业所处的网络的结构特征、企业在网络中的特性和网络对企业的影响，如：连锁董事关系网络中心度和结构洞数量对企业多元化战略、创新战略等有促进作用[33]；企业战略联盟网络通过结构、关系、认知、制度和文化等多维度的网络嵌入性影响着企业的行为和绩效[34]。

产业层面往往以特定地理区域、特定产业相关的企业、中介服务商、研发单位、政府、教育部门等机构作为节点，以这些机构之间的竞争合作关系或交互关联关系作为连线，建立产业社会网络模型。目前已被研究的产业有：杭州手机产业、浙江中小企业群、广州软件产业、江苏沿江地区化工行业、环黄渤海合作区域产业集群、河南省虞城县南庄村钢卷尺产业集群、温州鞋革业和北京互联网技术（internet technology）产业集群等。研究的视角主要是从某区域的某产业出发考察产业相关方所构成的网络的结构特征、网络的形成及演化、节点机构之间的互动关系、网络对节点机构的影响以及产业网络的优化[35]，如温州鞋革业的社会网络分析表明产业集群的网络密度是其竞争优势的重要特征，密度越大，该产业集群的资源配置能力越强，竞争优势越明显[36]。产业社会网络模型中的高中心性企业对产业的演化和新企业的衍生起到关键作用[37]。

在区域层面，一般以某区域内的国家（城市）为节点，以国家（城市）之间的经济、贸易、资源分布等关联关系为连线，建立区域内的国家（城市）群网络模型。社会网络对于区域治理、区域经济合作、区域社会发展均能提供很好的分析视角。如文献[38]用社会网络分析方法和石油产业链的构建，选取2010年、2013年、2016年、2019年的数据对"一带一路"65个共建国家石油产业链贸易网络的结构特征和影响因素进行了分析。研究结果表明：共建国家石油产业链贸易网络密度整体上不断增强、贸易联系愈加紧密，呈现"小世界"特征，但贸易合作具有偏向性致使不同链条环节的网络特征演变呈现不同的特点。进一步，各环节的中心性国家具有差异性，原油贸易网络中心性较强的国家主要为石油资源国和运输通道国，原油产品贸易网络、有机化学产品贸易网络以及合成产品贸易网络中心性较强的国家主要为工业基础相对较好的国家。环境污染问题具有扩散性和不确定性，建立有效的协同网络是超大城市群环境治理的关键。文献[39]通过UCINET软件工具对2008~2017年粤港澳大湾区11个城市环境治理合作数据进行分析。研究结果表明：粤港澳大湾区环境治理合作网络从中心协调式逐步演化到扁平化网络特征，形成了"中心-次中心-边缘城市"的合作态势，且网络内小圈子合作呈现两两互惠和三角形模式。鉴于此，应通过加强合作网络的联结性，发挥上级部门的协调功能，构建多元主体参与的网络治理机制，以促进粤港澳大湾区环境治理合作网络的结构优化。

2）营销、舆情分析

社会网络分析在营销、舆情分析中的应用主要有两大部分[29]。

一是将社会网络分析作为一种方法来研究营销信息（如口碑、品牌、新产品、价值、关系等）和舆情信息（谣言、意见、话题、情绪、态度等）的传播机制与防控对策，以个人为节点，以人与人之间的相互作用或信息传递关系作为连线，营销和舆情的传播可以用社会网络模型来刻画。现有的研究一般集中在这些网络的结构特征、网络的形成与演化、网络结构对个体行为的影响、信息在网络上的传播模式等，并根据相应的研究结论提供有效的营销对策和舆情防控办法。如文献[40]对小米社区红米Note4/4X板块两次新产品发布共计54周的社区网络属性进行分析，结果发现新产品发布后，社区网络属性与新产品传播相互影响、相互促进。品牌社区用户参与社区活动主要是基于对品牌的热情与信息交互。社区中心化趋势明显，聘用用户在社区中起到重要作用。谣言的传播类似流行病，谣言所能蛊惑的人数比例有上限，聚集系数越高的网络，越能抑制谣言的传播，而聚集系数越低的网络，谣言的传播越猖獗[41]。

二是将社会网络作为营销和舆情的载体，分析营销和舆情在这些载体上的传播规律并以此优化营销模式和舆情防控。这里的社会网络一般特指社交网站、网络群组、维基、论坛、博客、电话、短信、电子邮件等媒体，由于当今这些社会网络媒体已经成为营销和舆情传播的重要载体甚至是主要载体，并且营销和舆情在这些载体上的传播与传统的传播方式有较大差异，因此这些研究具有重要意义。一般以账号（如用户名、邮件地址、手机号码等）为节点，以账号间的链接关系、信息回复关系为连线，建立社会网络模型。研究视角一般是将营销和舆情置于社会化媒体环境中，研究其影响因素、作用机制、传播模式，并由此构建基于社会化媒体的营销和舆情传播发展模型。文献[42]用社会网络探索新冠肺炎疫情微博舆情传播的网络结构特征、传播主体的位置与角色，发现新冠肺炎疫情微博舆情体现出总量巨大、节点林立、关系复杂的网络特征。不同类型的微博用户在网络中的传播作用各不相同，官方媒体微博、商业媒体微博、自媒体微博在突发事件舆情网络中占据不同的传播位置，具有不同等级的传播能力。在突发公共事件舆情应对和引导过程中，应当推动各类媒体的广泛合作。

3）信息搜索及挖掘

信息表面上看是平面的文字，但信息内含的各要素如人物、机构、事件、话题、项目等载体之间有着各种各样的关系，这些关系往往都可以用社会网络模型来刻画[29]。传统的信息搜索及挖掘都以关键字为中心，上述的关系没有或很少被利用。近几年，随着社会网络迅速发展和精准搜索的迫切需要，基于关系的信息搜索、过滤和挖掘开始出现并受到重视，不少公司开始提供网络图式的关系搜索服务，如微软的人立方关系搜索、雅虎的人物搜索、腾讯的SOSO华尔兹等。关系搜索背后的关键原理之一就是社会网络分析法，以人物、机构、事件、话题、项目、载体等要素为节点，以这些要素之间的互动关系、隶属关系、关联关系为连线，建立社会网络模型。社会网络分析中的中心性分析、凝聚子群分析、核心-边缘分析常被用于信息搜索、过滤和挖掘，如以网页为节点，以网页之间的连接或紧邻访问为连线，建立网页集合的社会网络，对该网络的中心性分析的结果被搜索引擎用来确定网页和社区的权威性[43]。由于重名，利用搜索引擎检索人物信息时经常出现大量冗余信息，但重名的不同人物所属的社会网络具有区分性，利用检索结果背后潜在的社会网络关系可以将同一人名表示的不同人物区分开来，实现搜索结果的精准化[44]。出于隐私保护，大量网络用户选择以匿名身份出现，但最新的研究证明，利用社会网络分析，在推特和Flickr都有账户的用户中有1/3可以在匿名之后被逆向识别出来，而且错误率仅为12%[45]。在传统的基于内容和协同过滤方法的推荐系统中，加入社会网络分析，则能有效改进推荐的准确性，有效缓解"孤独用户"带来的问题[46]。

4）各型各类虚拟社区

近几年，随着Web2.0的广泛应用，在线社会网络不断涌现，并且用户数量和用户的参与程度迅速增长，形成了各型各类的、活跃的虚拟社区。从社区类型上有社交网站、微博、维基、博客、论坛、群组、开源软件社区、邮件列表等类型，从社区的功能来看有交友、学术、学习、职场、消费、婚恋、技术等各种类别。由于这些社区本质上就是人的互动所形成的社会网络，另外由于这些网络记录了大量信息且便于收集，对上述各型各类虚拟社区的研究成为各学科特别是计算机科学与技术、管理学、信息学、心理学、社会学甚至物理学研究人员共同关注的热点[29]。研究视角一般选择整体网（某社区网站的所有用户）或局部网（某社区网站用户中某个圈子的用户），以用户为节点，以用户之间的好友关系、关注关系、回复关系等为连线，建立社会网络模型，研究网络的结构特征、演化机制、用户交流模式及网络上的知识、舆论传播过程，研究结论既与虚拟社区的类型有关也与其类别有关[47]。文献[48]利用体现复杂网络结构特征的指标，比较了IT微博网络与小世界网络和无标度网络的平均最短路径长度和聚集系数，还比较了相同平均度条件下的小世界网络与IT微博网络的传播规律。结果显示：IT微博网络具有小世界网络和无标度网络的特征。绝大多数用户只有少量的关系人，关系网络的度服从幂律分布，度数小的节点倾向于与度数大的节点相连接，新增加的个体更倾向于与度数大的个体建立联系。文献[49]对国内图书情报学领域的学者的博客进行社会网络分析发现,其网络密度比一般性网络密度值要高,度中心性、中介中心性以及凝聚子群分析结果有很大的重叠性,因此群体中存在一些核心成员。

5)知识管理

知识分为显性知识和隐性知识,知识传播的背后就是错综复杂的人际网络,特别是对于无法用语言表达的隐性知识,人们往往习惯于从自己的社会网络关系中获得和交流,知识的这些本质特性决定了社会网络分析是知识管理研究的天然工具[29]。将知识活动的行为主体如个人、团队、企业作为节点,将行为主体间的知识活动关系作为连线,即可建立知识管理的社会网络模型。目前,学术界已采用社会网络分析的知识活动有知识获取、知识共享、知识流优化、知识测度、知识转移、知识交流、知识流动、知识扩散、知识推荐、知识导航,知识管理的单位有个人、团队、企业、产业,应用场景涉及组织内部、企业联盟、产业集群、科研团队、研发团队、创新团队、供应链等。研究角度一般从网络的结构特征对知识活动的影响出发进行理论或实证的分析和解释,如研究发现:弱联结在跨组织信息传播上具有渠道优势,它能为行为人带来更多不重复的外部信息,因而在信息搜寻和共享上具有特殊价值;强联系更有利于隐性知识的转移和共享,因为强联系双方交流频繁,具有更加一致的知识背景和文化背景,相互认知程度更高,从而有利于复杂知识的传递、理解和学习;节点在网络中的位置对知识创新和知识转移具有关键性影响,关系较多的节点拥有更多的机会接触和获取外部知识,而处于桥梁位置的节点则可以明显控制群组间知识流动的效率;网络中的结构洞有利于非冗余信息的传递,个体跨越的结构洞越多,越面临更广阔的思想和机会,网络的知识和信息也就越丰富[50-52]。

6)图书、情报

目前情报学研究人员已将社会网络分析应用到图书馆资源配置、学科主题分析、引文分析、合著分析、文献计量、专利计量、知识产权分析、人际竞争情报研究等领域[29]。建模方法一般以关注主体为节点,以主体与主体之间的关系为连线,建立社会网络模型,如:在引文分析中,以作者为节点,以作者之间的论文引用关系为连线,或者以论文为节点,以论文与论文之间的引用关系为连线,建立社会网络模型,也有以作者和论文为节点,以作者和论文之间的隶属关系为连线,建立2-模社会网络模型;在专利计量中,以专利为节点,以专利与专利之间的引用关系或相似关系为连线,或者以企业为节点,以企业与企业之间的专利相似关系为连线,建立社会网络模型;在人际竞争情报研究中,一般以个人或机构等实体为节点,以实体与实体之间的关系(如人与人之间的信任关系、企业与企业之间的战略联盟关系、上市公司与上市公司之间的交叉持股关系等)为连线,建立社会网络模型。当然,选择何种建模方式与研究内容和研究目的有关。研究内容一般是上述网络模型的网络结构特征分析、中心性分析、凝聚子群分析、核心-边缘分析等[53]。文献[54]抽取期刊论文中的作者引用网络、研究机构引用网络和地区引用网络，对这些网络进行社会网络分析并评估全球知识产权研究的态势。在近几年提出的人际竞争情报研究中，社会网络理论是其基本方法，网络结构特征分析、中心性分析和凝聚子群分析是人际竞争情报网络静态研究的主要工具，社会网络中的嵌入性、结构洞、强弱联结、社会资本等观点是人际竞争情报网络的主要解释依据和构建策略[55,56]。

7) 科研、学习、项目中的合作竞争

科研、学习、项目等的运作都涉及团队、圈子或机构群的互动，用社会网络对其进行建模并分析是有效的研究方法[29]。以人、机构、项目为节点，以人与人之间的合作关系、机构与机构之间的协作关系、人或机构与项目之间的隶属关系或相关关系为连线，建立1-模或2-模社会网络模型，以及整体、局部或自我中心社会网络模型。研究方法一般是对上述网络模型进行网络结构特征分析、中心性分析和凝聚子群分析以评估竞争合作的绩效、识别关键机构或人物、划分竞争合作中产生的小团体，应用场景涉及科学研究团队、技术研发团队、企业高层管理团队、在线协作学习、开源软件社区项目、大型建设项目监理等。如：通过对某学科领域的作者合著网和研究机构的合作网的社会网络分析识别主要的学者和研究机构，评估机构、团队、学者团队内部成员的流动、交流、合作情况等[57]；文献[58]提出了一种基于迭代的中介中心性排名方法识别科研团队领导人，利用从知网和万方上获取的2007~2016年我国情报学领域11种重要期刊的论文数据，在对数据进行简单消歧的基础上识别团队领导人；对著名开源软件社区 SourceForge 中的用户、团队、项目之间的社会网络分析，发现社区的发展存在明显的自组织现象，社会网络的角色分析可以预测新开源项目的团队成员构成[59]；大型建设监理项目的网络结构特性分析、中心性分析、嵌入性分析、位置分析为大型项目多组织利益相关方之间的治理机制研究提供了有效的量化方法和工具[60]。

8) 犯罪团伙研究

近几年，国外学者开始将社会网络分析引入创新研究和团伙犯罪研究，这些研究对国家安全情报分析至关重要[29]。在团伙犯罪特别是恐怖分子犯罪研究中，一般以犯罪分子、犯罪组织或恐怖事件为节点，以犯罪分子、犯罪组织与恐怖事件之间的各种关系为连线，建立起犯罪网络模型，对这些网络的结构分析、中心性分析、凝聚子群分析、依赖性分析、位置分析、脆弱性分析等可仿真犯罪组织的结构、识别关键人物和组织、寻找犯罪网络弱点、理解犯罪团伙的运作规律、预测犯罪活动等，起到反制犯罪的作用。文献[61]以云南省H暴力恐怖活动为例，利用社会网络分析方法对其"人物-资源-技能-任务"多元关系网络进行测度，总结了情报视角下暴力恐怖活动的社会网络特征。研究结果表明：依托多元社会网络分析，能够系统揭示暴力恐怖犯罪的危害性，有效实施反恐预警行动，精准打击暴力恐怖分子，开辟反恐新方向。文献[62]根据北京市 2005 年、2010 年、2014 年街头诈骗案件数据，利用社会网络原理构建了基于共同犯罪的犯罪人地域关系网络模型，并利用社会网络分析等方法对参与共同犯罪的犯罪人地域关系网络的结构特征及其变化趋势进行了分析。结果表明：2005～2014 年，参与北京市共同犯罪的犯罪人籍贯地域的空间分布逐渐集中；犯罪人的地域关系网络小世界效应逐渐增强，并从幂律分布模式向指数分布模式发展；犯罪人地域关系网络的凝聚子群结构逐渐发生两极分化，出现了少数共同犯罪关系异常密切的犯罪人地域子群结构。

3.4 行为科学理论在人际竞争情报中的拓展

Nahapiet 和 Ghoshal 在社会资本理论中已经提到了认知维度，但只是把认知放在一个比较次要的地位，仅把其理解成个人知识、符号，没有研究认知对结构和关系这两个维度的影响[1,19]。从分析层次上来说，认知包括个体和群体两种。个体和群体的认知特性对社会网络关系的构建与维护，以及人际竞争情报各活动环节具有深远的影响，可以解释结构分析无法说明的实际问题。人际竞争情报研究中的个体层次行为嵌入效应研究主要是指个体人格特质和人际吸引对人际网络关系产生、发展、绩效等多个层面的影响，进而探讨其对人际竞争情报活动产生的效应[63]；群体层次研究主要分析群体结构、群体过程对人际竞争情报活动绩效的影响[64]。

3.4.1 人格特质理论

个体人格特质主要有控制点、马基雅维利主义、自尊、自我监控、冒险倾向[64]。人格特质理论在解释网络节点态度和行为方面有时是非常有效的。比如认为自己受命运操纵，认为社会中所发生的一切均是运气和机遇的作用，有这些特质的个体称为外控者，否则称为内控者。内控者往往认为自己能主宰命运，因此对成功有强烈的动机，倾向于对其他角色进行进攻性管理，同时想成为网络中心人物，希望获得其他角色的尊重；内控者善于根据环境的变化调整自己的决策行为，如果他们处于网络有利的位置，往往要比别的角色绩效更高，他们也非常善于利用网络获得自己的利益。相对于内控者，外控者往往显得比较被动，总是想成为被支配的角色，即使拥有有利的网络位置也不能从中获得很好的收益。个体人格特质研究表明，即使在网络中处于相同位置的角色（中心性、桥、结构洞），其自身的人格特质差异也会导致行为差异。如果人际竞争情报只进行社会网络结构数据分析，而不对角色的历史人格特质进行调查，这样的情报分析就会失去现实意义。把个体人格纳入社会网络进行综合研究可以提高行为预测的精度，同样也可以更细致地探究网络角色的情报搜集和发布活动的动机，提高情报活动效率。

3.4.2 人际吸引理论

人际吸引理论主要从心理学角度来研究网络角色的行为特征，认为心理平衡、社会比较是关系发生的主要原因[65]。

平衡论建立在人们对共同目的物和人的偏好推测基础上[26,66]。如甲乙关系中，若甲对乙有好感，即使原先乙对甲不熟悉，出于心理平衡，也会开始对甲有好感，从而建立二方关系。同样，对三方关系来说，若甲和乙有关系，乙和丙有关系，而甲和丙没有关系，甲会感觉有压力，为获得心理平衡，甲和丙的关系也就产生了（图3-4）。平衡论能很好地解释关系相互性和传递性，能分析角色对现有关系的满意程度，预测角色将来的关系安排。社会比较理论说明关系起源于社会背景（年龄、性别、地位、爱好、信仰、态度、价值）相似或感觉相似的角色之间。该理论认为，角色之间交往的时候，往往先自行搜索与自己社会背景相同的人，然后在适当时机建立相互关系。

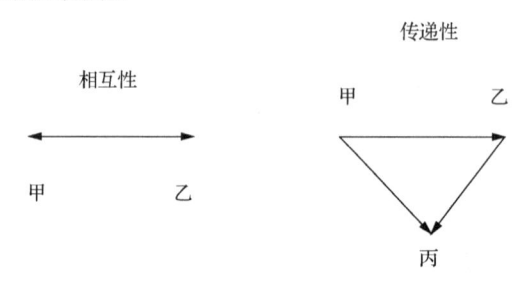

图 3-4 关系相互性和传递性产生的心理认知基础[66]

人际吸引理论对人际竞争情报研究有三个方面的重要影响。首先，情报搜集过程中要研究如何应用人际吸引来开拓人际情报网络。竞争情报工作者自然可以利用相互性和传递性来开拓人际情报网络，但也要注意人际吸引理论强调社会背景一致是关系发生的本源，因此竞争情报工作者通过人际吸引途径得到的关系网络往往趋于单质，这不利于情报分析时需要多渠道来源信息来印证结论的要求。其次，人际吸引理论对网络角色行为动机给出了一种解释，有利于人际情报网络的维护和发展。企业社会关系在很大程度上是由企业法人、高层管理者的社会关系组成的。企业法人、高层管理者的社会背景和心理认知决定了其社会关系的广度和深度，进而影响企业社会资本的质量。竞争情报工作者可以对相关人员的社会背景进行调查分析，从行为认知角度来挖掘网络关系建立和切断的战略意图，进而可以便捷、准确地获悉相关企业社会资本的发展趋势，做出相应的网络维护和发展的策略，这样比单纯依靠网络结构分析更具有说服力。最后，人际吸引理论提示竞争情报工作者要充分利用小集团交叠的倾向，提高人际情报网络的运营效率。社会背景相似性使得个体之间形成集团，同时社会背景的不同维度使得个体有可能隶属于几个不同集团，这样也就出现小集团交叠现象。若人际情报网络中某企业法人是高尔夫会所的会员，也是商会组织的成员，其社会关系处于两个集团的交叠状态。若网络中的商会组织的成员大多数也隶属于同一个高尔夫会所，则网络个体社会背景维度相似性大，该人际情报网络的运营效率将非常高（图3-5，虚线表示不同社会背景的小集团，图中角色基本上同时隶属于两个集团）。以上说明，人际竞争情报研究不能忽视网络个体的社会背景研究，人际竞争情报活动应纳入网络角色社会背景调查环节，它能从一个侧面来度量人际情报活动的效率和质量。

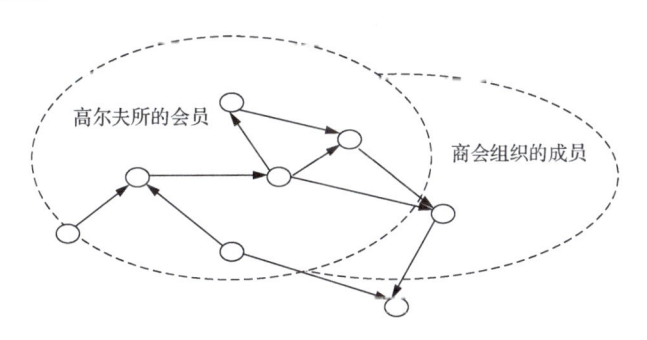

图3-5 效率较高的人际情报网络

3.4.3 群体结构理论

群体结构变量主要包括正式领导、角色、规范、地位、规模、构成[64]。这里重点讨论规范、规模、构成三个变量在人际情报研究中的意义[19]。

规范是指人际情报网络群体共同遵守的行为标准，是群体情报活动稳定的重要依据。规范对人际竞争情报活动主要有两个意义：第一，通过规范可以强化网络角色之间的身份认同，增强凝聚力，促进情报组织内部网络、外部网络的稳定，有利于人际情报活动有序进行。第二，规范是预测人际情报网络发展趋势的重要变量。人际竞争情报网络生命周期依次经历形成、发展、稳定、衰退、再发展的过程。规范对人际情报网络发展具有重要的指导意义。在网络形成初期，网络角色探索可以接受的规范，竞争情报工作者在规范的制定中往往处于领导地位，当规范完善到一定程度，网络也就进入稳定期。此时，竞争情报工作者可以充分利用规范来预测角色成员之间的行为,当规范不被网络群体接受时,往往意味着网络面临崩溃。

随着人际情报网络的规模越来越大,网络绩效就会受多个因素影响,其中规模、构成是两个不容忽视的变量。规模庞大的网络并不见得能高效运行。研究表明,当网络越来越大的时候会产生社会惰化倾向,即个体在群体中的工作不如单独一个人工作时努力[64]。合理控制规模,调整网络个体总量,通过制定合适的激励机制提高个体绩效,将成为人际情报活动重点考虑的内容。人际情报活动顺利开展需要多种知识、技术和能力。网络构成个体的适当异质性能提高人际情报活动效率。考察和吸纳拥有不同能力和信息的个体进入人际情报活动将是竞争情报工作者的长期任务。

3.4.4 群体过程理论

群体过程理论认为群体成员相互之间的沟通模式、冲突意向对群体绩效会产生协同正负效应的影响。人际情报网络规模庞大往往会导致社会惰化倾向,惰化其实就是协同负效应。网络个体的过滤、选择性知觉、情绪、语言均能影响人际情报活动的沟通效果,进而产生协同正负效应。当群体冲突产生时,有限理性的个体不同的冲突处理行为意向(竞争对竞争、竞争对合作、迁就、折中)也对网络群体行为产生影响,甚至导致相关网络群体瓦解。群体过程理论一方面说明建立合适的沟通渠道和冲突处理机制是保障人际情报网络有效管理的重要途径,另一方面也指出在人际竞争情报研究时应把群体互动模式纳入分析框架,这样才能更全面地分析。

3.5 网络战略管理理论在人际竞争情报中的拓展

当前,虚拟企业、战略联盟、集群企业兴起使得企业管理理论有了很大突破。有关企业网络合作、网络治理、网络发展的理论成为人际竞争情报分析的重要模型和基础[1]。例如企业网络战略管理目前主要用市场能力理论、交易费用理论、代理理论、博弈论、企业生态理论进行分析,在分析人际竞争情报网络形成原因时,也可以把这些理论结合社会网络和行为科学进行研究。再如对网络治理中的网络、治理内涵研究也可以借鉴到人际竞争情报网络分析中,尤其在情报搜集和传播、知识技术转移、资源配置等领域具有独特的应用。由于这方面的理论庞杂分散,这里只对一些关系紧密的网络治理理论、企业生态理论进行分析[67,68]。

3.5.1 网络治理理论

网络治理是正式或非正式的组织和个体，通过经济合约的联结与社会关系的嵌入所构成的以企业间的制度安排为核心的参与者间的关系安排。它以组织间的竞合为基点，以网络组织的协调运作为中心，以制度经济学为分析基础来探讨治理机制与治理目标[69]。网络治理理论主要由"网络"和"治理"构成，它们对人际竞争情报分析方法具有多重启示[19]。

网络治理理论为人际竞争情报网络创建方式提供路径。网络治理中的网络内涵主要包括制度意义和技术意义上的经济组织或者经济主体之间的正式和非正式关系的总和。网络治理的内涵不是某种简单关系的体现，而是众多关系相互作用的结果。因此，网络治理的内涵还包括经济组织关系的外部和内部因素的集合。如果再考虑到关系的制度属性，即关系如何在制度的范畴中体现，那么，还可以进一步将网络细化为正式的网络关系，如基于法律意义上的公司契约和非正式的网络关系，基于价值观、习俗和道德等因素的东方文化关系，中国社会背景中的"关系"等，就是这样一种典型的非正式制度安排。由此思路出发，人际竞争情报网络分析方法在对企业网络进行应用研究时，对关系建立和研究应是多重、多维的，可以是制度关系、契约关系、人缘关系等。

所谓治理结构，一方面是指企业的出资人、债权人、经营者、生产者等相关利益者之间形成的一种组织结构，这种结构形成一种相互制衡的关系，很多时候治理结构也被看作企业治理本身，或被看作企业治理系统、企业治理机制等，其宗旨是促使组织能真正为组织的相关者利益工作，另一方面是指把不同性质的交易以一种不同的方式与市场、组织或中间组织相适应，以节约交易成本，威廉姆森认为企业各利益相关者之间的交易方式与组织制度相匹配[70]。网络治理内涵对人际竞争情报网络分析具有启示意义。治理的内涵原则上是有关制度权力的设计，但对于被治理的对象而言，并非多数情况下都涉及权力的控制问题，而是对象之间通过合作性的协调方式实现组织目标的过程。因此，合作、协调、相互联系是治理的核心属性。人际竞争情报网络发展和演化很大程度上取决于网络主体之间的治理安排，它是保证网络有序运作和合作绩效提高的基础，是在非正式的规范、准则与惯例的制约和调节下的网络成员之间的结构及其行为过程的总和。网络分析既要包括处于相对静态的准则、惯例与主体之间的关系结构，也要包括主体间的动态交流和互动，并且前者与后者相互影响、相互作用，从而构成一个有机体系。

3.5.2 企业生态理论

20世纪90年代以前的企业战略管理理论都比较偏重讨论竞争和竞争优势（如迈克尔·波特在20世纪80年代的有关著作），这曾经对战略管理理论的发展和企业经营业绩的提高起到了积极的促进作用。20世纪90年代以后，随着产业环境的日益动态化、技术创新的加剧、竞争的国际化和顾客需求的日益多样化，创新和创造未来日益成为企业战略管理理论发展的一个新热点。其中，有较大影响和代表性的有德博诺从价值创造与创造性思维角度提出的超越竞争理论、莫尔从企业生态系统均衡的演化角度提出的企业生态系统演化理论、达韦尼从竞争创新角度提出的超级竞争模型等。

企业生态理论认为，一个企业生态系统的合作演化大约经历四个阶段：开拓、扩展、权威、重振或死亡。在开拓阶段，企业要形成生态系统的基本范式，即要综合各种能力创造生态系统赖以建立的核心贡献。企业面临的合作性挑战是同顾客和供应商一起工作以确定新的价值主张的更有效实现途径，竞争性挑战是自我保护以防止其他企业模仿。此阶段对企业谋求领导地位的最大挑战是能否提供比原来大得多的价值。在扩展阶段，企业要开始建立一系列重要的协作关系并进行投资以增强其规模和范围。企业面临的合作性挑战是与伙伴和供应商协作向更大市场提供新贡献，以此获得最大的市场覆盖，竞争性挑战是要让企业的方法成为市场标准并占据主要市场，以及强化同主要客户、重要供应商和主渠道的关系。此阶段对企业谋求领导地位的最大挑战是及时形成大批量。在权威阶段，企业要关注于使自己的贡献成为系统的核心。企业面临的合作性挑战是提供有号召力的未来远景以鼓励供应商和顾客共同改善系统，竞争性挑战是保持与系统内的供应商和顾客的强议价能力。此阶段对企业谋求领导地位的最大挑战是领导合作演进。在重振或死亡阶段，企业要发现用新创意改造旧秩序的方法。企业面临的合作性挑战是同创新者一起给现有系统带来新创意，竞争性挑战是构建高的进入障碍防止创新者建立其他系统，保持高的顾客转换成本以获得重振时间，从而在现有产品或服务中增加新内容。此阶段对企业谋求领导地位的最大挑战是继续进行绩效改善，否则就会衰退或死亡。一个企业生态系统要考虑七个维度，即顾客、市场、产品或服务、经营过程、组织、利益相关者、社会价值和政府政策。在合作演化的每一个阶段，管理者都可从这七个方面根据各阶段的主要任务和挑战的特征进行管理，以最终达到在成功的企业生态系统中取得领导地位的目的[70]。

企业生态理论进一步指出了人际竞争情报网络发展要关注的细节[19]。作为一种方法论，人际竞争情报最终能对企业的竞争战略制定和实施给予支持和参考。企业生态系统的构成说明人际竞争情报网络要关注网络成员之间的合作竞争趋势。顾客、组织、利益相关者之间的利益协调是通过市场、社会价值和政府政策来进行的，网络中的关系和谐最终能促进市场和产品或服务的发展，进而达成企业最终的竞争战略需求。

3.6 本章小结

人际竞争情报研究第一次把竞争情报和企业社会资本战略联系起来，强调社会资本与竞争情报之间的互融关系，为竞争情报研究的深化提供了一个新视角。人际竞争情报研究和传统的竞争情报研究在理论与方法上有许多不同之处，人际竞争情报研究更多借鉴社会科学、行为科学中的相关理论，并把它们和竞争情报理论紧密结合。

参考文献

[1] 吴晓伟, 李丹, 龙青云. 人际竞争情报分析方法论[J]. 情报学报, 2013, 32(11): 1138-1147.
[2] 郭明哲. 行动者网络理论(ANT)——布鲁诺·拉图尔科学哲学研究[D]. 上海: 复旦大学, 2008.
[3] 拉图尔, 伍尔加. 实验室生活: 科学事实的建构过程[M]. 张伯霖, 刁小英, 译. 北京: 东方出版社, 2004.
[4] 吴莹, 卢雨霞, 陈家建, 等. 跟随行动者重组社会——读拉图尔的《重组社会: 行动者网络理论》[J]. 社会学研究, 2008(2): 218-234.
[5] 孙启贵, 郑泉. 科学网络中的行动者及其影响因素——以人类胚胎干细胞研究为例[J]. 科学学研究, 2010, 28(6): 822-828.
[6] 王江, 王光辉. 中国电动汽车技术演进分析: 行动者网络视角[J]. 科技进步与对策, 2018, 35(11): 60-68.
[7] 李峰, 肖广岭. 基于 ANT 视角的产业技术创新战略联盟机制研究[J]. 科学学研究, 2014, 32(6): 835-840.
[8] 高学贤, 郑海东, 苏辉, 等. 基于 ANT 视角的能源企业战略转型实施路径研究[J]. 科研管理, 2020, 41(6): 119-129.
[9] 赵强. 电子政务政策过程研究——政策网络和行动者网络的视角[M]. 上海: 学林出版社, 2009.
[10] Latour B. Reassembling the Social: An Introduction to Actor-Network-Theory[M]. Oxford: Oxford University Press, 2005.
[11] 林善浪, 王健. 基于行动者网络理论的金融服务业集聚的研究[J]. 金融理论与实践, 2009(10): 16-19.
[12] 陈仁川, 刘慧. 行动者网络理论在营销学研究中的运用[J]. 中国市场, 2010(41): 78-79.
[13] 杨欣悦, 袁勤俭. 行动者网络理论及其在信息系统研究中的应用与展望[J]. 现代情报, 2020, 40(10): 144-151, 167.
[14] 高晨, 汤谷良. 西方管理会计"行动者网络理论"研究综述[J]. 财会通讯, 2011(10): 10-12.

[15] 张环宙, 周永广, 魏蕙雅, 等. 基于行动者网络理论的乡村旅游内生式发展的实证研究——以浙江浦江仙华山村为例[J]. 旅游学刊, 2008, 23(2): 65-71.

[16] Hardy C A, Williams S P. E-government policy and practice: A theoretical and empirical exploration of public e-procurement[J]. Government Information Quarterly, 2008, 25(2): 155-180.

[17] 赵宇翔, 刘周颖, 宋士杰. 行动者网络理论视角下公众科学项目运作机制的实证探索[J]. 中国图书馆学报, 2018, 44(6): 59-74.

[18] 陈琳, 李书全. 行动者网络理论的建筑低碳化动力机制研究[J]. 天津大学学报(社会科学版), 2012, 14(1): 87-92.

[19] 吴晓伟. 人际竞争情报一般理论研究[J]. 图书情报工作, 2008, 52(5): 74-77.

[20] 周小虎. 企业社会资本与战略管理[M]. 北京: 人民出版社, 2006.

[21] Granovetter M S. Economic action and social structure: The problem of embeddedness[J]. American Journal of Sociology, 1985, 91(3): 481-510.

[22] 罗家德. 社会网分析讲义[M]. 北京: 社会科学文献出版社, 2005.

[23] Granovetter M S. The strength of weak ties[J]. American Journal of Sociology, 1973, 78(6): 1360-1380.

[24] Burt R S. Structural Holes: The Social Structure of Competition[M]. Cambridge: Harvard University Press, 1992.

[25] Krackhardt D. The Strength of Strong Ties: The Importance of Philos in Organizations[M]//Nohria N, Eccles R G. Networks and organizations: structure, form, and action. Cambridge: Harvard Business School Press, 1992.

[26] 任志安, 毕玲. 网络关系与知识共享: 社会网络视角分析[J]. 情报杂志, 2007(1): 75-78.

[27] Bian Y J. Bring strong ties back in: Indirect ties, network bridges, and job searches in china[J]. American Sociological Review, 1997, 62: 366-385.

[28] 边燕杰. 网络脱生: 创业过程的社会学分析[J]. 社会学研究, 2006(6): 74-88, 244.

[29] 吴晓伟, 龙青云. 社会网络与人际竞争情报研究综述[J]. 情报学进展, 2012, 9: 46-86.

[30] 刘军. 社会网络模型研究论析[J]. 社会学研究, 2004(1): 1-12.

[31] 斯科特. 社会网络分析方法[M]. 刘军, 译. 重庆: 重庆大学出版社, 2007.

[32] Borgatti S P, Mehra A, Brass D J, et al. Network analysis in the social sciences[J]. Science, 2009, 323 (13): 892-895.

[33] 马玎, 禹献云, 张雅蕊. 网络地位、结构洞与探索式创新: 来自九大低碳产业研发网络的经验证据[J]. 科技管理研究, 2018, 38(21): 18-28.

[34] 马晓燕, 邓光汉. 战略网络对企业绩效的影响机制研究[J]. 软科学, 2008, 22(7): 140-144.

[35] Galaskiewicz J. Studying supply chains from a social network perspective[J]. Journal of Supply Chain Management, 2011, 47(2): 4-8.

[36] 蔡宁, 吴结兵. 产业集群组织间关系密集性的社会网络分析[J]. 浙江大学学报(人文社会科学版), 2006, 36(4): 58-65.

[37] 李二玲, 潘少奇. 企业网络分析方法述评与探讨——兼论网络分析方法在产业集群研究中的应用[J]. 河南大学学报(社会科学版), 2009, 49(4): 24-31.

[38] 李优树, 冉丹. 石油产业链贸易网络及其影响因素研究——以"一带一路"沿线国家为例[J]. 经济问题, 2021(9): 111-118.

[39] 吴月, 冯静芹. 超大城市群环境治理合作网络: 结构、特征与演进——以粤港澳大湾区为例[J]. 经济体制改革, 2021(4): 80-87.

[40] 王维, 孟韬. 新产品发布与品牌社区网络动态演进[J]. 系统管理学报, 2021, 30(4): 794-805.

[41] 周涛, 汪秉宏, 韩筱璞, 等. 社会网络分析及其在舆情和疫情防控中的应用[J]. 系统工程学报, 2010, 25(6): 742-754.

[42] 姚乐野, 吴茜, 李明. 新冠肺炎疫情微博舆情传播的网络结构分析[J]. 图书情报工作, 2020, 64(15): 123-130.

[43] 刘俊彬. 基于社会网络分析方法的 Web 资源挖掘研究[D]. 北京: 北京交通大学, 2009.

[44] Narayanan A, Shmatikov V. De-anonymizing social networks[C]//30th IEEE Symposium on Security and Privacy, Cakland, CA, USA, 2009: 173-187.

[45] Debnath S, Ganguly N, Mitra P. Feature weighting in content based recommendation system using social network analysis[C]. 17th International World Wide Web Conference, Beijing, China, 2008: 1041-1042.

[46] 吴晓飞. 协同过滤推荐系统中"孤独用户"问题研究——基于社会网络分析[J]. 情报杂志, 2015, 34(6): 169-173.

[47] 张立, 刘云. 虚拟社区网络的演化过程研究[J]. 物理学报, 2008(9): 5419-5424.

[48] 雷宏振, 贾悦婷. 基于复杂网络的在线社交网络特征与传播动力学分析[J]. 统计与决策, 2015(2): 114-117.

[49] 党洪莉, 孙红霞. 图书情报学博客的社会网络分析[J]. 情报杂志, 2009, 28(1): 180-182, 168.

[50] 土晓光. 社会网络范式下的知识管理研究述评[J]. 图书情报知识, 2008(4): 87-91.

[51] 滕广青, 任晶. 国外社会网络分析在知识管理领域的应用研究[J]. 数字图书馆论坛, 2014(6): 35-42.

[52] 钟琦. 企业内部知识流动网络分析[D]. 大连: 大连理工大学, 2008.

[53] 朱庆华, 李亮. 社会网络分析法及其在情报学中的应用[J]. 情报理论与实践, 2008, 31(2): 179-183, 174.

[54] Ying T Y, Xiao H G. Knowledge linkage: A social network analysis of tourism dissertation subjects[J]. Journal of Hospitality and Tourism Research, 2012, 36(4): 450-477.

[55] 吴晓伟. 人际竞争情报研究基本方法——网络建模[J]. 情报学报, 2009, 28(3): 451-458.

[56] 彭靖里, 谭海霞, 王崇理. 竞争情报中人际网络构建的理论研究——基于社会网络的分析观点[J]. 图书情报工作, 2006, 50(4): 38-42.

[57] 汤建民. 学术研究团队的可视化识别及评估方法研究: 以科学学研究领域为例[J]. 情报学报, 2010, 29(2): 323-330.

[58] 于永胜, 董诚, 韩红旗. 基于社会网络分析的科研团队识别方法研究——基于迭代的中间中心度排名方法识别科研团队领导人[J]. 情报理论与实践, 2018, 41(7): 105-110.

[59] Valverde S, Theraulaz G, Gautrais J, et al. Self-organization patterns in wasp and open source communities[J]. IEEE Intelligent Systems, 2006, 21(2): 36-40.

[60] 丁荣贵, 刘芳, 孙涛, 等. 基于社会网络分析的项目治理研究——以大型建设监理项目为例[J]. 中国软科学, 2010(6): 132-140.

[61] 胡成, 李明星, 古丽燕, 等. 情报视角下暴力恐怖活动多元社会网络测度研究[J]. 情报杂志, 2018, 37(3): 33-39, 4.

[62] 朱冠宇, 陈鹏. 基于共同犯罪的犯罪人地域关系网络的空间演化及其影响因素——以北京市诈骗案件为例[J]. 地理科学进展, 2020, 39(5): 792-803.

[63] 李磊, 马华维. 管理心理学[M]. 天津: 南开大学出版社, 2006.

[64] 罗宾斯. 组织行为学[M]. 孙健敏, 李原, 译. 北京: 人民大学出版社, 2002.
[65] 杨国枢, 文崇一. 社会及行为科学研究法[M]. 重庆: 重庆大学出版社, 2006.
[66] 奇达夫, 蔡文彬. 社会网络与组织[M]. 王凤彬, 朱超威, 译. 北京: 中国人民大学出版社, 2007.
[67] 郭劲光. 企业网络的经济社会学研究[M]. 北京: 中国社会科学出版社, 2008.
[68] 覃征, 汪应洛, 张磊. 网络企业管理[M]. 西安: 西安交通大学出版社, 2001.
[69] 全裕吉. 从科层治理到网络治理: 治理理论完整框架探寻[J]. 现代财经, 2004, 24(8): 45-47.
[70] 袁海明. 企业生态集群研究[D]. 天津: 南开大学, 2005.

第 4 章 人际竞争情报网络建模

虽然人际竞争情报面临的问题大都是半结构化和非结构化问题，但竞争情报产品和服务应该为决策者提供一个结构化的、明确的解决方案，人际竞争情报研究必须具有规范性和科学性。引入网络建模，一方面能挖掘第 3 章探讨的那些理论工具的意义，使其应用过程具有操作性，另一方面建模之后再利用这些理论对模型要素、模型特征进行质性分析，秉承了社会科学研究的定性与定量相结合的原则，从方法论上突出了分析过程中"人理""物理""事理"的统一以及"人理"在"物理"和"事理"中的协调性和融合性[1]。此外，当前个人和企业所处的信息环境已经大数据化、社交化，网络建模是未来竞争情报分析智能化的必然基础[2,3]。本章将对模型描述方法、建模对象确定、建模过程及其资料搜集方式等进行细致研究。

4.1 人际竞争情报网络模型描述方法研究

图论是人际竞争情报研究描述网络的基本工具[4]。通过图论可以对关系结构进行测量，用图论方法表达的网络可代表社会系统的一种模型，说明行动者及其关系。图论有多种描述方法，结合人际竞争情报的应用场景，可以用社群图和邻接矩阵两种方式来描述[5,6]。

4.1.1 社群图描述

社群图是由顶点和边构成的图形。顶点就是根据人际竞争情报研究确定的建模主体，边就是节点之间的关系。关系一般是有方向的，在图中可用箭头线表示。箭头线有单向和双向之分，如果主体 A 认为他和 B 有关系，而 B 却不认为与 A 有关系，那就用 A→B 单向表示，若双方都认为有关系就用 A⟷B 双向表示。有时候为了研究简便，就不考虑方向，把上述两种情况均用线连接。图中两个节点之间若有边，则称这两个节点相邻。社群图可以把网络数据转化成一种形式化的表达方式，从而可以对网络结构特征进行定量研究。

社群图中的顶点被称为行动者，可以是企业、集团、城市、国家等社会实体，也可以是事件、专利、政策等静态的物体,行动者可以是个体,也可以是网络群体。常见的社群图中的行动者可以来源于一个集合,也可以来源于两个集合,前者称为1-模网络,后者称为2-模网络。比如行动者全是企业,用社群图表示企业之间的供应链关系,关系产生的原因是企业之间的供应和销售,如图4-1所示;再如企业之间有多种技术被应用,此时行动者有两个集合,一是企业(A、B、C、D),二是技术(T_1、T_2、T_3),企业与技术之间是直接的关系,关系产生的原因是技术是否被采用,而企业与企业之间、技术与技术之间的关系并不是直接的,而是要通过技术和企业这两类行动者进行关联,如图4-2所示。

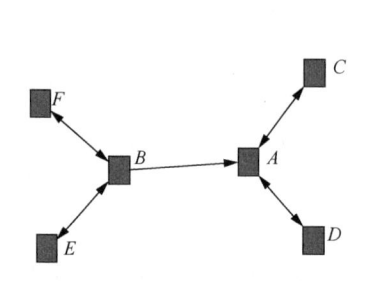

图4-1　行动者来源于一个集合 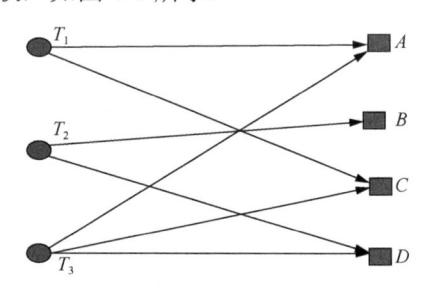　　　　图4-2　行动者来源于两个集合

社群图中另一个重点就是边,即关系。进行关系分析时不可忽视关系的定量研究,关系量的微妙变化可以预测行动者行为的发展趋势,这是人际竞争情报研究需要密切关注的。关系量主要是指关系内涵、关系强度等,在模型上可以用二值图、符号图、赋值图表示。二值图是用1和0表示关系,但有时处理起来比较困难,比如图4-1中以是否有供销行为作为关系存在的依据,但在一个大型供应链中,供销只有达到一定的金额时研究合作关系才有现实意义,此时需要一个阈值来限制关系数量,只有强度(供销金额)在阈值之上时才认为有关系(设置为1),否则没有关系(设置为0)。阈值如何确定,很多时候需要靠从业经验,这给分析带来了困难,因为阈值不同,会产生不同的网络,对分析的结果产生不同的影响。符号图是用特定符号描述关系的强度。如用多个"+"表示关系强弱,或用五级或九级等级符号来描述关系之间的强度,当然每一等级对应某一范围的关系强度。赋值图可以用连续的区间数来表示关系强度,这是最精确的方法,但网络分析算法大都不采用连续数。

以往人际情报分析往往把符号图、赋值图简化为二值图,其实对于分析来说丢弃了大量信息[7]。比如在网络密度一般用公式$2L/n(n-1)$表示,即用社群图中实际联系数L与最多可能联系的关系总数$n(n-1)/2$之比进行计算,对于赋值图来说,显然赋值大的线比赋值小的线对网络密度贡献大[8]。比如图4-2中A、C企业共享 2 项专利发生关系，A、D 企业和 C、D 企业共享 1 项专利发生关系，显然从专利角度看，A、C 之间要比 A、D，C、D 之间合作更紧密。对企业关系的社群图［图 4-3（a）］密度若用一般公式进行计算为 4/6=0.67。若考虑赋值，就先要设定该图中两个企业关系强度最大的可能数，这里可用共享的专利最大数来表示。根据图 4-2，企业间最大共享专利数量为 3，因此网络图中最多可能联系关系数就增加了两倍，为 6×3=18，而企业之间的联系数量为各自现实共享专利数量，其值为 5，结果密度为 5/18=0.28，其合作密度远远小于前者计算的值，当然此值更具有现实意义。

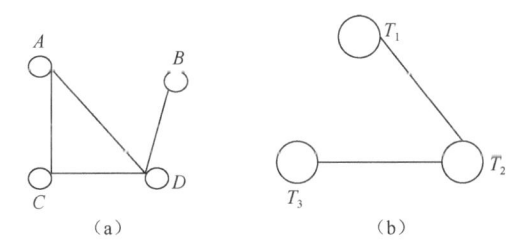

图 4-3 根据图 4-2 转化得到的两个 1-模图

4.1.2 邻接矩阵描述

在网络建模中，也可以用矩阵来描述行动者之间的关系[4]。若行动者来源于相同群体，此时矩阵的行列都代表完全相同的行动者，而且顺序一致，这种矩阵被称为邻接矩阵。行动者之间若有关系（图论表示有路），则其对应元素为 1，如图 4-4 所示。

	A	B	C	D	E	F
A	0	0	1	1	0	0
B	1	0	0	0	1	1
C	1	0	0	0	0	0
D	1	0	0	0	0	0
E	0	1	0	0	0	0
F	0	1	0	0	0	0

图 4-4 图 4-1 的邻接矩阵

矩阵是进行网络定量分析的基本工具，网络的许多基本特征分析均可由矩阵来实现，与人际竞争情报分析密切相关的矩阵运算主要有重排、加减法、幂运算、相关、回归等，其分析意义如表 4-1 所示。

表 4-1 矩阵基本运算及其在人际竞争情报中的分析意义

矩阵基本运算	人际竞争情报分析意义
重排	同时调换矩阵中相应的行和列，是为了发现网络结构特征和结构模式。最常见的是通过重排发现派系，即哪些行动者关系紧密，属于联盟体
加减法	把两个行列相同矩阵的对应元素进行加减。实质是对行动者之间的各种关系进行叠加，进一步发现行动者之间关系合力程度
幂运算	矩阵自身的乘积。二次幂表示两个行动者之间存在距离为 2 的路径数量，三次幂表示两个行动者之间存在距离为 3 的路径数量，依此类推。幂运算可以发现行动者之间的关系途径、强弱等
相关	用二次指派程序（quadratic assignment procedure，QAP）计算两个矩阵的相关性。相关主要分析行动者的各种关系（如购销关系、参股关系、技术合作关系等）之间的关联性，是关系分析的重要验证工具
回归	利用其他矩阵的值对某种社会关系（矩阵）进行模拟预测。比如从购销关系、参股关系来推测技术合作关系的可能性，回归是关系预测的基本工具

若行动者来源于两个集合，矩阵就不一定是方阵，矩阵的一些算法就无法实施，此时需要对矩阵进行改造，把其转变为方阵，例如将图 4-2 来源于两个群体的社群图转化为方阵，如图 4-5 所示，因为行动者只有共同与另一群体行动者发生关系时才有联系，该图中行动者之间（企业之间、专利之间）通常设置为 0。对图 4-5 的矩阵分析时要注意，其应该是相同群体层次的关系分析，因此分别有企业群体、专利群体的中心度、密度、直径分析等，目前几乎所有的矩阵分析都可由 UCINET 网络分析软件来实现[6]。

$$
\begin{array}{c|ccccccc}
 & A & B & C & D & T_1 & T_2 & T_3 \\
A & 0 & 0 & 0 & 0 & 1 & 0 & 1 \\
B & 0 & 0 & 0 & 0 & 0 & 1 & 0 \\
C & 0 & 0 & 0 & 0 & 1 & 0 & 1 \\
D & 0 & 0 & 0 & 0 & 0 & 1 & 1 \\
T_1 & 0 & 0 & 0 & 0 & 0 & 0 & 0 \\
T_2 & 0 & 0 & 0 & 0 & 0 & 0 & 0 \\
T_3 & 0 & 0 & 0 & 0 & 0 & 0 & 0 \\
\end{array}
$$

图 4-5 2-模矩阵转变为方阵

4.2 人际竞争情报网络建模对象确定方法

社会网络是由行动者通过相互关系（tie）而形成的社会结构，分析的主要对象是节点和关系[7]。根据关系的性质不同，可以构造不同的研究网络。社会学主要通过由角色之间的情感、信息、信任的交流形成的相关网络结构来研究社会分层、社会群体结构的产生、发展等课题。心理学家舒茨根据需求把人际关系分为三类：包容的需求、控制的需求以及感情的需求。由此，情感网络、情报网络、咨询网络和信任网络成为社会学重点研究的四个网络[4]。

与一般的社会关系相比，企业关系比较特别。企业一般是分层设立的科层结构，从个体上分有企业高层、一般管理者、员工，在组织上有集团、部门、项目团队、班组等多重层次。每个层次的个体和组织因为业务需要会建立各种社会关系，这些社会关系构成企业的整个社会资本。企业社会关系网络具有复杂多源性，关系形成的原因往往以功能需求为导向，这和企业追求利益本质上是相吻合的。比如营销要经历潜在客户寻找、获得销售机会、解决客户需求、维持客户关系四个过程，从社会资本支持角度看，可以通过建立市场网络、客户网络、组织内部网络来实现[4]。

因此人际竞争情报网络建模对象应从人际竞争情报研究内容、人际竞争情报服务功能来确定。根据竞争情报价值链理论，人际竞争情报主要研究如下主题：社会关系对竞争情报规划的影响；社会关系对竞争情报搜集和发布的影响；基于人际网络的竞争对手分析。比如要在社会关系对竞争情报规划影响中具体研究企业不同社会网络（如企业内部社会网络、企业战略联盟社会网络、供应链社会网络、集群企业间社会网络）对竞争情报需求的差异性，就可以根据不同的社会网络产生的原因来确定建模对象和关系。战略联盟若是由技术转移形成的，应该把相互之间存在技术转移的企业或个人作为建模对象，把技术转移行为作为关系；供应链关系网络若是由企业之间产品采购和销售形成的，就要把相关的企业作为建模对象，把企业间是否具有产品采购和销售行为作为关系；又如研究人际的行为方式、社会关系、企业组织设计、群体协作机制对情报搜集和传播活动的重要影响，就要把从事信息、情报传播活动的所有人员作为网络建模的主体，而把是否有信息传递行为作为关系；再如通过分析董事会成员相互兼任来研究企业之间的兼并行为，就要把所有相关企业的董事会成员纳入建模主体，把是否是同一企业董事会成员作为关系[4]。

如果把关系的外延扩大，社会资本就有实体社会资本和虚拟社会资本之分。随着网络的发展和普及，几乎所有的企业都建立了自己的网站。Web2.0 的推出使企业、个人在虚拟社会空间交往的形式日益丰富和复杂。博客、简易信息整合（really simple syndication，RSS）、播客、社会化网络软件通过各种信息沟通方式构建复杂的虚拟社会关系网络，由此产生了虚拟社会资本的概念。互联网使企业竞争空间从物理世界走向虚拟世界，随之必然产生企业在虚拟空间中的竞争策略研究和制定。网络不仅成为企业宣传产品和服务的场所，同时也是企业利用虚拟社会资本获得持续竞争力的重要途径。虚拟社会资本将有助于提升企业在虚拟空间中的声誉和影响力,进而提高企业在现实世界的竞争能力,最终改善企业的竞争地位。探索虚拟社会资本与企业竞争战略关系对企业社会资本整体优化、改善竞争策略具有重要现实意义。虚拟社会关系网络也应该成为人际竞争情报网络建模的重要对象。当前虚拟社会网络关系主要有两个获得途径。一个是用链接来表示网站之间的引用关系,另一个是通过网络日志的挖掘来获得虚拟社区成员之间的关系。由以上分析,人际竞争情报网络建模没有固定的对象,完全取决于竞争情报人员研究的内容,人际竞争情报网络是一种功能网络,是为企业特定目的服务的[4]。

4.3 单质单层的人际竞争情报网络建模

第 2 章已经指出,人际竞争情报分析方法根据应用领域可以将网络构建成单质或异质、单层或多层的网络,其中单质单层网络是网络分析的基础(详见 2.3 节)[4,7]。单质单层网络一般利用社会网络分析,建模要素包括行动者、关系、二方关系、三方关系、群体。行动者已在 3.1 节中有阐述,下面重点对其他几个要素进行说明。

4.3.1 关系

关系是指网络行动者之间具体的联系内容。中国是一个熟人社会,大家喜欢抱团、"混圈子",关系在企业的各方面均有切实影响[9,10]。首先,在建模时要意识到行动者之间的关系复杂性。从关系的内容来看,关系类型是多样的,有上下级关系、社会信息交流关系、供应与销售关系等。从关系的载体角度来看可以分为虚拟关系和实体关系。实体关系是建模的主要对象,也比较容易发现。随着网络普及,几乎所有的企业都建立了网络资源体。随着 Web2.0 的成熟,博客、RSS、播客、社会化网络软件的普遍使用,企业、个人在虚拟社会空间中的关系日益丰富和复杂。企业网络营销、虚拟社会资本战略制定促使虚拟人际竞争情报研究成为焦点。其次,建模要考虑行动者关系的多元性。虽然人际竞争情报分析多数情况是一元关系分析,但多元关系分析往往能进一步证实研究结果的可靠性。如企业间竞合研究,可以分别用相互参股关系、投资合作关系、技术合作与转让关系、共同研发关系进行一元关系分析说明,但通过多元关系的假设检验(常用的如 T 分析、QAP 分析)就可以揭示关系间的相互影响情况,进而证实合作状况的稳定性和发展前景。最后,要明确关系测量的层次。层次有两个,一个是方向,另一个是大小。方向分为无向关系和有向关系,无向关系是最容易处理的关系,有向关系的方向性获取一般是困难的，往往为了研究方便忽略关系的方向性；大小是指关系的测量数据类型，可以是单值数据（用 1 表示有关系，0 表示无关系），也可以是多值数据（根据关系强度来设置数值大小），甚至是符号数据（如用+表示合作，-表示对抗）。

4.3.2 二方关系与三方关系

关系是行动者之间的内在属性，而不是某个行动者的属性。网络研究最小的单位就是两个行动者之间的关系，因此二方关系是人际竞争情报网络模型分析最基本的要素。二方关系是指两个行动者之间可能发生的关系。两个行动者若考虑关系的方向性，则关系有 4 种可能，如图 4-6 所示[8]。

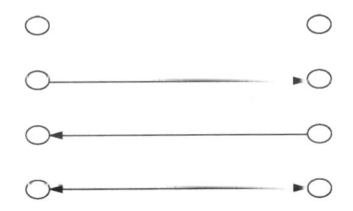

图 4-6 有方向的二方关系状态

三方关系是指三个行动者之间可能存在的关系组合。若考虑方向，三方关系有 64 种基本状态，若不考虑方向，则有 4 种状态，如图 4-7 所示[8]。在网络建模中，三方关系也是主要的分析单元。这些关系类型基本包括了孤立、传递、循环，这对于分析行动者之间的人、财物、信息的流动具有很大的帮助。

图 4-7 无方向的三方关系状态

在人际竞争情报中，二方关系与三方关系的分析和一般的网络分析不同。一般的网络分析往往只关注结构因素，只研究静态网络结构，通过对特征指标的计算说明网络行动者的现状，忽视具有能动性的个体行动者之间的互动[11]。竞争情报中的企业间的竞争、合作、对抗的研究更多的是强调对趋势的把握，这样才符合竞争情报的预见性的要求。行动者间的二方关系、三方关系的产生、发展、成熟、消亡的内在原因往往决定了网络结构的发展，通过分析它们可以简化网络整体分析，揭示网络深层次发展动力，因此网络基本要素——二方关系和三方关系在人际竞争情报分析中必须得到重视。

二方关系与三方关系建模主要从社会资本、行为科学两个角度关注关系发展动力。社会资本中的弱联结优势理论、结构洞理论、强联系优势理论与行为科学中的人格特质、心理平衡均对二方关系与三方关系的形成和发展有重要影响，具体如表 4-2 所示。同时，在进行人际竞争情报网络数据搜集时，还要关注对象的构成性信息搜集，以便预测二方关系、三方关系的发展[4]。

表 4-2　二方关系与三方关系的影响因素

影响因素	二方关系与三方关系
弱联结影响	通过"撒网""偶得"两种形式建立关系。动机主要有三个：一是通过建立广泛的关系获得潜在机会；二是把掌控的资源扩散到更远的地方，提高影响力；三是可以从关系中尽可能获得需要的资源。关系发展动力取决于竞争情报目标实现
结构洞影响	是一种特殊的弱联结。关系建立具有明确的目的性，通过与结构洞建立关系，可以以较低的代价获得信息利益和控制利益。人际竞争情报网络形成初期，往往寻找合适的结构洞形成二方关系与三方关系，与结构洞之间的关系演化取决于二方关系与三方关系的平衡与博弈
强联系影响	以关系频率、交往时间、交往内容来确定强联系程度。在东方国家，强联系是维持网络稳定发展的重要支配力量，强联系初始获得往往基于历史信任、共同愿景，随着信任程度变化，强弱联结会发生转化。格兰诺维特提出三方关系假设认为如果 A 与 C 是强联系，B 与 C 也是强联系，那么可以推断 A 与 B 之间至少是弱联结[12]
人格特质	用控制点、马基雅维利主义、自尊、自我监控、冒险倾向等人格特质来分析二方关系与三方关系的建立与发展。比如具有强自我监控者特质的行动者，善于主动根据环境和竞争需要，建立或删除关系，强化或弱化关系，发展趋势容易判断
心理平衡	平衡原理说明很多场合下网络分析可以用无向图，甲对乙建立某种关系，为了心理平衡，乙也会对甲建立同等关系；另外，平衡原理能解释三方关系的形成，甲若和乙、丙建立关系，会给乙丙之间带来平衡压力，随着时间推移，乙和丙也会建立关系，图 4-7 其实可以认为是二方关系向三方关系的转化过程

4.3.3　群体

群体是由所有行动者与其关系构成的。关系把网络行动者直接或间接地连接在一起，故必须在更大的网络结构背景中对行动者进行分析[11]。企业人际竞争情报网络中的联系大都不是自愿的，而是基于企业社会资本战略的考虑。人际竞争情报诞生的主要目的就是通过对群体结构特征与动力系统进行分析，以期从社会资本中发现机会，制定符合企业竞争战略的社会资本战略。群体结构分类的把握和群体场域的认知是网络建模需要关注的。

群体结构分类从大的角度主要分为关联和非关联两种。群体中任意两个行动者之间有路径（path），则称这两个行动者是可达的，称此群体为关联的。否则称非关联的。企业社会网络是以获得稀缺资源为目的的合作与竞争活动。为获取稀缺资源而存在网络结构性的竞争，这是社会系统的内在属性。在具有不对称关系的等级网络中，行动者之间只有加强合作才能获得共同的资源。因此，群体结构中关联群体虽然不多见,但在非关联群体中找到两个或者多个关联的子群体形成联盟和派别却是普遍的。

另外,群体存在于不同的社会场域(field)之中。法国社会学家布尔迪厄(Bourdieu)认为场域是由附着于某种权力或资本形式的各种位置间的一系列客观历史关系所构成的[8]。每个场域都规定了各自的价值观,拥有自己的社会规范和调控原则。规范可以强化网络角色之间的身份认同,增强凝聚力,促进情报组织内部网络、外部网络的稳定,有利于人际情报活动有序进行。规范是预测人际情报网络发展趋势的重要变量[13,14]。

有关群体定量分析,将在第 5 章进行详细研究。

4.4 异质多层的人际竞争情报网络建模

第 3 章指出,行动者、转译、网络是行动者网络理论的三个核心概念,公平性和对称性原则是指导人际竞争情报网络模型描述的基本思路[4,7]。

对称性原则要求解释、评价任何事物,尤其是在解释事物时,要以平等的方式进行。完全对等地处理自然世界与社会世界、认识因素与存在因素,打破了原先以人类为中心的思考局限[15]。从对称的概念可知,人际网络建模对象的单质性是不妥的,网络中的行动者应该包含所有与研究主题相关的人和物,模型描述时应把相关的所有行动者全部列出,说明行动者自身属性特征以及行动者之间的关系特征。行动者网络强调行动者和网络是密不可分的,行动者的力量并不在于这些个体或机构所拥有的特定的内在特征,而是源自他们所能控制的网络[16,17],所以人际竞争情报网络应是一个异质、多层网络。

4.4.1 一个异质多层的人际竞争情报网络案例

下面以某风电整机制造企业 A 的风能新技术的推广前景和发展趋势为例,来说明异质多层网络的构建[4]。参照第 2 章设定行动者的步骤,首先可以根据对称原则构造以企业 A 为中心的利益相关者网络,该网络涉及多个异质的行动主体,主要包括政府主管部门、风能新技术、风电场开发商、国内风电整机制造商、国外风电整机制造商、风电服务机构、风电零部件提供商、用户七类行动者,这里的网络行动者有人和非人两大类,技术属于非人行动者,其他可以纳入人行动者。网络中各类行动者之间的利益关系如图 4-8 所示,竞争情报分析人员要以战略目标——推广风能新技术作为行动者是否纳入分析网络的依据,依据利益共同点找到各类行动者中的关键行动者,同时根据此战略目标设计相应的竞争策略来调动网络行动者的积极性。比如企业 A 和行动者 1、行动者 2 既是竞争者又是合作者,当 A 考虑其风能技术行动者 6 在更大范围和领域中的应用时，需要得到国内外知名风能企业的支持，此时就需要把其战略意图通过"联合技术开发，共同控制国内市场""技术设计理念相近，通过合作或者建立合资公司共同制定标准"的利益诉求和行动者 1、行动者 2 中的企业进行结盟，相应的行动者 1、行动者 2 中的建模主体就可依据利益的"转译过程"获得。同样，通过"得到政府主管部门资金、政策支持；政府需提升国家科技创新力"的利益诉求和行动者 3 中的政府主管部门进行合作，获得政府主管部门的建模主体。其他的风能技术、风电场开发商、风电服务机构、风电零部件提供商、用户这五类行动者的建模主体也可以通过类似方式获得。

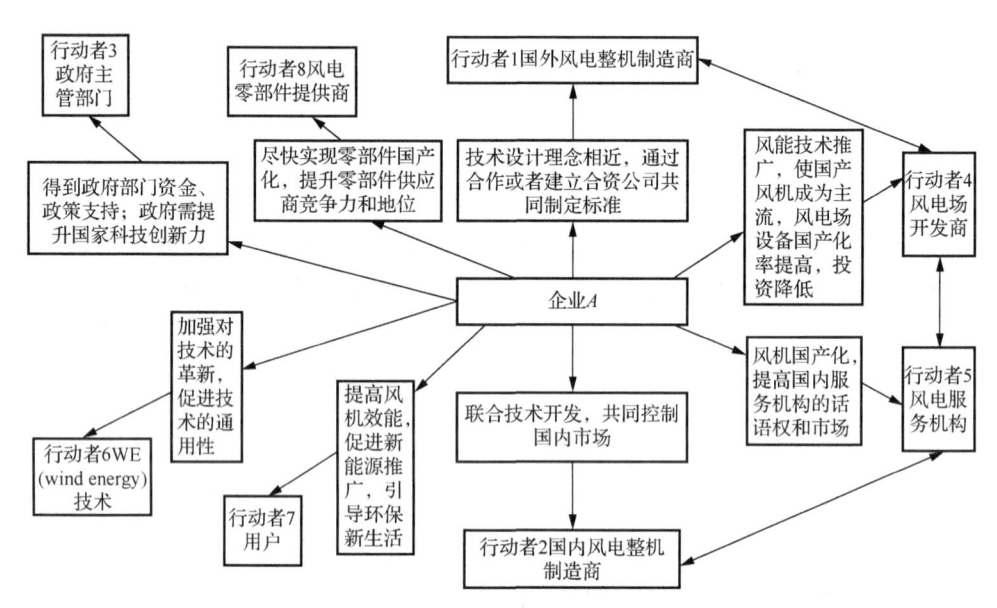

图 4-8　基于行动者网络思路的网络建模主体确定

4.4.2　多层关系解决途径——超网络思维

如图 4-8 所示，行动者之间涉及多个网络，有技术网络、风电服务机构网络、风电整机制造商网络、风电场开发商网络、政府各部门网络等，这些单个单质网络的建立和描述可以用社会网络模型来实现，但用网络与网络之间的关系来描述社会网络却无法实现，这时就要借助超网络来实现[18]。

美国科学家纳格尼（Nagurney）等把高于而又超于现存网络的网络称为超网络。超网络模型可用来描述和表示网络之间的相互作用和影响，超网络的构架为研究网络之间的相互作用和影响提供了工具[19,20]。超网络概念 1985 年被提出后，目前主要应用于研究互联网、交通、物流及供应链网络中，成为研究大型复杂系统的一种新兴工具[21]。比如将超网络同金融网络相结合，建立一个多因素影响下的金融超网络模型[22]，该网络模型包含三层框架结构，即资金拥有者、中间商和需求市场。在金融超网络模型中，决策者在同一层网络中属于竞争关系，在层与层之间属于合作关系。对于资金拥有者、中间商和需求市场的优化条件，可利用变分不等式理论建立模型进行确定并用相关理论证明最优条件的客观存在性和唯一性。又如闭环供应链超网络由原材料供应商、生产商、零售商、需求商和回收商组成[23]，借鉴 Nagurney 等的研究方法，利用变分不等式描述了不同决策者的独立行为以及决策者之间相互影响的竞争行为，得到了供应链各层竞争成员达到均衡以及系统达到均衡的条件，确定了系统中各层决策者之间的交易价格和交易量。再如张海涛等[24]应用超网络理论挖掘以下三种网络之间的映射关系——基于用户知识协同交互作用形成的用户关系网络、知识进化过程中形成的以知识基因为节点的进化网络以及知识的载体知识文本网络，从而实现挖掘高质量用户，识别具有创新价值的知识文本，剖析用户间知识协同创新的过程。

超网络描述有两个层次，首先是单质集合体的网络描述，其次是网络之间关系的描述。具体如下：

（1）假设网络行动者 $A=A_1\cup A_2\cup\cdots\cup A_n$，其中 $A_i(1\leq i\leq n)$ 为根据是否单质对行动者的一个划分，单质行动者的网络为 $G_i=(A_i, E_{A_{ik}\sim A_{ij}})$，其中 $A_i=(A_{i1}, A_{i2},\cdots, A_{im})$ 为网络 G_i 的单质行动者，$E_{A_{ik}\sim A_{ij}}=\{(A_{ik}, A_{ij}), 1\leq k,j\leq m\}$ 为网络 G_i 的边的集合。

（2）网络 G_i、G_j 的关系集合表示为 $E_{A_i\sim A_j}$，$E_{A_i\sim A_j}$ 是行动者集合 A_i、A_j 形成的多种边的集合。

（3）超级网络 $G=(A_1, A_2,\cdots, A_n, E_{A_{1k}}\sim E_{A_{1j}}, E_{A_{2k}}\sim E_{A_{2j}},\cdots, E_{A_{nk}}\sim E_{A_{nj}}, E_{A_i}\sim E_{A_j})$，其中，$1\leq i,j\leq n$。

根据王众托等[20]、于洋[25]、张海红[26]对超网络特征的总结，超网络能解决基于社会网络的人际竞争情报网络模型描述的三个问题。

（1）多层特征。如图 4-9 所示，涉及的网络有多个层次，用超网络描述方法就能解决网络的建模。首先是各单质行动者形成网络，然后在网络与网络之间寻找两两行动者集合之间的关系映射，建立网络与网络之间的关系。如图 4-9 所示，风电技术网络、风电整机网络、风电场开发商网络构成了一个超网络，每个子网络可以用社会网络模型进行描述，并对其关系结构和关系内涵进行分析。

（2）集成特性。行动者网络提出对称性，其目的就是分析事物时不能忽视各种利益相关者（不管是人还是物），通过对各利益相关者的转译过程以实现各主体行为的一致性，进而实现企业战略目标。图 4-9 中的虚线表示各层网络之间的关系映射，它们是网络与网络实现联系的途径，也是企业管理者调动各类行动者的关键所在，通过关系映射，实现各网络间的集成、协调、统一。

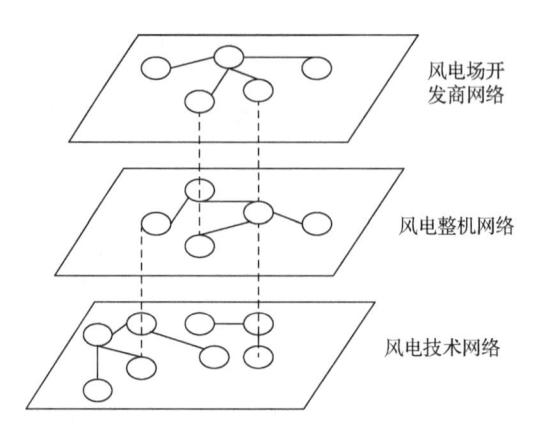

图 4-9 用超网络解决基于社会网络的人际竞争情报网络模型的多层问题

（3）多维性。超网络中每个网络、每个网络与每个网络之间的关系，都可以看成一个维度，使得各行动者之间的关系能从不同维度进行分析。这样就解决了社会网络只能对单质行动者关系描述的局限，更能获得全面的关系信息，有利于竞争策略制定的正确性、有效性。

综上可见，超网络是解决异质多层网络的重要工具，我们有必要对当前超网络研究的主要技术路线进行归纳和总结，这些分析路线同样也是人际竞争情报网络分析方法的重要工具。

当前超网络三条路线的分析方法包括：基于变分不等式的超网络研究、基于超图的超网络研究和基于系统科学的超网络研究。

1）基于变分不等式的超网络研究

Lions 等[27]提出了进化变分不等式，提供了解决平衡问题的唯一性和存在性的方法。Daniele 等更进一步地延伸了进化变分不等式，将希尔伯特（Hilbert）空间上的投影动力系统与其进行了统一，并得到了这类问题的存在性和唯一性的结果，进而创立了双层动力系统理论[28]。

Nagurney 等对超网络研究的主要贡献是采用变分不等式来解决网络平衡模型的优化问题，认为解决网络平衡模型的优化问题需要两个步骤：首先将多层、多标准的超网络平衡模型转化为优化问题；其次用变分不等式来解决它[20]。进一步，Nagurney 等[29,30]在研究供应链网络时引入多层、多标准的超网络并构建了相应的超网络模型，该类模型主要描述了不同决策者在供应链中的独立行为以及彼此之间的相互竞争关系，通过变分不等式得到了供应链系统达到均衡的条件，确定了供应链涉及的交易价格和交易量。

2）基于超图的超网络研究

超图是指超网络的拓扑结构，同变分不等式理论一样，超图理论及其应用是研究超网络的另一条主线。基于超图的超网络模型在科研合作网络、知识管理、舆情挖掘、信息推荐、图像处理等领域的应用[31]，建立了图像邻域超图模型的郝忠孝等[32]提出了函数依赖集的超图表示，提出了一种基于有向超图的求最小覆盖集的新算法。奥兹卡尔（Ozkal）等对数据挖掘中的聚类提出了建立在超网络模型的新算法。金（Kin）等采用进化超网络模型对模式进行了分类，建立了进化变阶的超网络模型[31,33]。

3）基于系统科学的超网络研究

基于系统科学的超网络研究集中在知识管理、组织合作、信息通信和社交网络的研究中，主要是针对网络结构自身的中心性、集聚性和鲁棒性等相关性质的分析。

针对知识网络存在两种不同类型节点的特点，席运江等[21]在研究其鲁棒性时提出了基于加权超网络模型的知识网络鲁棒性分析方法。该方法通过删除关联节点来研究知识网络的鲁棒性，并提出了度量知识网络鲁棒性的专有知识率、专有知识加权比率、知识网络抗毁性、核心领域知识网络抗毁性等指标及其分析方法，解决知识网络的鲁棒性分析及度量的问题。该方法可应用于组织知识资源的安全性评估、发现易流失知识以及评价组织成员的知识重要性等方面。徐升华等[34]将超网络的思想和方法引入知识转移动力研究中，构建了知识转移的超网络模型，并从联系强度和知识显著持有者两个角度探讨了现实网络形态下知识转移的动力行为。朱一凡等[35]为了实现分析、设计和构建网络中心环境下的军事通信网络，提出了军事通信超网络模型，该模型能够清晰地描述网络节点的功能和链路的传输类型。

4.5 人际竞争情报网络资料搜集

网络资料搜集从变量角度看分为两类：结构性变量和构成性变量[7,36]。结构性变量就是人际竞争情报分析的行动者及其相互关系，它们是网络分析的基础变量。构成性变量在一般的社会网络分析中是不考虑的，很多社会网络分析学派甚至是"反类属"的，即认为网络分析不应该纳入行动者的属性。但人际竞争情报网络分析需要充分考虑行动者的主观能动，需把其属性变量纳入。下面就这两类变量的搜集策略进行分析[7]。

4.5.1 结构性变量搜集策略

人际竞争情报分析以整体网为主要研究对象，整体网的封闭性、有限性决定了网络变量获取不宜使用抽样的方法,根据研究的行动者和关系的不同可用问卷法、访谈法、文献法、观察法和实验法来获得分析数据。

如果研究的对象以社会实体为主,问卷法、访谈法是调查最常用的工具。设计问卷前先要明确研究的任务,确定研究群体及其关系实体类型和关系产生的原因。常用的问卷设计形式有列举式(提名法),要求列出与自己在某种角色关系、内容领域方面相联系的名单。比如研究在社会资本嵌入下,知识流、情报流的转移对企业内部团队员工绩效的影响,可以把克拉克哈特(Krackhardt)提出的信任网、情感网作为调查对象,调查时主要用咨询网络、情报网络来获得团队的社会关系。根据博特(Burt)社会网络调查问卷设计方法,可以设计如下的社会关系问卷(表4-3)[7]。表4-3是该项研究涉及的行动者范围,要求被调查的员工根据两个问题列举与行动者之间的关系,最后可以获得两张网络——咨询网和情报网。

表4-3 企业中知识流与情报流整体社会网络问卷范例

问题	企业团队人员						
	1	2	3	4	5	6	7
当你在竞争情报活动各阶段中遇到困难时会向谁请教?							
当你搜集到重要信息时,你会想先告诉哪些人?							

文献法和观察法主要应用于不便于用问卷法和访谈法研究的课题。文献法根据被研究对象的资料,如期刊、报纸、档案、网络信息等文献,进行追踪调查,以寻找其关系网络。

Web2.0的广泛应用使竞争情报工作者利用网络信息建立人际竞争情报网络成为重要途径。该类方法归纳为两大类:一是利用搜索引擎寻找社会关系。一方面,可以根据研究需要,通过搜索引擎自带的link搜索命令获得研究对象的网络链接资源体,就能发现基于链接的相互之间的关系[37]。另一方面,把搜索引擎和内容分析相结合,快速获得研究目标的社会关系网络。具体来说,先通过百度等搜索引擎输入特定人物(企业),如输入企业A的相关资料,把搜索到的前25%的热门页面送入数据库并对其内容进行自动分词处理,获得与其相联系的人物(企业),按照出现频率排序为B、C、D、E等,然后对这些人物(企业)进行二次搜索(二度联系),再对前25%的页面中出现的人物(企业)进行关系分析。该过程是一个不断循环的过程,根据需要来确定是否寻找三度、四度的联系(在实际分析中一般以二度为佳),最后大致可以获得从A出发的关系网络,其过程如图4-10所示[38],如今也可以借助爬虫,人机结合完成上述过程。二是利用论坛、博客等虚拟社会场域中的信息交互模式获得社会关系网络。比如博客的信息交互模式非常多样。博客可以使用友情链接、留言的方式实现与其他网友信息沟通。博客的分类标签（tag）可以把主题相似的博客联系在一起，同时博客可以用 RSS 订阅其他博客的内容，通过固定链接指向其他的博客，还可以用引用通告（track back）来获得其他人对自己博客内容的引用情况。上述信息交互模式构成了博客虚拟社会场域，如图 4-11 所示。

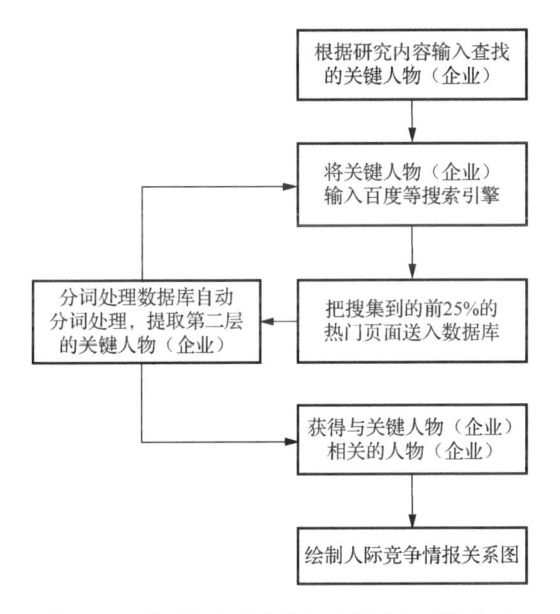

图 4-10 利用搜索引擎获得人际竞争情报关系

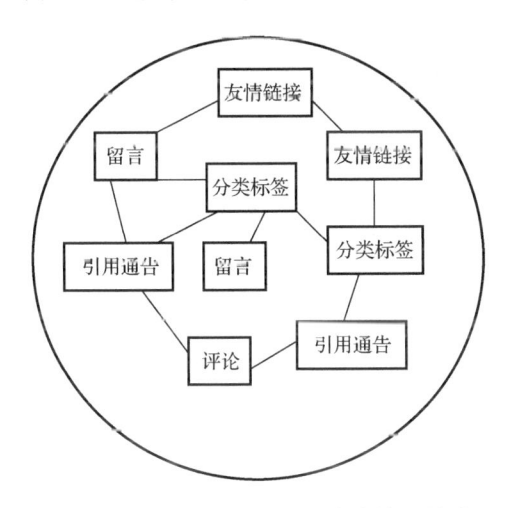

图 4-11 利用博客获得人际竞争情报关系

实验法是依据实验设计获取网络分析的资料。比如美国心理学家米尔格拉姆通过信件传递发现"六度分离"现象。随着社会网络软件的发展,利用计算机进行仿真模拟已经成为网络研究的重要途径。如在 UCINET 软件中,可以通过输入行动者数量、行动者的出度获得随机网络,这就方便了对小世界现象的研究。

4.5.2 构成性变量搜集策略

行动者的基本属性和行为属性是主要的构成性变量。基本属性主要反映行动者的基本状态,行为属性主要搜集行动者的决策思维惯性及其人格特质。获取这些属性信息主要是在人际竞争情报网络分析时将其作为重要影响要素与结构性分析共同使用,这可以弥补一般的社会网络分析的局限性。表 4-4 是一些主要变量信息。

表 4-4　人际竞争情报网络构成性变量搜集

1. 企业概况		
法定名称	企业规模	
创立日期	业务类型	
具体业务活动以及产品	行业类别	经营地区和范围
经济类型（国有、集体、私有、股份制合资、外资）		
2. 企业历史		
创立者及其继承人	创立原因	
3. 企业高管人员情况		
高管任职经历	高管教育背景	
高管决策案例	高管社会背景	

4.6　网络建模在人际竞争情报分析方法中的意义

1. 人际竞争情报理论应用的载体

人际竞争情报研究是一个新生事物,缺乏理论支撑,因此要用探索性的扎根理论来构建相关理论体系,同时理论体系的应用要符合社会科学研究的普遍方法——质性研究和定量研究相结合[1,14]。关于人际竞争情报:一方面,研究如何利用竞争情报的方法和技术为企业更好地开拓社会资本、利用社会资本和维护社会资本,为企业社会资本战略的成功实施给予支持;另一方面,研究人际关系、社会资本如何对竞争情报活动产生影响,为竞争情报价值链提供增值效应。由此分析,人际竞争情报理论应来源于竞争情报、社会资本(社会网络)、组织行为学等诸多学科。社会资本理论中的嵌入性、弱联结优势、结构洞、强联系效应、社会资本负债和组织行为学理论中的人格特质、人际吸引、群体结构、群体过程等思想结合人际竞争情报研究领域将构成人际竞争情报一般理论体系。但在具体研究时，这些理论原先的服务对象、应用背景已经有很大变化，同时，企业竞争情报研究不同于这些理论的发端学科，虽然竞争情报面临的问题大都是非结构化和半结构化问题，但竞争情报产品和服务应该提供给决策者一个结构化的、明确的解决方案，需要有良好的实战性。一方面，引入网络建模能挖掘这些理论的工具意义，使其应用过程具有操作性；另一方面，利用这些理论对模型要素、模型特征进行质性分析，并用扎根理论进行理论的构造，最后能形成理论与应用相符的人际竞争情报理论[7]。

2. 行动者网络理论实践和应用的载体

行动者网络理论是一种质性的描述，没有很好的指导性工具和方法，对研究的目标和目的比较模糊，不利于人际竞争情报研究的规范性和科学性的需要。人际竞争情报网络建模的引入，可以确立研究的过程、目标、目的，能提高质性研究的质量，是行动者网络思想最终服务于实践的依据。比如网络建模首先需要确定建模目的，这对人际竞争情报活动规划具有指导作用，行动者、关系、群体（group）、子群（subgroup）等网络要素明确了人际竞争情报的研究对象，指明了质性观察和分析的目标。再如网络建模分析过程体现了竞争情报研究所秉承的定性与定量结合的分析特点，网络分析指标和模型结合人际竞争情报基本理论能很好地突显竞争情报研究的另一个重要特点，即分析过程中人理、物理、事理的三统一[1]。竞争情报还没有形成自己的方法体系，涉及的工具和方法基本全是外借，但这些外借方法不会考虑到情报活动的网络嵌入性，用行动者网络思想把人际竞争情报嵌入网络中，并利用网络模型工具进行分析，从方法论上就可以突出人理在物理和事理中的协调性和融合性[4,7]。

4.7 本章小结

首先，本章研究了人际竞争情报网络建模中的两个核心问题：其一，模型的描述方法，借助图论、人际竞争情报网络模型可以用社群图和矩阵两种方式来描述；其二，建模时如何确定建模对象，人际竞争情报网络是一种功能网络，应依据企业特定目的选择建模对象。其次，本章研究了分类处理，用社会网络工具对单质网络的建模要素，即行动者、关系、二方关系、三方关系、群体五个对象进行了研究，研究了异质多层的网络建模对象如何进行描述，用超网络工具实现单质、单层网络的转化。最后，本章从结构性变量和构成性变量两个角度出发对人际建模过程中的资料搜集策略进行了研究，强调了构成性变量在人际网络分析中的重要性。

参 考 文 献

[1] 吴晓伟, 刘仲英, 李丹. 竞争情报研究的创新途径——基于社会网络分析的观点[J]. 情报学报, 2008, 27(2): 295-300.

[2] Zhou T. Representative methods of computational socioeconomics[J]. Journal of Physics: Complexity, 2021, 2(3): 031002.

[3] 洪永淼, 汪寿阳. 大数据如何改变经济学研究范式?[J]. 管理世界, 2021, 37(10): 40-55, 72.

[4] 吴晓伟, 楼文高, 龙青云, 等. 企业人际竞争情报网络模型描述方法研究[J]. 情报学报, 2011, 30(11): 1201-1208.

[5] 陈谊, 张梦录, 万玉钗. 图的表示与可视化方法综述[J]. 系统仿真学报, 2020, 32(7): 1232-1243.

[6] 刘军. 整体网分析——UCINET软件实用指南[M]. 3版. 上海: 格致出版社, 2019.

[7] 吴晓伟, 楼文高, 宋新平. 企业人际竞争情报网络建模研究——要素分析[J]. 情报理论与实践, 2010, 33(9): 51-56.

[8] 斯科特, 卡林顿. 社会网络分析手册(下卷)[M]. 刘军, 刘辉, 译. 重庆: 重庆大学出版社, 2018.

[9] 罗家德, 张田, 任兵. 基于"布局"理论视角的企业间社会网络结构与复杂适应[J]. 管理学报, 2014, 11(9): 1253-1264.

[10] 边燕杰, 杨洋. 中国大众创业的核心元素——创业者的关系嵌入与核心关系圈[J]. 探索与争鸣, 2019(9): 158-168, 200.

[11] 奇达夫, 蔡文彬. 社会网络与组织[M]. 王凤彬, 朱超威, 译. 北京: 中国人民大学出版社, 2007.

[12] Granovetter M S. The strength of weak ties[J]. American Journal of Sociology, 1973, 78(6): 1360-1380.

[13] Bourdieu P, Wacquant L J D. An Invitation to Reflexive Sociology[M]. Chicago: The University of Chicago Press, 1992.

[14] 吴晓伟. 人际竞争情报一般理论研究[J]. 图书情报工作, 2008(5): 74-77.

[15] 沈培, 李建清. 行动者网络理论的研究热点和前沿趋势[J]. 自然辩证法通讯, 2021, 43(11): 117-126.

[16] 王能能, 孙启贵, 徐飞. 行动者网络理论视角下的技术创新动力机制研究——以中国自主通信标准TD-SCDMA技术创新为例[J]. 自然辩证法研究, 2009, 25(3): 29-34.

[17] 郭俊立. 巴黎学派的行动者网络理论及其哲学意蕴评析[J]. 自然辩证法研究, 2007(2): 104-108.

[18] 方锦清. 多层超网络探索中的若干问题与思考[J]. 科技导报, 2017, 35(14): 34-41.

[19] 索琪. 超网络的结构、演化及传播动力学研究[D]. 上海: 上海理工大学, 2018.

[20] 王众托, 王志平. 超网络初探[J]. 管理学报, 2008(1): 1-18.

[21] 席运江, 党延忠, 廖开际. 组织知识系统的知识超网络模型及应用[J]. 管理科学学报, 2009, 12(3): 12-21.

[22] 张哲. 基于变分不等式的金融超网络研究[D]. 大连: 大连海事大学, 2010.

[23] 杨广芬. 基于变分不等式的闭环供应链超网络研究[D]. 大连: 大连海事大学, 2007.

[24] 张海涛, 任亮, 刘伟利, 等. 基于超网络的用户知识协同创新研究——以开放式创新社区"花粉俱乐部"为例[J]. 情报学报, 2021, 40(4): 402-413.

[25] 于洋. 组织知识管理中的知识超网络研究[D]. 大连: 大连理工大学, 2009.

[26] 张海红. 知识转移视角下孵化网络多层超网络建模与协同演化研究[D]. 天津: 天津大学, 2019.

[27] Lions J L, Stampaeehia G. Variational inequalities[J]. Communications on Pure and Applied Mathematics, 1967, 20(3): 493-519.

[28] 漆玉虎, 郭进利. 超网络研究[J]. 上海理工大学学报, 2013, 35(3): 227-239.

[29] Nagurney A, Dong J, Zhang D. A supply chain network equilibrium model[J]. Transportation Researeh Part E, 2002, 38(5): 281-303.

[30] Nagurney A, Toyasaki F. Reverse supply chain management and electronic waste recycling: A multitiered network equilibrium framework for e-cycling[J]. Transportation Research Part E, 2005, 41(1): 1-28.

[31] 马涛, 索琪. 基于超图的超网络研究综述[J]. 运筹与管理, 2021, 30(2): 232-239.

[32] 郝忠孝, 郭景峰. 关系模式一种基于超图的全部候选关键字求法[J]. 计算机学报, 1992(4): 264-270.

[33] 许小满, 孙雨耕, 杨山, 等. 超图理论及其应用[J]. 电子学报, 1994, 22(8): 65-71.

[34] 徐升华, 邹宏. 基于超网络模型的知识转移动力分析[J]. 情报杂志, 2011, 30(7): 94-98.

[35] 朱一凡, 石福丽, 雷永林. 网络中心环境下的军事通信超网络结构模型[J]. 火力与指挥控制, 2012, 37(4): 9-13.

[36] 罗家德, 高馨, 周涛, 等. 大数据和结构化数据整合的方法论——以中国人脉圈研究为例[J]. 社会学研究, 2021, 36(2): 69-91, 227.

[37] 吴晓伟, 吕继红, 李丹. 基于链接的企业网络人际竞争情报分析[J]. 情报杂志, 2009, 28(5): 99-102.

[38] 李翰超, 张婷, 陈鸿昶, 等. 基于社会网络分析的反恐研究综述[J]. 信息工程大学学报, 2021, 22(1): 87-93, 118.

第 5 章 人际竞争情报网络静态分析研究

静态分析包括静态特征分析和静态验证性分析两方面[1]。本章先对人际竞争情报网络模型静态研究中用到的主要特征指标进行深入分析,利用中心度、群体、位置及角色等网络分析指标进行竞争态势和竞争对手分析,开发相关的竞争情报分析工具。静态验证性分析是对人际竞争情报网络关系结构产生的现象进行证实的一种研究方式,常用相关分析和回归分析,在寻找和研究人际竞争情报网络发展规律中具有重要作用[2,3]。

5.1 人际竞争情报网络结构基本特征

人际竞争情报网络结构基本特征是指网络的拓扑在微观、中观、宏观等层次上展现出来的几何、数量等方面的统计特性,常见的指标有路径、密度、群聚系数等。这部分研究是人际竞争情报分析中成熟度最高、应用最广泛的部分。下面按照指标的含义、测量、对情报分析的意义和应用举例的思路对这部分内容进行介绍和总结[3]。

为方便解释,本节以一家外资公司的 15 人情报网络为例对结构基本特征进行展开叙述[1,3]。网络符号的具体意义参见第 4 章 4.1 节模型描述部分。

5.1.1 路径相关指标及其对人际竞争情报分析的意义

1. 指标的含义

路径相关指标主要从可达性方面对人际竞争情报网络进行刻画,它关注网络中两个节点之间是否存在联络、联络渠道的构成、联络渠道的效率以及整个网络的情报传递效能,这涉及一组概念:路径、路径长度、最短路径、最长路径、网络直径等。路径指网络中存在一个点和边构成的序列,这个序列开始于一个点并终止于一个点,每个点都连着一条边,这条边又连着下一个点。路径长度指的是构成该路径的边线的条数。两个点之间可能存在多条路径,最短路径指的是多条路径中长度最短的那条路径,最长路径指的是多条路径中长度最长的那条路径。网络直径指的是整个网络中最短路径长度最长的那条路径的路径长度。其中，依据节点和边线的冗余与否，路径可进一步细分为轨迹和途径。轨迹是边线不能重复的路径，而途径是边线和点都不能重复的路径，途径比轨迹更严格。

2. 指标的测量

上述指标的测量可以借助第 4 章中的图 4.1 及其邻接矩阵计算得来。对于有 n 个节点、邻接矩阵为 $M_R = [r_{ij}]_{n \times n}$ 的网络，网络中任意两个节点是否存在路径、多长路径可达都可通过矩阵及矩阵乘方运算来求取。邻接矩阵上的某个元素不为零，则表示该元素所在的行、列所对应的节点之间存在路径；邻接矩阵的二次方运算所得矩阵上某个元素不为零，则表示该元素所在的行、列所对应的节点之间存在长度为 2 的路径；邻接矩阵的三次方运算所得矩阵上某个元素不为零，则表示该元素所在的行、列所对应的节点之间存在长度为 3 的路径……；任意两个节点之间长度为 $k(k \leqslant n-1)$ 的路径的条数只要计算 M_R^k 即可[2]。任意节点对之间的最短距离 d_{ij} 为该节点所在行、列交叉处的元素首次出现非零时的 M_R^k 对应的 k 值。网络直径为 d_{ij} 中的最大值。

3. 指标对人际竞争情报分析的意义

人际竞争情报网络的上述指标可以为竞争情报分析提供很多启示。

利用路径、路径的数量以及最短路径可以分析行动者之间信息、情报、影响力传播的渠道及其有效性[3]。若两个网络节点之间有多条路径，说明这两个节点对之间具有强有力的关系和丰富的联络渠道，在一般的外力打击下，不会被轻易击破，传播具有高度的稳定性和可靠性。节点间的最短路径越长，说明信息或关系从一个节点到另一个节点的传播需要花费较多的时间和费用，相互之间的影响程度将越小。能用较短路径连接起来的节点对要比用较长路径连接的节点对更具有紧密关系。

利用网络直径可以整体评估、优化人际竞争情报网络的情报传播效能。六度分离现象和小世界网络效应表明情报传递速度与网络直径成反比，网络平均直径小，则网络内的关系、信息、知识、情报将以一种快速的方式进行相互传递；网络直径越大，传播阻力越大。竞争情报工作者可以选择不同直径的人际关系网络传递不同类型的信息或知识，比如用直径大的网络传递那些敏感、需要保密的信息，如隐性经验知识、重要情报等，而利用直径小的网络传递那些无须保密、希望全体人员都知晓的信息，如显性知识、一般情报等[3]。

4. 应用举例

利用路径相关指标对图 5-1 所示的某外资公司 15 人情报网络进行分析。该网络的平均路径长度为 1.824，网络直径为 4，说明该网络结构有利于情报传播，在 15 人的群体范围内，一旦需要推送情报，平均只要通过 2 人之手即可抵达，最多也只要通过 4 个人，当企业需要信息快速传递时，该企业情报网络的这一特点是有利条件，但是，该企业应重视保密工作，对于商业机密或其他不希望太多人知道的信息，应有针对性的控制措施，不可听之任之，因为依据该企业情报网络的特点，放任的结果就是很快走漏消息。

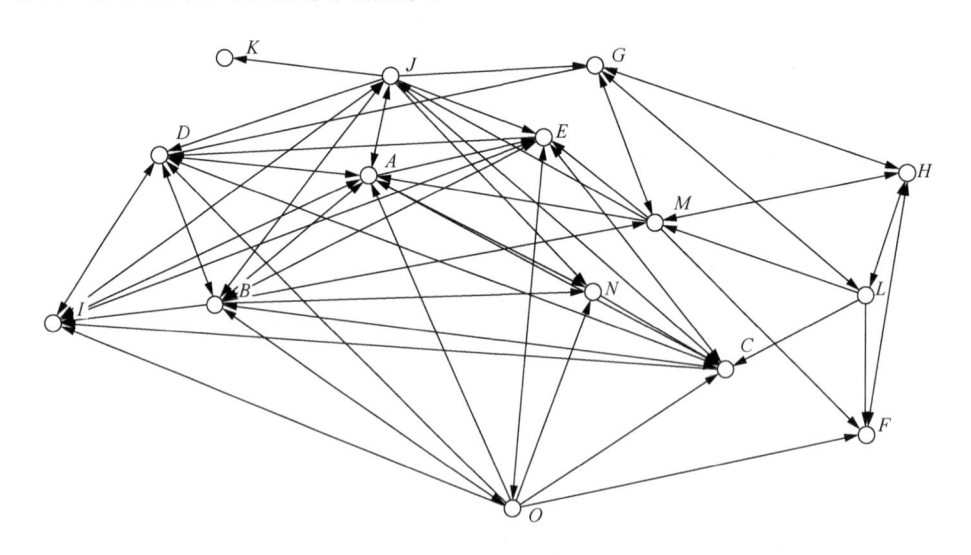

图 5-1 某外资公司的 15 人情报网络

从路径的数量以及最短路径长度等指标也能分析出有价值的信息。上述外资公司情报网络中各节点间的最短路径长度如表 5-1 所示。F 节点行动者和 K 节点行动者非常被动，特别是 K 节点处于边缘，只能接受情报，很可能是指令链条的末端即具体的基层操作人员。B 节点行动者地位很高。首先它与其他所有节点都存在路径，其影响力覆盖全网；其次它可以直接向 9 个节点送出信息，传播幅度广，传播效率高。从情报接受角度看，它可以直接获取来自 7 个节点的信息，情报渠道畅达、多样，因此 B 节点肯定是核心行动者，在情报工作中应该给予高度重视。同样的道理，可以借助路径的数量和最短路径长度等指标对其他节点的地位和特点进行定位，以便采取针对性的处理策略。

表 5-1　某外资公司 15 人情报网络中节点间的最短路径长度

	A	B	C	D	E	F	G	H	I	J	K	L	M	N	O
A	0	1	1	1	1	3	2	3	1	1	2	3	2	1	2
B	1	0	1	1	1	2	2	2	1	1	2	3	1	1	1
C	1	1	0	1	1	2	2	3	1	2	3	3	2	2	2
D	1	1	1	0	2	3	1	2	1	2	3	2	2	2	2
E	2	1	1	1	0	2	2	3	1	2	3	3	2	2	1
F	*	*	*	*	*	0	*	*	*	*	*	*	*	*	*
G	2	2	2	1	2	2	0	1	2	2	3	1	1	3	3
H	2	3	2	2	2	1	1	0	3	2	3	1	1	3	3
I	1	2	1	1	4	2	3	0	2	3	3	3	2	3	
J	1	1	1	2	1	3	1	2	1	0	1	2	2	1	2
K	*	*	*	*	*	*	*	*	*	*	0	*	*	*	*
L	2	2	2	2	2	1	2	1	1	2	3	0	1	3	3
M	1	2	2	2	1	2	1	1	2	1	2	2	0	2	2
N	1	1	1	2	3	3	3	2	3	2	3	4	2	0	2
O	1	1	1	1	1	2	3	1	2	3	3	2	1	0	

注：*表示没有路径。

5.1.2　密度指标及其对人际竞争情报分析的意义

1. 指标的含义

密度指标主要是从联系紧密性方面对人际竞争情报网络进行刻画。密度是指网络中实际拥有的边线数与完备图中的边线总数之比。完备图是指每一个点都与其他所有点直接相连的图，在节点数固定的情况下，完备图拥有最多可能的边线数，它提供了比较的基准。从密度的定义可以看出，密度本质上是对网络中各个节点之间联系多少的度量，联系越多，密度越大，联系越少，密度越小。

密度依赖两个网络结构参数：内含度和度数总和。内含度指的是图中各类关联部分包含的总点数，如果有 10 个点图，其中 3 个点没有关联即是孤立的，则该图的内含度是 0.7；度数总和指的是网络中各点的度数之和。内含度越大，密度越大；度数总和越大，密度越大。

2. 指标的测量

密度的测量与关系的方向有关，即有向图和无向图有区别。若网络中有节点

集合为 $X = \{x_1, x_2, \cdots, x_n\}$，若考虑关系的方向性则这 n 个节点间的总关系数最多有 $TR = n(n-1)$，若不考虑关系的方向性则总关系数最多有 $TR = \dfrac{n(n-1)}{2}$，若当前研究的网络中实际已有的关系数为 k，$k = \sum_{i=1}^{n}\sum_{j=1}^{n} r_{ij}$，则定义网络的密度为 $D = \dfrac{k}{TR}$ [2]。

密度的测量也因网络的类型不同而有区别。网络类型有两种：个体网和整体网。个体网的密度关注的是围绕着某些特定行动者的关系紧密程度；而整体网的密度关注的是整个网络关系，是全局而非局部，关系既包括直接关系也包括间接关系。因此，测量整体网的密度时往往采用前面的密度公式，但测量个体网密度时，往往不考虑"自我"节点的直接关系数。

3. 指标对人际竞争情报分析的意义

关于密度的研究有以下结论对竞争情报分析有重要启示[3]。人际网络的密度在企业内会影响企业文化、知识、技术创新的传播和渗透。一般来说，在一个密度大的网络中，节点和节点间有多种联系渠道，一个节点可以同时和多个节点进行关联，这样有利于员工间的知识共享，激发技术和技能的创新。当网络密度为1时，网络中两两之间均有联系，也就意味着节点在网络中具有同等的地位和权威，节点间处在一种对等的状态，这是目前建立学习型组织所追求的理想结构。人际网络密度同时会影响企业间以及企业与顾客、供应商之间的关系。网络中特定节点的角色与其个体网的密度有显著关系，出度密度高、入度密度低的网络节点扮演着信息专家的角色，出度密度低、入度密度高的网络节点扮演着权威的角色，出度密度和入度密度均衡的网络节点扮演着信息联系人的角色[3]。

竞争情报工作者应善于将上述关于密度的研究结论运用到人际竞争情报分析中。如可以通过分析本企业和竞争对手在各种关系类型网络上的人际竞争网络节点密度差异性来研究各自在创新机制、学习机制、知识传播机制上的优劣势，这些是企业竞争能力提升的重要途径，是培育企业核心竞争能力的基础。如通过密度指标识别人际竞争情报网络中信息专家、权威、信息联系人等角色及其关系，以达到操纵和调控的目的[1,3]。在一个有效的人际竞争情报工作网络中，竞争情报工作者应该是一个合格的信息联系人角色，竞争情报工作者在上级主管的支持下，通过合理干预目前网络节点的连接方式和密度来实现整个网络的高效运行，以促进竞争情报工作的展开。同样，竞争情报工作者可以用该方法对竞争对手的

4. 应用举例

利用密度指标对图 5-1 所示的某外资公司 15 人情报网络进行分析。整体网络密度为 0.3476，各节点个体网密度如表 5-2 所示，其平均值是 0.4877，个体网密度的标准方差是 0.4762。前面路径相关指标分析时，发现该网络结构有利于情报传播，平均只要通过 2 人之手即可抵达，最多也只要通过 4 个人。但是该网络的密度不高，而且各节点个体网密度的差异很大，说明该网络结构的情报传播具有方向性，以节点 O 为例，它主要接收情报，而节点 J 主要提供情报，各节点的地位差异大，这样的网络结构利于指令的传达但并不利于知识共享和技术创新。

表 5-2　某外资公司 15 人情报网络中各节点个体网密度

节点名称	个体网密度
A	0.528
B	0.514
C	0.500
D	0.571
E	0.625
F	0.417
G	0.350
H	0.583
I	0.762
J	0.422
K	0
L	0.400
M	0.339
N	0.750
O	0.554

5.1.3 群聚系数指标及其对人际竞争情报分析的意义

1. 指标的含义

群聚系数也称集聚系数、集群系数，是用来衡量网络中各节点间相互关系的疏密状况、节点之间结集成团的程度的系数[4]。它说明了网络各节点之间的传递性，在很多网络中，如果节点 A 与节点 B 相连，节点 B 与节点 C 相连，那么节点 A 也极有可能与节点 C 相连，例如生活社交网络中，你的朋友之间往往也是朋友，真实世界的网络结构中，各个节点之间倾向于形成密度相对较高的集群。群聚系数分为整体与局部两种，整体群聚系数可以给出一个网络中整体的集聚程度的评估，而局部群聚系数则可以测量网络中某特定节点附近的集聚程度。

2. 指标的测量

群聚系数的测量基于三点组的统计。假设网络中有一部分点是两两相连的，那么可以找出很多个三角形，其对应的三点两两相连，称为闭三点组；此外还有开三点组，也就是三点之间只连有两条边，构成缺一条边的三角形。这两种三点组构成了所有的连通三点组。

整体群聚系数计算如下：

$$C = \frac{3 \times 网络中三角形的个数}{所有连通三点组的个数}$$

局部群聚系数计算如下：

$$C_i = \frac{包含顶点 i 的三角形的个数}{以顶点 i 为中心的连通三点组的个数}$$

平均群聚系数为所有局部群聚系数的平均值，即 $\overline{C} = \frac{1}{n}\sum_{i}^{n} C_i$。

3. 指标对人际竞争情报分析的意义

整体群聚系数可以反映网络中关系的结构性。在一个富有结构空洞的网络中，群聚系数 $C<1$，当空洞数量增多时，C 将越来越小，接近 0，反之在一个相互有关系的网络中 C 就比较大。在完备图中，最特殊的情形是节点间完全相互有关系，即 $C=1$，该网络就像一个熟人圈、朋友圈，网络中各节点的社会资本大致相同，各节点不可能拥有独特的地位，也不能从其他节点中获得有差异的信息或知识[3]。

局部群聚系数反映了网络中节点的社会资本的多少。Burt 认为网络中最具有竞争优势的节点是在结构空洞处，即在网络连接的密集地带之间而不是之中，这类节点局部群聚系数一般不高但拥有较多的社会资本，是一个特殊的角色，可以利用结构的优势获得更多样化的信息，并利用该结构资本和网络其他节点进行讨价还价，从而拥有和保持竞争优势[1]。

局部群聚系数与前面的个体网密度指标可用于分析人际竞争情报网络中各节点的重要性，进而识别出需要特别关注的行动者[3]。比如对于网络中密度大、群聚系数较大的点，即便受到打击或破坏，整个网络依然可以利用其他节点正常运行；对于网络中密度大而群聚系数较小的点，就应该非常重视，竞争情报工作者必须对这些节点进行实时动态跟踪，因为它们是整个网络关键的社会资本所在，这些节点一旦在网络中消失，整个网络就会面临崩溃。

整体群聚系数和前面的整体网密度指标综合起来可以分析和预测人际竞争情报网络的稳定性和脆弱性，进而为网络的维护和调控提供对策。比如对于密度大而群聚系数小的网络，此类网络信息传播丰富，但是网络的正常运行是靠几个结构空洞处的桥相连的，在外力和内力的相互作用下，此类网络非常容易发生变异。竞争情报工作者应密切监视网络的复杂演化性，要维护好结构空洞处的社会资本，要跟踪和分析那些促使网络结构变化的各类作用力，同时要和企业高层管理人员一起进一步改善网络结构，使群聚系数增大到合理的数值，使网络运行得更安全可靠。密度大、群聚系数也大的网络一般是比较稳定的网络，该网络是建立在内部信任博弈基础上的，因此不易受到竞争对手等外力的攻击，但不能小视内部作用力对网络演化的影响，竞争情报工作者应协助管理人员完善网络内部节点间的互信机制，以使网络的结构资本保持最佳状态；密度小、群聚系数小的网络是联系比较松散的网络，此类网络在内外力作用下可能变得更加松散，网络中的孤立节点可能变得越来越多，最后整个网络消失。竞争情报工作者应对网络的演进进行干涉，改变自己作为节点角色在网络中的结构状态，修正整个网络的密度和群聚系数，使网络朝有利的状态发展和演化[3,5]。

4. 应用举例

利用群聚系数指标对图 5-1 所示的某外资公司 15 人情报网络进行分析。该网络整体群聚系数较高，为 0.679，结合前面密度指标分析时发现的现象——该网络整体密度不高，而且各节点个体网密度的差异很大，可以进一步推证，该网络的关系模式是分布式的，而且不同方向上传递性大不相同。表 5-3 所示的各节点局部群聚系数显示，各节点的局部关系具有圈层结构，节点 E、H、I、N 为局部中心，为关键节点，对网络的稳定和效率发挥有决定性的影响，各节点的局部关系较为密切,这印证了前面分布式关系模式的推断。节点 K 只从入度方向上与一个节点相连,故其局部群聚系数无法计算。

表 5-3　某外资公司 15 人情报网络中各节点局部群聚系数

节点名称	局部群聚系数
A	0.75
B	0.75
C	0.67
D	0.75
E	0.82
F	0.50
G	0.50
H	0.83
I	0.95
J	0.51
K	无
L	0.50
M	0.43
N	0.90
O	0.64

5.2　中心性指标及其对人际竞争情报分析的意义

中心性是企业人际竞争情报分析的核心内容之一,用于分析个体在群体中的重要性、特殊性和优越性,是权力、影响力、活跃度、声望、社会资本等有效的度量方法,常用的指标有度中心性(degree centrality,DC)、接近中心性(closeness centrality,CC)和中介中心性(betweens centrality,BC)[1,2]。

人际竞争情报网络的中心性指标在人际竞争情报搜集、关键竞争对手跟踪、战略联盟成员分析、竞争对手企业的架构格局分析中有特殊意义[6]。竞争情报工作者可以利用这些中心性特征指标开展竞争情报分析工作,提高竞争情报的工作效率和质量。

5.2.1 度中心性及其对人际竞争情报分析的意义

1. 指标的含义

度中心性是从一个行动者与多少个其他行动者有直接联系的角度来衡量其权力或影响力。直接联系越多,该行动者就越居于中心位置,影响力越大,社会资本越多,权力越大。依据刻画的范围是局部还是全局,度中心性分为节点中心性和网络中心势;在考虑关系的方向性时,度中心性又分为入度中心性和出度中心性;计算时有求取绝对值和相对值两种方式,因此度中心性又分为绝对度中心性和相对度中心性[1,2]。

2. 指标的测量

在有 n 个节点的人际竞争情报网络中,网络节点 i 的度中心性是通过简单计算 i 节点和其他节点连接线得到的,绝对值就是连线的数目,而相对值是连线数目与最大可能连线数的比例。无向图中节点 i 与其他节点最大可能连线数是 $n-1$,因此相对中心性可以用下面公式表示:

$$DC = \frac{\sum_{\substack{j=1 \\ j \neq i}}^{n} r_{ij}}{n-1}$$

式中,r_{ij} 为布尔值,如果节点 i 和 j 之间存在直接联系,则 r_{ij} 为 1,否则为 0[2]。

分析节点度中心性往往会比较几个值:最大值、最小值、理论最大值、理论最小值和其他节点度中心性的比较等。这都涉及两个网络——完备网络和星型网络,如图 5-2、图 5-3 所示。完备网络所有节点的度中心性一样,都为 1;星型网络节点的度中心性差异最大,其中 A 点的度中心性为 1,其他四个节点的度中心性为 0.25。节点度中心性的取值范围为[0,1]。

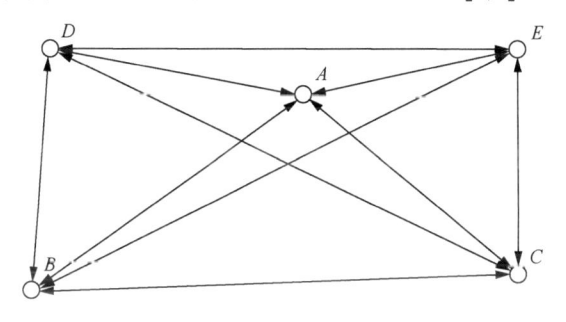

图 5-2 完备网络 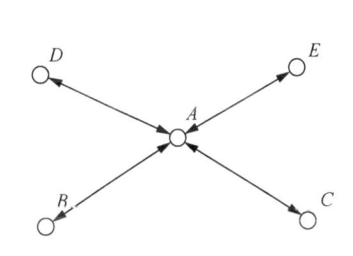　　　　　　图 5-3 星型网络

网络度中心势刻画所有节点在度中心性上的分化程度,测量方法是:首先找到网络中最大节点度中心性,其次计算所有其他节点度中心性与最大节点度中心性的差值,再次计算这些差值的总和,最后用这个差值总和除以理论上差值总和最大值,而理论上差值总和最大值就是星型网络上的差值总和。所以网络度中心势(network degree centralization,NDC)的计算公式为

$$NDC = \frac{\sum_{i=1}^{n}(DC_{max} - DC_i)}{n^2 - 3n + 2}$$

网络度中心势最极端的两种情况是完备网络和星型网络。完备网络所有节点的度中心性都一样,没有差异,所以完备网络的度中心势为0;星型网络节点的度中心性差异最大,其度中心势为1。网络度中心势的取值范围为[0,1]。

3. 指标对人际竞争情报分析的意义

对网络中的行动者而言,其节点度中心性越高,其在局部越处于中心位置,社会资本越多,它可以有多种渠道去获得所需要的东西,利用连接优势获得核心竞争优势,赚取"关系租金",同样别的节点行动者也就越依赖它来和其他节点联系;然而,节点度中心性高的行动者为了维护自己独特的地位,会将网络节点间的联系控制在某一局部的范围,从而使自己成为必不可少的人,这样它反而变成网络传输的瓶颈[6]。

竞争情报分析人员要根据人际竞争情报网络各个节点的度中心性指标识别出这些特别的行动者,区别对待,采取针对性策略。对度中心性明显突出的行动者,要重点追踪,它们往往是网络中的信息、情报、资源的中转站,地位重要,要研究其他节点与其联系的方式和途径,以便加以利用或控制。对度中心性次高的行动者,也要警惕,该节点有可能演化为网络中心节点,分析时也要把它纳入跟踪范围,而对于度中心性低的行动者,只需一般追踪甚至不追踪。企业开展竞争情报活动的投入是有限的,通过这种方法的分析进而采取差别化措施,可以提高情报工作的效率,同时也可以为企业节约大量的成本[6]。

就全局而言,网络中心势刻画了所有节点在中心性上的分化程度。网络中心势越高,分化越严重,说明信息、权力、资源、社会资本等掌控在个别节点行动者手中;网络中心势越低,分化越不明显,说明信息、权力、资源、社会资本等在节点行动者之间分布比较均衡。

竞争情报分析人员可根据人际竞争情报网络的中心势指标整体评估追踪竞争对手的情报工作量或优化自身的人际竞争情报网络。网络中心势越高,追踪工作越有针对性,只需瞄准特殊行动者即可,工作量越小;而网络中心势越低,追踪

工作因为没有重点而需大面积撒网,工作量越大。对优化自身企业人际竞争情报网络而言：如果希望权力或资源分布均衡一些,就要降低网络中心势；如果希望权力或资源分布集中一些,就要提高网络中心势。

4. 应用举例

利用度中心性指标对图 5-1 所示的某外资公司 15 人情报网络进行分析。如表 5-4 所示,出度中心性和入度中心性都很高的节点有 A 和 B,它们是网络中的情报中转站,对整个网络的情报活动处于控制地位和全面知情地位,在竞争情报分析中,对这些节点应特别重视,掌握了这些节点的动态,就能快速、高效、低成本地获取情报资源和监控情报活动。同样的道理,可以利用出度中心性和入度中心性对其他节点行动者在网络中的控制能力进行定位。

通过网络度中心势可以从总体了解各节点度中心性的分化态势。图 5-1 所示的某外资公司 15 人情报网络出度中心势和入度中心势均为 0.3163,结合表 5-5 所示的统计特性,可以判断,网络中各节点行动者的局部活跃性和对外控制能力有差异,但并没有分化到严重程度,而是出现了分层现象,层与层之间差异大,但同层内部节点比较均衡。

表 5-4　某外资公司 15 人情报网络中各节点的度中心性

节点名称	出度中心性	入度中心性
A	7	8
B	9	7
C	5	9
D	5	8
E	5	6
F	0	4
G	4	5
H	4	3
I	3	7
J	9	3
K	0	1
L	5	2
M	6	4
N	3	4
O	8	2

表 5-5　某外资公司 15 人情报网络中度中心性统计特性

统计特性	出度中心性	入度中心性
最大值	9	9
最小值	0	1
均值	4.867	4.867
标准差	2.655	2.418
总计	73	73

5.2.2　接近中心性及其对人际竞争情报分析的意义

1. 指标的含义

接近中心性是根据点与点之间的距离来刻画节点的权力。它基于这样朴素的思想：一个点越是与其他点接近，该点在获取资源时越容易，施加影响、传递信息方面越迅速，因而可能居于网络中心。接近中心性分为局部节点的接近中心性和全局网络接近中心势。一个点与网络中所有其他点的距离越短，则该点越具有较高的接近中心性，越可能是网络的核心节点；一个点与网络中所有其他点的距离越长，则该点越具有较低的接近中心性，越可能是网络的边缘节点。全局网络接近中心势刻画所有节点在接近中心性上的差异程度。

2. 指标的测量

节点接近中心性测量如下。先计算节点间的最短距离，网络中节点间可以通过多条路径相连，把最短的这条路径的长度称为两个节点间的最短距离，则节点的接近中心性（CC）可以用下面公式来测量[1]：

$$CC = \frac{n-1}{\text{节点到其他节点距离总和}}$$

全局网络接近中心势刻画所有节点在接近中心性上的分化程度，测量方法是：首先找到网络中最大节点接近中心性，然后计算所有其他节点接近中心性与最大节点接近中心性的差值，再计算这些差值的总和，最后用这个差值总和除以理论上差值总和最大值，而理论上差值总和最大值就是星型网络上的差值总和。所以网络接近中心势（network closeness centralization，NCC）的计算公式为

$$NCC = \frac{\sum_{i=1}^{n}(CC_{max} - CC_i)}{(n-2)(n-1)}(2n-3)$$

星型网络接近中心势最高为 1，而完备网络接近中心势最低为 0。因此，网络接近中心势的取值范围为[0,1]。

3. 指标对人际竞争情报分析的意义

竞争情报分析人员可根据节点的接近中心性判断各节点在网络中的地位，比如信息、资源的获取能力，以及信息、技术的传播能力，从而采取不同的行动策略。若网络中节点的接近中心性较大，则说明这些节点到网络中其他节点的距离较短，往往能更快地获得和传播网络中的新知识和新技术。对这些节点应采取实时跟踪分析的策略，要从报纸、杂志、电视、网络、行业协会公告、政府公告、专利分析数据库等多个渠道去获取这些节点的动态情况，还要对这些节点建立完善的分析数据库，定期刷新数据库，为适时调整企业竞争战略提供分析基础。若网络中节点的接近中心性较低，则说明这些节点到网络中其他节点的距离较远，获得和传播网络中的新知识和新技术方面闭塞或迟钝。对这些节点应采取一般跟踪或不跟踪，节省时间和精力[6]。

竞争情报分析人员可根据网络的接近中心势评估或优化人际竞争情报网络的结构。对于网络接近中心势小的网络类型，资源通过该网络中各节点的传播时间和速度大致是均衡的，这样的网络有利于创新、知识传播，能促进企业的技术创新和隐性知识的明晰。竞争情报工作者可以结合本企业的情报文化和竞争对手的人际网络进行比较分析，设计有利于本企业的创新人际网络、知识人际网络、学习人际网络，从而为制定企业的竞争战略、提升企业竞争优势打下基础。

4. 应用举例

利用接近中心性指标对图 5-1 所示的某外资公司 15 人情报网络进行分析。接近中心性越高，情报传播越容易到达。如表 5-6 所示，从入向接近中心性来看，较高者为 A、C、D、F 等节点，表明这些节点接收情报最为迅捷，从出向接近中心性来看，较高者为 B、J、M 等节点，表明这些节点发送情报最为迅捷。从各节点接近中心性的均衡程度来看，入向接近中心性高的节点的出向接近中心性不一定高，出向接近中心性高的节点的入向接近中心性不一定高，说明该情报网络中情报发送和接收有分工、分散的特点，而不是集中在个别行动者身上。另外，结合表 5-7 所示的统计特性，各节点的入向接近中心性比较均衡，最大值、最小值相差不大，但各节点的出向接近中心性并不均衡，最大值、最小值相差悬殊。这种反差再次表明，该情报网络在情报流动方向上有区别，即情报的接收和发送处置是不一样的，对于情报接收，各节点机会近似均等，而对于情报发送，各节点是有较大区别的，间接说明该外资公司对情报源是有特别管控的。

因为有些节点无法到达，如 F 和 K 节点的出度都为 0，整个网络的接近中心势无法计算。

表 5-6 某外资公司 15 人情报网络中各节点的接近中心性

节点名称	入向接近中心性	出向接近中心性
A	30.43	58.33
B	29.16	70.00
C	31.11	51.85
D	30.43	56.00
E	29.16	53.85
F	31.82	6.67
G	28.00	51.85
H	24.56	48.28
I	29.17	43.75
J	27.45	70.00
K	28.57	6.67
L	23.33	53.85
M	27.45	63.64
N	26.41	45.16
O	25.00	60.87

表 5-7 某外资公司 15 人情报网络接近中心性统计特性

统计特性	入向接近中心性	出向接近中心性
最大值	31.82	70.00
最小值	23.33	6.67
均值	28.14	49.38
标准差	2.39	18.37
总计	422.08	740.76

5.2.3 中介中心性及其对人际竞争情报分析的意义

1. 指标的含义

中介中心性是从行动者对资源控制的角度刻画权力，度量该节点在多大程度上控制他人之间的交往。它基于这样朴素的思想：如果一个行动者处于许多网络路径上,则它可以利用自身的独特位置来控制或曲解信息的传播而影响他人或群体,该行动者往往处于网络的中心地位。中介中心性指标分为节点中介中心性、边线中介中心性和网络中介中心势。

2. 指标的测量

节点中介中心性为网络中任意两个节点相连接要经过该节点的平均概率值,节点 k 的中介中心性度量公式为[1,2]

$$\mathrm{BC} = \sum_i \sum_j \frac{g_{ijk}}{g_{ij}}, \quad i \neq j \neq k$$

式中,g_{ij} 表示网络中节点 i,j 之间的最短距离路径数;g_{ijk} 表示两个节点 i,j 之间的最短路径经过节点 k 的次数。星型网络中 A 节点的 BC 为 1,意味着它 100%控制着其他节点之间的交往,因此它处于网络的核心位置。完备网络中所有节点的 BC 为 0,意味着任何节点都不能控制其他节点之间的交往。

边线中介中心性为网络中任意两个节点相连接要经过该边线的平均概率值,边线 l 的中介中心性度量公式为[1]

$$\mathrm{BC}_l = \sum_i \sum_j \frac{g_{ijl}}{g_{ij}}, \quad i \neq j$$

式中,g_{ij} 表示网络中节点 i,j 之间的最短距离路径数;g_{ijl} 表示两个节点 i,j 之间的最短路径经过边线 l 的次数。该指标测量的是某条关系对信息等资源的控制程度。

网络中介中心势刻画所有节点在中介中心性上的分化程度,测量方法是:首先找到网络中最大的节点中介中心性,然后计算所有其他节点中介中心性与最大节点中介中心性的差值,再计算这些差值的总和,最后用这个差值总和除以理论上差值总和最大值,而理论上差值总和最大值就是星型网络上的差值总和。所以网络中介中心势(network between centralization,NBC)的计算公式为[1,2]

$$\mathrm{NBC} = \frac{\sum_{i=1}^{n}(\mathrm{DC}_{\max} - \mathrm{DC}_i)}{n^2 - 3n + 2}$$

网络中介中心势最极端的两种情况是完备网络和星型网络。完备网络所有节点的中介中心性一样,没有差异,所以完备网络的中介中心势为 0;星型网络节点的中介中心性差异最大,其中介中心势为 1。网络中介中心势的取值范围为[0,1]。

3. 指标对人际竞争情报分析的意义

人际竞争情报网络中中介中心性大的点往往处在工作联系、知识与信息传播的有利地位，对其他成员有很大的影响力，这些节点由于拥有位置的优越性，在网络中就更容易获得资源，而网络其他节点也更愿意和这些节点交流。比如总经理秘书、工会中有影响力的人物等，即使他们不是企业的最高主管，但对整个企业的战略制定和实施具有很大影响力。

在基于战略联盟的企业人际竞争情报网络中，中介中心性大的节点企业对联盟的存续、运行、发展至关重要。中介中心性大的节点往往是掌握了大量供需信息的中介企业，或者是需求密集的企业，或者是掌握关键技术、产品或市场的盟主，其他企业需要借助这些节点生存和发展，整个网络有向这些中介中心性大的节点聚集的趋势。这些中介中心性大的企业一旦衰退，或受到竞争对手的打击，整个网络就不能很好地运行，依靠这些关键企业生存的其他企业之间的联系就会自然中断，整个网络节点运行的基础就会被破坏，最终将面临崩溃[6]。

竞争情报工作者通过分析人际竞争情报网络中的节点个人或节点企业的中介中心性，识别关键人物或关键企业，实施有针对性的巩固或打击行为，预判技术、产品或是市场的动向，从而采取相应的应对措施。

4. 应用举例

利用中介中心性指标对图 5-1 所示的某外资公司 15 人情报网络进行分析。从表 5-8 所示的节点中介中心性来看，最高者为 B 节点，其次为 M、D、G 等节点，这些节点在网络中居于有利地位，更容易获取情报，更容易影响其他节点，在竞争情报追踪时应给予重点关注；而最低者 F、K、N 节点为 0，这些节点对网络的影响力极其有限。

网络中介中心势 0.1103 显示网络中各节点中介中心性比较均衡，但表 5-9 的统计特性表明，标准差很大，最大最小值相差巨大，说明网络中具有有利中介位置的节点没有集中在某个行动者身上，而是分散在多个行动者身上，属于多中心、分布式，而不是寡头式、集中式。

表 5-10 显示了边线的中介中心性，据此可以确定哪些关系非常重要和哪些关系是冗余的。其中(D,G)、(B,M)这两条边线中介中心性最高，说明这两组行动者之间的关系对整个网络的存废非常关键，若要维护网络的良好运行，对这些关系应呵护备至，若要破坏网络的运行，对这些关系应定向击毁。网络中大量边线的中介中心性为 0，说明大量的关系具有重复功能，每个关系的维护都是要付出代价的，该网络节点的关系应该简化，以节省成本、提高效率。

表 5-8　某外资公司 15 人情报网络中各节点的中介中心性

节点名称	中介中心性
A	15.36
B	28.73
C	8.67
D	19.43
E	7.73
F	0.00
G	19.05
H	1.68
I	0.20
J	17.69
K	0.00
L	2.69
M	23.75
N	0.00
O	5.02

表 5-9　某外资公司 15 人情报网络中介中心性统计特性

统计特性	中介中心性
最大值	28.73
最小值	0.00
均值	10.00
标准差	9.48
总计	150.00

表 5-10　某外资公司 15 人情报网络中边线的中介中心性

	A	B	C	D	E	F	G	H	I	J	K	L	M	N	O
A	0.00	5.00	1.33	3.22	3.29	0.00	0.00	0.00	1.87	9.64	0.00	0.00	0.00	5.00	0.00
B	1.20	0.00	0.00	2.23	1.67	0.00	0.00	0.00	1.33	8.90	0.00	0.00	15.18	3.00	8.24
C	3.45	7.92	0.00	4.64	4.12	0.00	0.00	0.00	2.53	0.00	0.00	0.00	0.00	0.00	0.00
D	3.78	7.65	1.83	0.00	0.00	0.00	17.97	0.00	2.20	0.00	0.00	0.00	0.00	0.00	0.00
E	0.00	5.73	1.53	3.95	0.00	0.00	0.00	0.00	1.73	0.00	0.00	0.00	0.00	0.00	8.78

续表

	A	B	C	D	E	F	G	H	I	J	K	L	M	N	O
F	0.00	0.00	0.00	0.00	0.00	0.00	0.00	0.00	0.00	0.00	0.00	0.00	0.00	0.00	0.00
G	0.00	0.00	0.00	7.15	0.00	0.00	0.00	6.96	0.00	0.00	0.00	11.40	7.54	0.00	0.00
H	0.00	0.00	0.00	0.00	0.00	1.79	2.40	0.00	0.00	0.00	0.00	3.30	8.20	0.00	0.00
I	5.96	0.00	2.76	5.49	0.00	0.00	0.00	0.00	0.00	0.00	0.00	0.00	0.00	0.00	0.00
J	1.00	2.87	1.33	1.25	1.67	0.00	6.54	0.00	1.53	0.00	13	0.00	0.00	2.50	0.00
K															
L	0.00	0.00	7.57	0.00	0.00	1.79	1.50	0.00	0.00	0.00	0.00	0.00	4.83	0.00	0.00
M	6.15	0.00	0.00	0.00	7.98	4.10	2.64	5.73	0.00	11.15	0.00	0.00	0.00	0.00	0.00
N	3.62	8.07	2.31	0.00	0.00	0.00	0.00	0.00	0.00	0.00	0.00	0.00	0.00	0.00	0.00
O	2.20	3.50	1.00	3.50	1.00	5.32	0.00	0.00	0.00	0.00	0.00	0.00	0.00	1.50	0.00

5.3 中心性指标的拓展及其对人际竞争情报分析的意义

竞争情报领域人际网络中心性分析指标目前都是采用度中心性、中介中心性和接近中心性来衡量，这些指标是直接取自社会的网络中心性指标。度中心性常用来衡量网络中节点企业的中心地位和关键程度，这在局部是有效的，但在全局或整体结构视角下最新研究证明并不总是有效的[7,8]。传统中心性指标是对网络中企业的交易能力、周旋能力、控制力等权力的度量[1,2]。企业权力还可能因权力的交互而来，如因大势格局而得，因结识大鳄而得，因潜力而得，因派系斡旋而得，这些权力的获得与权力特性——结构性、相关性、延展性和中介性有关。近年来，影响权力产生和运用的这些特性在社会学领域已有揭示[1,5,9]，但在竞争情报领域目前还无人研究，这需要研究跟进。

如图5-4所示，节点 A 的度中心性在整个网络中最高，但由于节点 W 与多个局部中心点（如 K、J、N、T、V）相连，其实际的中心性要比节点 A 高。中介中心性常用来衡量网络中节点企业因起到中介作用而增进自身优势的能力，如 K 节点要与 F 节点联系就必须由 J 节点做中介，因此 J 节点具有独特的地位。然而在现实竞争中，企业间往往纵横联合结成圈子，如图5-5所示，企业关系网络具有明显的圈层结构，网络中某些居于中间位置的节点企业因担任不同圈子之间的交易中介而给自己带来一定的竞争优势。接近中心性常用来衡量网络中节点企业优先获得信息、情报和知识的能力，其取值为该节点到所有其他节点的最短距离。但是信息、情报和知识的传播与社会关系的传承相比有显著的衰减性，当传递路径超过 3 时一般就会出现失真或失效。这些差异表明竞争情报领域企业人际网络与社会网络是有区别的，在研究分析时应考虑自身的特殊性，作为定量分析的重要内容——中心性分析指标应在企业人际竞争情报的环境下进行重新解释或扩展。本节将以分析竞争对手为目的，对企业人际网络的中心性指标进行拓展，为企业人际网络竞争情报的定量研究和分析指标的情报化做出有益的探索。

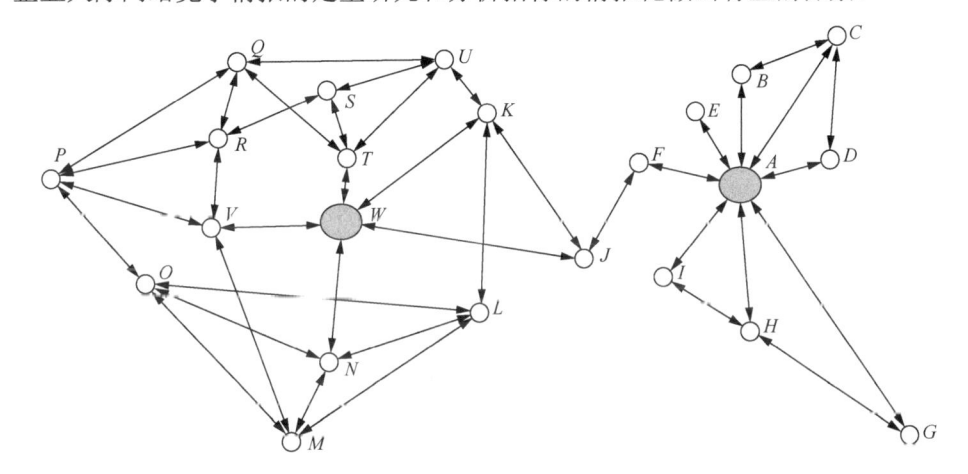

图 5-4 一个典型的企业人际网络

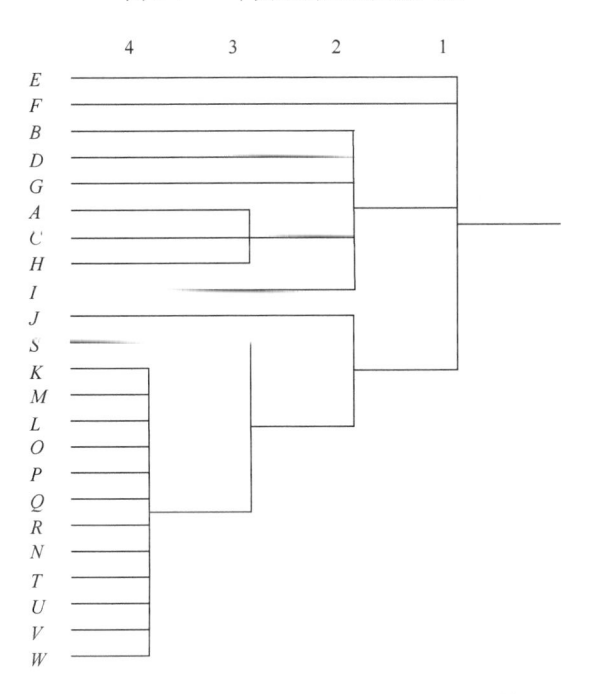

图 5-5 图 5-4 的企业人际网络中的圈层结构

5.3.1 基于整体结构扩展的特征向量中心性

企业人际网络结构从某种意义上表征企业竞争态势和竞争格局,其形成和发展由多种竞争因素推动,其中最主要因素以及各竞争者在最主要因素上的表现值得特别关注。特征向量中心性是运用类似主成分分析法找出促成网络整体结构的最主要因素,并利用节点在最主要因素上的贡献值来刻画该节点的核心程度[10,11]。特征向量中心性计算方法如下:设网络有 n 个节点,其邻接矩阵为 A,x 为 n 维非零列向量,λ 为矩阵 A 的特征值,求解特征方程 $Ax=\lambda x$ 所得最大特征值为 λ_{max},λ_{max} 对应的特征向量为 x_{max},则网络节点 i 的中心性 c_i 为向量 x_{max} 中第 i 个元素的值。以图 5-4 所示的典型企业人际网络为例,最大特征值 $\lambda_{max}=3.963$,其对应的特征向量 x_{max} 为(0.035, 0.013, 0.015, 0.013, 0.009, 0.048, 0.013, 0.015, 0.013, 0.156, 0.254, 0.290, 0.297, 0.302, 0.295, 0.278, 0.261, 0.257, 0.190, 0.255, 0.242, 0.290, 0.317)^T,因此该网络中第一个节点 A 的中心性为 0.035,最后一个节点 W 的中心性为 0.317。特征向量中心性最主要的特点是在整体结构的基础上考虑最主要因素,而不会被局部结构模式和面面俱到干扰到重点和要点的凸显。

特征向量中心性对竞争对手分析至少带来两方面启示[7]。其一,竞争对手分析方法本身有其关注的角度,传统中心性指标用于竞争对手分析,往往关注的是局部模式或竞争对手的某一个特征,如度中心性度量的是竞争者与其邻近的竞争对手之间交易的活跃程度,接近中心性度量的是竞争者与所有其他竞争者关系的远近,而特征向量中心性关注的是整体结构,是全局视角。其二,核心竞争力的定义众说纷纭,其度量也一直是竞争力评价的难题,特征向量中心性基于整体结构识别出促成整体竞争格局的最主要因素并计算出各竞争者在最主要因素上的表现值,本质上这暗合核心竞争力的神韵。因此,特征向量中心性为核心竞争力的定量分析提供了另一种途径,而且这一途径不需要人为建立评价指标体系,既节省了人力,又减少了主观干扰。

5.3.2 基于相关性扩展的权力中心性

权力中心性是在考虑到节点的权力与其周围节点的权力具有相关性这一特性的基础上对权力进行度量。权力相关性最早由 Bonacich 提出[9],其刻画这样一种现象,如果一个人与权力大的人交往,那么这个人的权力也会大,这一现象在个人人际关系中非常普遍,如高管的司机本身没有管理职位、没有正式权力,但由于他与高管紧密接触，事实上也拥有较大的权力。个人人际关系中的权力相关现象同样存在于企业人际关系中，如果一个企业与影响力大的企业建立关系，那么这家企业的影响力也会增大。权力中心性的计算方法如下，节点i的中心性$c_i = \sum_j A_{ij}(\alpha + \beta c_j)$，其中，$j$为与$i$相连的节点，$A_{ij}$为邻接矩阵的元素，$\alpha$是为保证所有节点的中心性的平方和等于所有节点数$n$而设的标准化常数，$\beta$为权力相关指数，取值通过专家指定或参数拟合获得，范围为[-1,1]。β为正，表明节点的权力受相连节点贡献；β为负，表明节点的权力受相连节点限制；β为0，表明节点的权力与其相连节点无关。以图5-4所示的典型企业人际网络为例，节点数$n=23$，权力相关指数β取0.2，标准化常数α为0.06，节点A的权力中心性为1.337，节点W的权力中心性为1.422，但如果以传统的中心性指标计算，节点A的中心性比节点W要高（见后面表5-11），由于与节点W相连的各节点（如K、L、N、T、V）均为局部中心点，源于权力相关性，节点W的权力中心性最终比节点A高，成为全局最大权力的节点。

基于相关性扩展的权力中心性对竞争对手分析有两方面启示。其一，分析竞争对手，不仅要关注竞争对手本身，而且要关注竞争对手的关联方，尤其对那些自身好像不起眼，但却跟实力强的竞争者有关系的竞争对手要予以重视，不可掉以轻心；其二，当竞争力评价数据方便获取时，相关系数β就可通过数据拟合的方式获得，此时β可作为观测竞争系统中隐秘的权力分布的一个窗口，通过β的正负和绝对值大小来逆向推测竞争对手之间的相互影响[12]。

5.3.3 基于步长扩展的k-步可达中心性

k-步可达中心性以步长为标准考察网络中节点关系的覆盖能力和拓展能力。步长k为网络中节点到其他节点的距离，假设网络的直径为d，理论上k的取值范围为$[1,d]$。节点k-步可达中心性为该节点在k步之内所能到达的节点数。当$k=1$时，1-步可达中心性与传统中心性指标——度中心性等价[1]；对于连通网络，当$k=d$时，d-步可达中心性为网络中节点总数。以图5-4所示的典型企业人际网络为例：当$k=1$时，节点A可到达8个节点，节点F可到达2个节点，因此节点A的1-步可达中心性为8，节点F的1-步可达中心性为2；当$k=2$时，节点A可到达9个节点，节点F可到达11个节点，因此节点A的2-步可达中心性为9，节点F的2-步可达中心性为11；当$k=1$时，节点A的可达中心性远高于节点F，但当$k=2$时节点F的可达中心性却超过了节点A，这种超越源自节点F随着步长增加快速通达新的节点即拓展关系。节点 A 和节点 F 在不同步长下可达中心性的比较变化是对网络中节点关系的覆盖能力和拓展能力的刻画,这正是 k-步可达中心性的意义所在。

基于步长扩展的 k-步可达中心性对竞争对手分析有两方面启示[7]。其一,对竞争对手分析既要关注竞争对手当前的实力,也要重视对其潜力的分析,k-步可达中心性可通过步长的伸缩对企业关系的当前实力(当 k=1 时)和潜力(当 k>1 时,即拓展能力和覆盖能力)进行定量分析,为收放自如地动态观察提供技术实现;其二,企业关系背景下进行竞争对手分析,k 的值不再是没有限制而只宜取 1、2 或 3,超过 3 意义不大,因为企业关系具有特殊性,间接关系的影响力衰减得很厉害,而且信息容易失真。

5.3.4 基于中介性扩展的圈子中介中心性

节点的中介中心性是从路径经过的角度考虑节点对其他节点之间的中介作用[1,2],但现实中,节点还可以起到圈子(也称为派系或小团体)之间的中介作用。由于结构洞的存在,网络中某些居于中间位置的节点由于担任不同群体之间交易的中介而具有特殊的机会,从而给自己带来一定的竞争优势,这些位于中间位置的节点称为中间人。中间人与其联系的两方构成了三方关系,三方关系的结构不同,中间人的角色及其影响力也会有差异[1]。如图 5-6(a)所示,如果关系的发起人 a、中间人 b 和关系的承受人 c 属于同一个群体,那么中间人是在圈内进行协调,起到协调者的作用,中介性高,但同时受到所在群体的规范约束;如图 5-6(b)所示,如果关系的发起人 a 处于群体之外,中间人 b 和关系的承受人 c 属于同一个群体,那么中间人起到守门人的作用,操控着外部联系进入所在群体的渠道;如图 5-6(c)所示,如果关系的发起人 a 与中间人 b 属于同一个群体,关系的承受人 c 处于群体之外,那么中间人起到代理人的作用,是该群体对外联络的代表;如图 5-6(d)所示,如果关系的发起人 a 与关系的承受人 c 属于同一个群体,中间人 b 处于另一个群体,那么中间人起到顾问的作用,行动自由度高;如图 5-6(e)所示,如果关系的发起人 a、中间人 b、关系的承受人 c 分属不同群体,那么中间人起到联络人的作用,既具有操控两个群体的能力,又可以不受双方规范的约束,自由度很高。网络中节点企业的圈子中介中心性为该企业所承担的各种圈子中间人角色的次数。

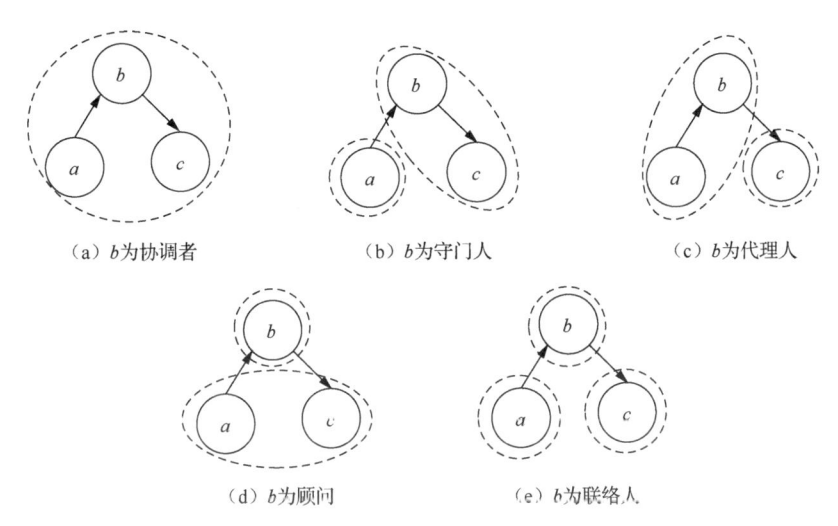

（a）b为协调者　　（b）b为守门人　　（c）b为代理人

（d）b为顾问　　（e）b为联络人

图 5-6　五种圈子中间人角色

5.3.5　多种中心性指标的综合评价

为对原中心性指标和扩展的中心性指标进行全方位观察，现将图 5-4 所示的典型企业人际网络中所有节点在各中心性指标下的排名放在同一张表上进行对比，如表 5-11 所示。从表中的排名数据可以发现三个现象：其一，同一节点在不同中心性指标下，排名有差异，甚至差异非常大，如节点 A 在度中心性、中介中心性、接近中心性下均排名第 1，但特征向量中心性排名却为 16，在整个节点群中位居中等位置，节点中心性在不同指标下排名有差异的现象在整个网络中非常普遍，排名有变化的节点在所有节点中占 96%，这一现象表明选择不同中心性指标对节点评估结果影响较大，因此对中心性指标的选用应非常谨慎。其二，各节点在不同中心性指标下存在差异表明权力来自多方面，如度中心性度量的是因交易活跃带来的权力，中介中心性度量的是由特殊位置带来的权力，特征向量中心性度量的是由全局结构优势带来的权力，不同指标是对权力不同侧面的度量。正因为如此，中心性指标需要进一步扩展，以便对权力的度量更细致、刻画更丰满、信息更充分、评估更科学。其三，有特点的节点即使在某些指标上处于劣势，也会在另外一些指标上取得一定竞争力的排名，如节点 F 只与两个节点相连，但因为处于关键节点位置，因此获得排名第 3 的中介中心性，节点 N 因与权力中心 W 节点邻近而具有较高的权力中心性，而那些没有特点的即边缘化的节点无论在哪种指标下都处于落后位置，如节点 E 在所有指标下都位居最后一名，这一现象表明组合采用多中心性指标可以有效对各节点进行甄别和筛选。

上述三个现象的发现对竞争对手分析有三个启示[7]。其一，组合采用企业人际网络各中心性指标可用于企业竞争力评估，以及企业竞争对手的甄别和筛选；其二，企业竞争力来源于多个方面，各中心性指标度量的是企业竞争力的不同侧面，为使评估更科学，应对度量指标进行扩展、细化；其三，利用中心性进行竞争对手分析时应慎重选用度量指标。总之，竞争者如何参与竞争，取决于其在市场中的位置、自身拥有的资源和对资源的控制能力等各方面，各种中心性指标并无对错之分，要根据研究问题的背景、研究目的、数据的实际特点，重点分析某些指标或选用某些指标。

表 5-11　图 5-4 所示典型企业人际网络节点各中心性指标排名对比

节点	度中心性	中介中心性	接近中心性	特征向量中心性	权力中心性	2-步可达中心性	圈子中介中心性
A	1	1	1	16	2	14	1
B	18	19	19	21	20	21	21
C	14	17	17	17	17	17	17
D	19	20	20	19	19	19	19
E	23	23	23	23	23	23	23
F	20	3	11	15	18	5	16
G	21	21	21	22	22	22	22
H	15	18	18	18	16	18	18
I	22	22	22	20	21	20	20
J	16	2	4	14	15	13	14
K	3	5	3	11	10	3	4
L	4	9	7	6	7	9	12
M	5	15	15	3	5	15	13
N	6	10	8	2	3	7	10
O	7	14	14	4	6	8	11
P	8	11	10	7	8	4	5
Q	9	13	13	8	9	10	7

续表

节点	原中心性指标排名			扩展的中心性指标排名			
	度中心性	中介中心性	接近中心性	特征向量中心性	权力中心性	2-步可达中心性	圈子中介中心性
R	10	12	12	9	12	11	8
S	17	16	16	13	14	16	15
T	11	8	6	10	11	6	6
U	12	7	9	12	13	12	9
V	13	6	5	5	4	2	3
W	2	4	2	1	1	1	2

企业人际网络的常见形态为以企业人员为节点的人际关系网络或以企业为节点的公司关系网络，其中心性本质上是对网络中节点的影响力、控制力、交易能力、周旋能力等权力的度量，传统的度量指标为度中心性、中介中心性和接近中心性。鉴于权力的结构性、相关性、延展性和中介性等特点，本书吸纳社会网分析思想，将特征向量中心性、权力中心性、k-步可达中心性、圈子中介中心性引入企业人际网络以进行竞争对手分析，并在一个典型的企业人际网络中进行了实证分析。结果表明，中心性指标不同，竞争对手的权力排名会有差异，这一方面揭示了竞争对手权力来源的多样性和权力性质的复杂性，另一方面也证明了企业人际网络中心性指标扩展的必要性和谨慎选用指标的重要性。当前利用企业人际网络中心性进行竞争对于分析的理论模型和测量指标虽然已有一定的研究基础，但从方法的实际可操作性来看，仍缺乏系统的框架和规范的流程，这值得未来进一步深入研究。

5.4 小团体分析指标及其对人际竞争情报分析的意义

5.4.1 小团体分析指标的类型

小团体分析指标有两类：一类以节点程度来计算，一群相连的节点看成一个小团体；另一类以距离来计算，在一定距离内可以达到的节点视为小团体[1]。前者主要有 k-从、k-核，后者主要有 n-派系、n-宗派。k-从表示若小团体中有 n 个节点，每个节点与其他节点有 $n-k$ 条联系，k-核则定义为若小团体中有 n 个节点，每个节点至少与该小团体的其他节点保持 k 条联系；n-派系表示小团体内每两个节点之间的距离要小于等于 n，n-宗派要求小团体首先是一个 n-派系，同时需满足节点间的最短距离要包含在小团体内[1,2]。从上述定义可以发现，k-核和 n-派系相对来说限制条件少。在实际分析竞争战略时，往往不能给予严格条件，否则那些潜在的联盟体有可能被忽视，影响分析结果。

当节点比较多时，小团体计算过程复杂，社会网络分析软件 UCINET 可以解决这个问题。软件要求输入小团体限制参数，每次实验会得到很多个小团体，这时就要根据小团体在战略合作中的分析意义来确定这种划分是否合适，这需要分析人员不断尝试才能完成[12]。

5.4.2 小团体分析指标对人际竞争情报的意义

1. 战略联盟的相关理论基础

合作竞争的提出与实践是竞争理论的重大发展，也是博弈论商业应用的重要范例[13-15]。对应的企业合作竞争活动自然催生合作竞争情报研究，合作竞争的形式多样，其中战略联盟是最主要的形式。战略联盟的成功率一直很低，大部分的联盟成立后实际上不能进行实际运作。从经验上看，50%以上的联盟在头两年就陷入了困境，绝大多数寿命不超过 3 年[14,16]。这就说明，战略联盟这种组织架构有许多不确定因素，组建和运营的风险非常大[17]，这和战略联盟的形成机制是分不开的。但是，战略联盟若能正常发挥作用，能把合作伙伴各自的核心竞争优势最优规划，将产生巨大的威力。在战略联盟的生命周期各阶段合理组织企业和联盟的竞争情报活动，能大大减少联盟中途解散、合作失败的风险。同样对于企业来说，当前竞争已经不是一个个企业之间的竞争，而是联盟与联盟之间的竞争。如何通过竞争情报活动来提前发现竞争对手的联盟体成员之间的关系以及协作机制，进而有的放矢地制定相应的竞争策略将是当前合作竞争情报分析的重点。

从组织形式上来看，战略联盟是一个社会网络组织，其运行是嵌入在一定的契约、信任、文化之中的，对战略联盟结构、联盟体各角色行为的研究可以用人际竞争情报网络来实现。

2. 战略联盟的人际竞争情报网络构建

人际竞争情报网络建模对象和过程已经在第 4 章 4.1 节、4.2 节系统阐述。要正确构建基于战略联盟的人际竞争情报网络，自然要先明确该网络的研究内容和服务功能，它们是寻找网络行动者和关系的依据。

确保战略联盟的形成和有效运行是合作竞争情报活动的主要内容。首先，合作企业的早期机遇辨识和合作发展战略的确定需要各企业竞争情报部门的支持，如果情报部门不参与初期的战略制定过程，联盟的形成依据就得不到确认，当联盟产品问世后，如果发现产品面对的市场环境和先前的认识有很大差异，将会给联盟的发展带来很大的潜在风险;同时,各企业的竞争情报部门要积极介入合作伙伴的选择工作,不仅要对候选企业的技术、财务、产品、文化等竞争力相关要素的情报进行收集和分析,而且要研究合作企业的社会关系,以及合作成员之间的相互关系对联盟市场拓展、营销的影响,这样可以避免联盟运行时由于成员体的能力、文化、社会关系上的巨大差异所带来的冲突,可以确保今后合作的效率。当战略联盟形成后,合作竞争情报活动的主要任务不仅要对联盟体的外部环境进行监视,对可能出现的危机进行预警,同时要动态跟踪联盟成员之间的协作模式,防止部分关键成员中途退出,对合作网络造成影响,确保联盟能够正常高效运转。对企业更为重要的是,竞争情报活动是一个很好的学习提高工具。如果重要合作企业退出或联盟解散后,企业无法快速找到合适的协作伙伴来承担相关业务,不仅将失去市场发展的机遇,甚至会面临倒闭的危险。为了预防危机,企业的竞争情报组织一方面要正确辨认合作网络中的关键企业,运用定标比超的服务向它们进行有目的的学习,以期在结盟时期能快速掌握先进的技术和工艺,另一方面要对联盟体的网络发展趋势进行研究,未雨绸缪。

纳德尔等[18]根据合作的紧密程度和合作范围,提出联盟的实现方式有五种:非正式合作、契约性协议、合资、股权参与、国际合作。可以根据战略联盟实现方式来确定和勾画出人际竞争情报网络社会关系。不同的联盟实现方式决定了联盟体成员之间的社会关系是否稳定和明晰,这直接影响关系信息搜集的难度,最终将影响被分析对象——人际竞争情报网络的稳定性和有效性。表 5-12 是各种不同联盟形成的人际竞争情报网络的特点。

表 5-12 不同合作联盟的人际竞争情报网络特点

联盟网络类型	关系来源依据	关系特点	关系信息搜集特点	网络的有效性和稳定性
非正式合作	企业间技术、人员、信息等交流形成关系,无合同严格约束	不稳定	信息透明度低,搜集范围广泛,困难	网络不稳定,有效性差
契约性协议	通过有约束力的正式协议形成关系,如专利共享、联合销售、联合采购建立关系	比较稳定,合作行动终止,关系结束	信息透明度低,搜集范围狭小,困难	网络稳定性随着合作协议到期结束,运行有效性随着时间推移发生变化
合资	通过共同出资形成关系,成立独立企业,风险和利益捆绑密切	比较稳定	信息透明度高,通过合适的手段能搜集	网络稳定性好,运行有效性取决于合资企业与母体企业的关系
股权参与	通过相互参股形成关系,利益捆绑密切	稳定	信息透明度高,比较容易搜集	网络稳定性好,网络有效性取决于参股动机
国际合作	主要通过技术合作形成关系,往往在那些技术上"高、精、尖"的制药、航空、航天企业中	不稳定	信息透明度低,搜集范围广泛,困难	网络结构松散,不稳定,有效性差

方便起见,这里只构建单质、单层的人际竞争情报网络。网络行动者(节点)就是合作的企业实体,关系(边)可以根据战略联盟关系来源依据确定(表 5-12)。

例如，表 5-13 是 9 家企业之间的股权结构，若根据股权来研究联盟中企业关系，就可以把企业作为顶点，顶点之间是否有边由两个企业之间是否参股来决定，边的权重可以用参股百分比来确定，以表示关系密切程度，相关的社群图见图 5-6。

表 5-13 某企业群的参股关系

企业	股东构成
A	A（60%）、B（20%）、C（10%）、F（10%）
B	B（50%）、A（30%）、C（20%）
C	C（80%）、A（10%）、B（10%）
D	D（80%）、A（20%）
E	E（60%）、A（40%）
F	F（60%）、A（10%）、G（10%）、H（10%）、I（10%）
G	G（60%）、F（30%）、H（10%）
H	H（80%）、F（20%）
I	I（80%）、F（20%）

3. 网络小团体分析

对图 5-7 的基于参股的企业进行分群，如果考虑到联盟体是由一个核心企业主导，联盟中的任何企业之间均可以直接联系或者通过核心企业建立关系，成员企业在核心企业领导下，来分享群体内其他企业的市场和信息，基于此，用 n-宗派对节点进行划分比较合适。在 UCINET 首先设置 n-宗派分析参数，设置两个企业之间的最短距离小于等于 2（成员与核心企业距离为 1，其他企业通过核心企业联系，因此为 2），另一个参数联盟体的最小成员数量是未知数，此参数需要不断尝试才能确定。对于图 5-7，若此参数超过 5 则得不到群体划分，若设置小于等于 5，均可以得到两个群体。群体 1 为 A、B、C、D、E、F，群体 2 为 F、G、H、I、A，如图 5-8 所示。

图 5-8 中的 A、F 同时隶属于两个联盟体，也就是说两个联盟体有重叠，重叠的点越多，说明联盟体之间的关系越紧密，这种结构叫齐美尔带[1,2]。齐美尔带在产业上下游之间是广泛存在的，如图 5-9 所示，上游是以核心供应商 A 为主导的联盟体，中游是以核心生产厂商 B 为主导的联盟体，下游是以核心分销商 C 为主导的联盟体，节点 A、B、C 构成了 3 个齐美尔带，它们是整个产业链的核心企业，是各个战略联盟体进行合作竞争的主体企业。

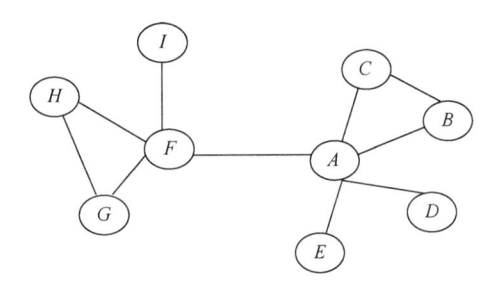

图 5-7　基于参股关系的人际竞争情报网络

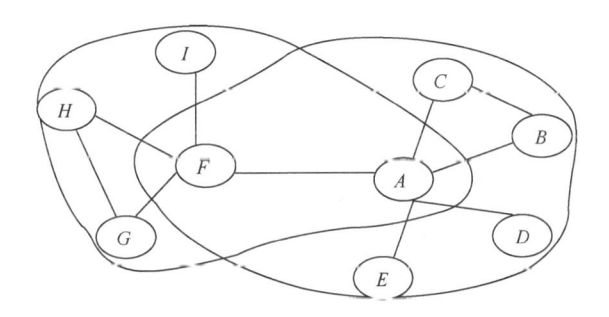

图 5-8　基于参股关系的图 5-7 分群结果

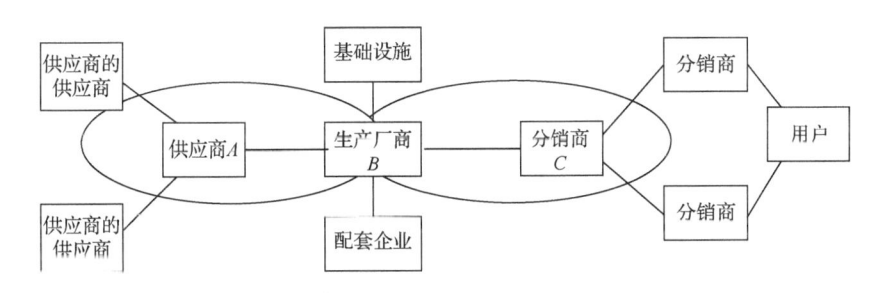

图 5-9　产业链中的战略联盟体间的合作竞争

4. 一个实证分析——对股权分置改革前的中国上市公司合作进行研究

根据中金在线媒体报道,截至 2005 年 9 月沪深两市的上市公司中有 313 家有相互参股关系[13, 19]。用 1 或 0 表示相互之间是否有参股关系,在 UCINET 中建立数据表。根据数据表绘制社会关系图,如图 5-10 所示。

对图 5-10 所示的社会关系图用 UCINET 进行基本特征分析[20]。在人际竞争情报研究中最密切的特征分析指标是密度、群聚系数和直径。经过 UCINET 计算,图 5-10 的密度为 0.0048,说明 2005 年,上市公司之间关系密度非常低,联系比较松散,合作意愿相对薄弱。群聚系数为 0.028,很小（≪0.5）,这说明当年的上市公司之间的结构空洞比较多，企业之间的联系需要通过部分企业作为中介进行，这些企业占据了重要的社会资本，它们可以利用自己的有利地位进行一定的"寻租"。平均直径达到2.971，说明这些企业虽然关系松散，但由于存在大量的结构空洞，两两发生关系平均只需要通过3个企业就可以实现。

用 n-宗派对图 5-10 进行战略联盟划分。设最短距离小于等于 2，联盟体的最小成员数量设为 5，共获得基于参股的战略联盟体 20 个，有些企业出现在多个联盟体中，它们是联结各联盟体的桥梁，具体如表 5-14 所示。这里要说明的是，战略联盟体数量受联盟体最小成员数量约束，该值越小，获得的联盟体越多。

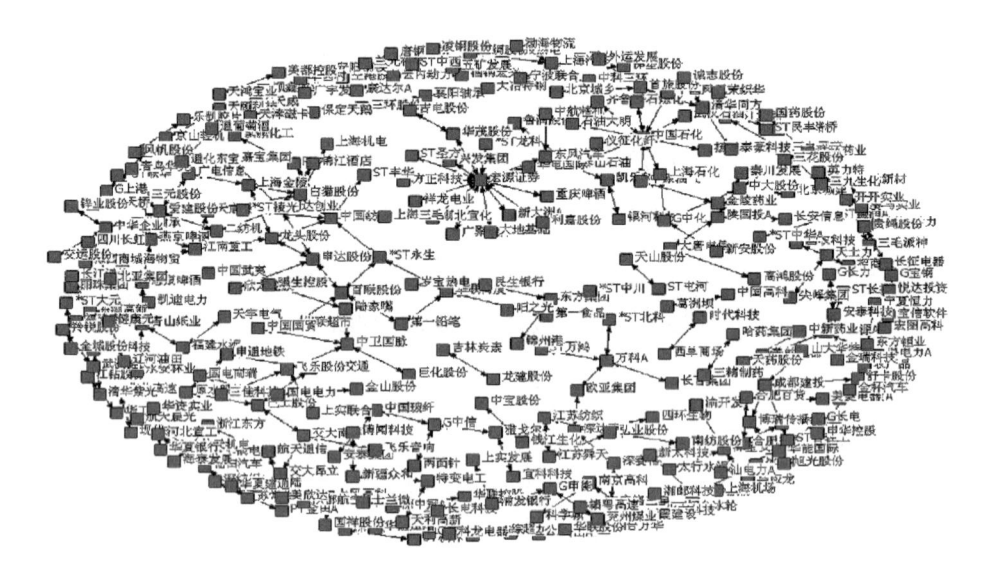

图 5-10 上市公司基于参股关系的社会关系图

表 5-14 基于参股的战略联盟体

战略联盟体编号	战略联盟体成员
1	宏源证券、广聚能源、大地基础、湖北宜化、新大洲A、重庆啤酒、兴发集团、*ST龙科、华电国际、祥龙电业、利嘉股份、方正科技、东风汽车、ST圣方、华茂股份
2	万科A、ST万鸿、欧亚集团、*ST北科、长百集团
3	深宝安A、渝开发、马应龙、太行水泥、江铃汽车
4	ST吉轻工、成都建投、舒卡股份、山大华特、博瑞传播
5	泰山石油、中原油气、中国石化、石油大明、仪征化纤、上海石化、齐鲁石化、扬子石化、石炼化、武汉石油、中国凤凰
6	惠泉啤酒、青山纸业、永安林业、福建水泥、福建南纸
7	宁波联合、中科三环、宁波热电、工大首创、五矿发展

续表

战略联盟体编号	战略联盟体成员
8	江南重工、龙头股份、天宸股份、中国纺机、白猫股份、上海金陵
9	江南重工、西北轴承、龙头股份、上海物贸、天宸股份
10	江南重工、龙头股份、中国纺机、上海金陵、申达股份
11	龙头股份、中国纺机、*ST 永生、上海三毛、白猫股份、PT 水仙、ST 丰华、*ST 棱光
12	龙头股份、中国纺机、*ST 永生、申达股份、百联股份
13	龙头股份、同达创业、申达股份、欣龙控股、百联股份
14	天宸股份、中国纺机、白猫股份、上海金陵、上海机电
15	清华同方、首旅股份、泰豪科技、诚志股份、重庆路桥
16	二纺机、爱建股份、广电信息、*ST 联华、中华企业
17	二纺机、同达创业、嘉宝集团、申达股份、锦江酒店
18	爱建股份、中华企业、豫园商城、交运股份、锌业股份
19	*ST 永生、申达股份、百联股份、第一铅笔、华联超市
20	中卫国脉、中国国贸、巨化股份、飞乐股份、陆家嘴

分析 20 个基于参股的战略联盟体，可以发现有三个重要特点。其一，联盟合作具有很强的地域特点。华南、华北、华东地区是联盟合作发生最活跃的地区，这符合中国区域经济分布的特点。其二，上市公司基于参股的合作动机有很大差异。合作动机主要有扩大市场、提高管理和运营效率、财务投资获得新利润、获得新产品和新技术、增资购买设备和固定资产、补充流动资金偿还银行贷款、购入整体资产或置换剥离不良资产等。比如联盟体 1 的合作形成是因为宏源证券的参股，这种合作主要是从财务角度出发，目的是获得参股公司红利或通过二级市场获利，这种合作一般不稳定，随着利益的兑现合作将终止。联盟体 5 的合作是在中国石化主导下形成的，主要目的是统一和扩大市场，提高管理的运营效率，这种合作具有很好的稳定性。另外，上海地区的几个联盟体行政色彩浓重，它们更多的是从增资、补充流动资金、重组、剥离不良资产的目的出发的。其二，联盟体之间的联系不紧密，结构空洞比较集中。从表 5-14 可知，联盟体 1、2、3、4、5、6、7、15、20 相对孤立，其与其他联盟体之间联系不大，其他联盟体之间通过齐美尔带进行联系，这说明当时中国上市公司产业间合作、地区间合作不明显，具体如图 5-11 所示。

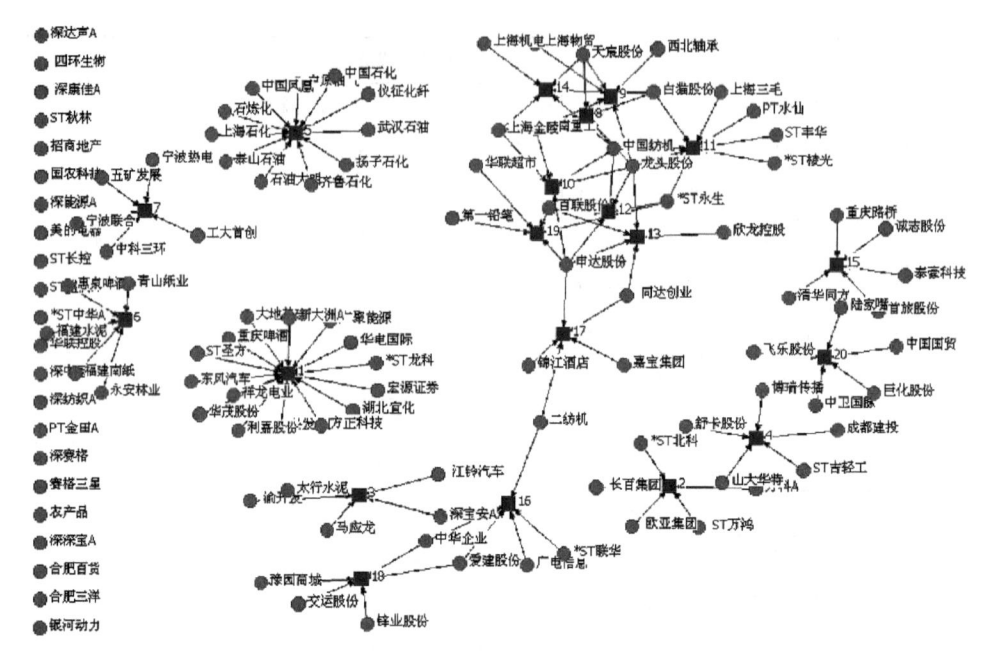

图 5-11 上市公司基于参股的合作竞争态势图

具有明显地域特点的联盟体 8、9、10、11、12、13、14、16、17、18、19 可以通过中介企业（齐美尔带）进行联结形成一个更大的联盟体。为方便说明问题，这里用 UCINET 对联盟体 8、9、10、14 共 10 家企业形成的战略联盟体（图 5-12）进行分析。该战略联盟体整体密度为 0.244，远比整个上市公司形成的关系图的密度大，其中心性分析结果如表 5-15 所示。由表 5-15 可以看出，江南重工是该战略联盟体的核心企业，其次是龙头股份和白猫股份，西北轴承、上海物贸、申达股份、上海机电处于该战略联盟体的边缘地位。

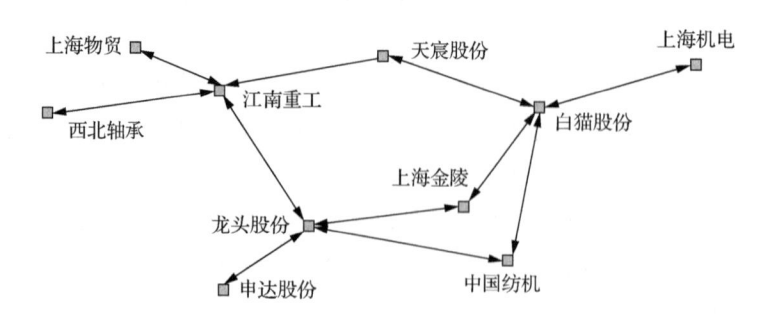

图 5-12 拥有 10 家企业的一个战略联盟体

表 5-15 战略联盟体中企业中心性分析

企业名称	度中心性	中介中心性	接近中心性
江南重工	0.444	0.472	0.600
龙头股份	0.444	0.403	0.600
白猫股份	0.444	0.292	0.529
中国纺机	0.222	0.055	0.500
天宸股份	0.222	0.167	0.529
上海金陵	0.222	0.055	0.500
西北轴承	0.111	0.000	0.391
上海物贸	0.111	0.000	0.391
申达股份	0.111	0.000	0.391
上海机电	0.111	0.000	0.360

5.5 位置、角色和对等性分析指标及其对人际竞争情报分析的意义

人际竞争情报网络的对等性分析是对个体节点或节点群在网络位置和网络角色方面的相似性和可替代性的分析。这种方法的思想基于如下常识：处于对等位置和角色的个体或企业在行为上具有相似性，在功能上具有可替代性，比如连锁企业的店长经常会被调往不同的区域轮换，企业通常会密切关注同类企业的动向以为自身的决策行动提供参考[1]。对等性分析分为三个层次：结构对等性、子结构对等性和规则对等性。这些分析可以为竞争情报分析人员定位自身或竞争对手的位置和角色、预测竞争对于的行为、评估竞争态势提供重要信息。下面按照指标的含义、测量、对人际竞争情报分析的意义和应用举例的思路对这三个层次对等性分析进行介绍和总结。

5.5.1 结构对等性与个体行动者的位置、角色分析

1. 指标的含义

如果网络中两个行动者与所有其他行动者之间的关系完全相同，则说这两个行动者结构对等。结构对等性用来刻画两个行动者是否有相同的关系，而且这种相同非常严格，必须是完全相同。假设分析行动者 i 和行动者 j 是否结构对等，则下面三个条件都成立的情况下，才能说这两者结构对等：①对于任何一个不同于行动者 i 和行动者 j 的行动者 k 来说，只要 i 有指向 k 的关系，j 也应有指向 k 的

关系；只要 j 有指向 k 的关系，i 也应有指向 k 的关系。②如果 i 有一个指向 j 的关系，那么 j 就有一个指向 i 的关系；如果 i 没有指向 j 的关系，那么 j 就没有指向 i 的关系。③如果 i 与自身关联，则 j 也与自身关联；如果 i 与自身无关联，则 j 也与自身无关联。现实中，这种完全的结构对等性非常少见。因此，结构对等性分析不是判断完全对等性是否存在，而是考察两个行动者在结构上对等程度有多大。

2. 指标的测量

结构对等性的测量方法有：距离法、皮尔逊相关系数法、简单匹配系数法、雅可比系数法等[12]。具体采用哪种方法取决于数据特点和研究目的，比如赋值网络适合采用皮尔逊相关系数法，定类数据适合采用简单匹配系数法，网络密度很低的数据适合采用雅可比系数法。以雅可比系数法为例，两个节点 i, j 的雅可比系数 S_{ij} 的测量公式为

$$S_{ij} = \frac{a}{a+b+c}$$

式中，a 表示两个节点 i, j 和网络其他节点有相同关系的频数；b 表示节点 i 和其他节点有关系而与节点 j 没有关系的频数；c 表示节点 j 和其他节点有关系而与节点 i 没有关系的频数，具体可以通过邻接矩阵 M_R 的各行简单比较计算获得。当 $S_{ij}=1$ 时说明节点 i, j 是结构对等的，因为它们具有完全相同的关系结构，大多数情况下 S_{ij} 的大小在 0 到 1 之间，当 $S_{ij} \geq 0.5$ 时我们就可以认为节点之间的对等程度比较高。

3. 指标对人际竞争情报分析的意义

结构对等性分析以两两比较的方式发现哪些节点行动者有相似的关系模式，即网络位置和网络角色。比较的结果会产生两种情况：一种是发现位置和角色相似的行动者；另一种是发现位置和角色不同的行动者。这种相似和不同对于企业做自身和竞争对手的情报分析具有重要的意义。相似的企业往往采取相似的竞争行为和策略，所以企业常常拿相似的企业的竞争行动作为自己行动的参考。企业之间的相似程度高，意味着它们可以相互代替，由于担心被取代，相似的企业会表现出激烈的竞争行为，电商企业的价格战、打车软件之间的血拼就是典型的例子。企业若发现自己和竞争对手的关系模式不同，即结构对等性差异较大时，需要认真分析差异产生的原因，尤其是当竞争对手的表现优于

自身企业时，就要把竞争对手的关系模式作为自己的学习标杆，努力消除这些差异。

4. 应用举例

利用结构对等性指标对图 5-1 所示的某外资公司 15 人情报网络进行分析。如表 5-16 所示，该网络中不存在完全结构对等的节点，说明所有节点的位置和角色都存在不同，但也存在一些较为对等的节点对，比如节点 D 和节点 I、节点 A 和节点 B，这些节点位置、角色相似，因此在行为或策略上往往会比较相似，在功能或作用上具有可替代性。这种布局对维护该外资公司情报网络的稳定性和有效性具有一定的意义。比如，节点 D 和节点 I 担心自己会被对方取代，肯定会互相竞争、努力表现，这有利于提高该公司情报工作的竞争力水平。节点 D 和节点 I 对等，对公司来讲，相当于对关键人物进行了备份，一旦意外情况出现，比如节点 D 或节点 I 不能到岗，可委托另一个节点行动者顶替。由于在原有网络中具有结构对等性，顶替者很容易做好被顶替者的工作，公司就不会出现混乱，能继续稳定运行。

表 5-16　某外资公司 15 人情报网络中节点结构对等性

	A	B	C	D	E	F	G	H	I	J	K	L	M	N	O
A	1.000	0.688	0.667	0.500	0.600	0.118	0.200	0.048	0.500	0.533	0.067	0.048	0.150	0.385	0.438
B	0.688	1.000	0.625	0.471	0.533	0.053	0.190	0.045	0.600	0.412	0.063	0.010	0.143	0.357	0.467
C	0.667	0.625	1.000	0.643	0.500	0.125	0.211	0.050	0.667	0.412	0.071	0.000	0.200	0.462	0.467
D	0.500	0.471	0.643	1.000	0.571	0.063	0.059	0.111	0.727	0.438	0.077	0.176	0.211	0.538	0.400
E	0.600	0.533	0.500	0.571	1.000	0.154	0.176	0.059	0.583	0.500	0.091	0.059	0.056	0.500	0.417
F	0.118	0.053	0.125	0.063	0.154	1.000	0.300	0.286	0.077	0.067	0.000	0.667	0.444	0.000	0.063
G	0.200	0.190	0.211	0.058	0.176	0.300	1.000	0.500	0.188	0.118	0.111	0.063	0.111	0.545	0.385
H	0.048	0.045	0.050	0.111	0.059	0.286	0.500	1.000	0.000	0.118	0.000	0.118	0.250	0.417	0.571
I	0.500	0.600	0.667	0.727	0.583	0.077	0.188	0.000	1.000	0.333	0.100	0.000	0.000	0.143	0.000
J	0.533	0.412	0.412	0.438	0.500	0.067	0.118	0.118	0.333	1.000	0.000	0.118	0.250	0.417	0.571
K	0.067	0.062	0.071	0.077	0.091	0.000	0.111	0.000	0.100	1.000	0.000	0.000	0.000	0.143	0.000
L	0.048	0.095	0.000	0.176	0.059	0.125	0.333	0.667	0.063	0.118	1.000	0.000	0.000	0.077	0.133
M	0.150	0.143	0.200	0.211	0.056	0.200	0.250	0.444	0.111	0.250	0.000	0.500	1.000	0.133	0.250
N	0.385	0.357	0.462	0.538	0.500	0.100	0.067	0.000	0.545	0.417	0.143	0.077	0.133	1.000	0.364
O	0.437	0.467	0.467	0.400	0.417	0.000	0.056	0.063	0.385	0.571	0.000	0.133	0.250	0.364	1.000

严格的完全结构对等在现实生活中是很少见的,不同程度的松弛结构对等能发现位置、角色不同程度相似的个体行动者。如图 5-13 所示,当结构对等性等级设定为 0.727 时,只有一组结构对等的节点,而当结构对等性等级设定为 0.563 时,有三组结构对等的节点:{H, L}、{A, B, C, D, I}、{J, O}。在情报资源匮乏或情况危急时,有相似的行动者作为参考总比没有任何线索要好,有替代者,即使不是完全满意,也比行动者空缺要有利于稳定局势。

```
等级    K F G H L M E A B C D I N J O
0.727   . . . . . . . . . XXX . . . . .
0.688   . . . . . . . XXX . XXX . . . .
0.667   . . . XXX . . . XXX . XXX . . . .
0.659   . . . XXX . . . XXX XXXXX . . . .
0.571   . . . XXX . . . XXXXXXXXX . . XXX
0.563   . . . XXX . . XXXXXXXXX . . XXX
0.558   . . . XXX . XXXXXXXXXXX . . XXX
0.481   . . XXXXXXXXXXXXXXXX . . XXX
0.481   . . XXXXXXXXXXXXXXXXXXX XXX
0.399   . XXXXXXXXX XXXXXXXXXXX XXX
0.306   . XXXXXXXXXXXXXXXXXXXXXXX
0.213   . XXXXXXXXXXXXXXXXXXXXXXXXX
0.128   . XXXXXXXXXXXXXXXXXXXXXXXXXXX
0.042   XXXXXXXXXXXXXXXXXXXXXXXXXXXXX
```

图 5-13 依据结构对等性对节点的聚类

5.5.2 子结构对等性与行动者集合的位置、角色分析

1. 指标的含义

子结构对等性是结构对等性的一种自然推广。通俗地讲,如果"一个换一个"地调换两个行动者之后,不改变网络的任何性质,就是前面所述的结构对等性;如果"一个换一个"地调换两个行动者之后,也允许其他行动者调换位置,即"一组换一组"地调换两个行动者集合,仍然不改变网络的性质,就是子结构对等性。比如企业在调整高级管理人员时就存在两种模式:一种是只换掉主要负责人,其他人员不动,这就是结构对等性调换;另一种是由物色的主要负责人带一个核心团队一起加盟,而原来的负责人及其核心团队则集体离职,企业的中基层人员维持不变,这就是子结构对等性调换。子结构对等性分析有助于更抽象地理解节点间的关系模式,许多看似非常大并且比较复杂的网络实际上可能是由若干个相似的子结构构成的[1]。

2. 指标的测量

理论上,子结构对等性的测量可以通过枚举所有可能的置换而得到。但随着网络规模的增长,计算量大到无法实现。因此,子结构对等性的测量是采用间接

的方法得到的,如最短路径算法、Max-Sum 算法和禁忌搜索算法。限于篇幅,这里只给出最短路径算法的测量过程,其过程如下:首先,计算最短路径矩阵;其次,利用欧氏距离法测量上述最短路径矩阵中向量之间的相似性;最后,利用聚类分析确定近似对等的行动者集合[12]。

3. 指标对人际竞争情报分析的意义

子结构对等性诠释的是一个行动者集合与另一个行动者集合的相似性和可替代性。具有子结构对等性的两个行动者集合在关系模式和行动策略上往往具有相似性,因而可以进行类比,在竞争情报分析时,如果一部分行动者的信息缺失,可以采集与其子结构对等的行动者集合的信息进行弥补甚至提前预知。具有子结构对等性的两个行动者集合具有相互替代性,因此集合之间往往存在类似派系斗争的竞争甚至激烈对抗,而集合内部的行动者之间倾向于互补合作、形成联盟体以便一致对付另一个集合,避免被其替代。通过子结构对等性分析,整个网络错综复杂的关系可以被简化为各个行动者集合之间的关系,关系模式可以更清晰地显露,更容易被理解,这有助于竞争情报工作者清晰把握和准确理解整个竞争态势和格局分布。

4. 应用举例

利用子结构对等性指标对图 5-1 所示的某外资公司 15 人情报网络进行分析。依据子结构对等性不同程度的严格性,可以产生位置、角色相似程度不同的行动者集合。严格性可以通过节点分组的组数来控制,组数越多,越严格,组数越少,越宽松。网络节点总数为 15,所以组数可设定为 2~14,将图 5-1 所示节点分为三组,这三组分别为{B, C, A, E, F, G, H, I, J, N, L, M, O}、{K}、{D},节点 B、C、A、E、F、G、H、I、J、N、L、M、O 等为子结构对等节点,意味着这些节点与 K、D 节点构成的关系模式具有相似性和可替代性,如图 5-14、图 5-15 所示。节点 B、D、K 的关系模式与节点 C、D、K 的关系模式是一样的。

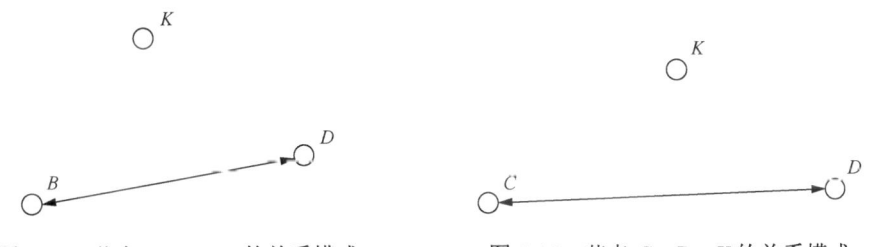

图 5-14 节点 B、D、K 的关系模式　　图 5-15 节点 C、D、K 的关系模式

子结构对等性可以将原始网络中错综复杂的关系进行简化，关系模式可以更清晰地显示出来。图 5-1 所示的某外资公司 15 人情报网络中的关系可以简化为图 5-16 所示的三个集合之间的关系，出度方向上，节点 *K* 没有联系，网络中的关系集中发生在集合{*B*, *C*, *A*, *E*, *F*, *G*, *H*, *I*, *J*, *L*, *M*, *N*, *O*}内部。

	K	*B*	*C*	*A*	*E*	*F*	*G*	*H*	*I*	*J*	*N*	*L*	*M*	*O*	*D*
K															
B			1.000	1.000	1.000				1.000	1.000	1.000		1.000	1.000	1.000
C		1.000		1.000	1.000				1.000						1.000
A		1.000	1.000		1.000				1.000	1.000	1.000				1.000
E		1.000	1.000						1.000					1.000	1.000
F															
G								1.000				1.000	1.000		1.000
H						1.000	1.000					1.000	1.000		
I			1.000	1.000											1.000
J	1.000	1.000	1.000	1.000	1.000		1.000		1.000		1.000				1.000
N		1.000	1.000	1.000											
L			1.000			1.000	1.000	1.000					1.000		
M				1.000	1.000	1.000	1.000	1.000		1.000					
O		1.000	1.000	1.000	1.000	1.000			1.000		1.000				1.000
D		1.000	1.000	1.000			1.000		1.000						

图 5-16　依据子结构对等性对节点分组后的邻接矩阵

5.5.3　规则对等性与同类行动者的位置、角色分析

1. 指标的含义

一个集合中的行动者如果与其他集合的行动者之间存在类似的关系，则该集合中的行动者是规则对等的。比如，不同部门经理和其部门员工之间存在类似关系，则不同部门经理之间是规则对等的。规则对等性是指一类行动者与另一类行动者之间具有相似的关系。规则对等性关注的是个体行动者的类型或角色，以及同类角色行动者之间的互换性，而不是具体的个体行动者。规则对等性与结构对等性、子结构对等性的区别是关系模式相似性的程度不同。规则对等性的关系相似性最抽象、最宽泛，结构对等性的关系相似性最具体、最严格，子结构对等性居中。如果两个行动者是结构对等的，则同样是子结构对等和规则对等的；如果两个行动者是子结构对等的，则同样是规则对等的，但不一定是结构对等的；如果两个行动者是规则对等的，则不一定是子结构对等和结构对等的[1]。

2. 指标的测量

规则对等性节点集合可以通过 REGE 算法或 Tabu 算法等测量获得。REGE 算法又分为两种：一种是处理定类数据的 categorical REGE 算法；另一种是处理赋

值数据的 continuous REGE 算法。这些算法在社会网络分析软件 UCINET 中都能实现，具体细节可参考 UCINET 的帮助文档[12]。

3. 指标对人际竞争情报分析的意义

社会角色在竞争环境中的相互联系产生了竞争规则、文化、责任、义务等，而这些规则和文化反过来会制约角色间的联系，这样不同的社会角色也就有不同的社会关系类型。规则对等性要比结构对等性更具有宏观社会经济意义，因为规则对等性与我们常见的社会角色和类型概念相吻合，比如在宏观产业竞争研究中，它可以抽象描述产业链中各角色的联系方式，并由此来理解网络节点的社会角色的关系。同时，网络中的节点承担的社会角色是稳定的，若要破坏规则对等性需要付出更多的角色转换成本来挑战网络结构和关系约束力[20]。

规则对等性分析可以找出具有相同角色、相同类型的行动者集合。处于相同角色的行动者具有相似的地位和行动，竞争情报工作者可以据此对节点行动者进行归纳、抽象，挖掘共性。整个网络内的关系也可以归纳、简化为角色之间的关系，关系模式及其本质含义会更清晰地浮现出来。这都促使情报分析工作深入化，形成更能反映本质、更具有普适性的情报结论，实现情报分析的升华。

4. 应用举例

利用规则对等性指标对图 5-1 所示的某外资公司 15 人情报网络进行分析。依据规则对等性不同程度的严格性，可以将行动者分成不同的类型，不同类型的行动者的位置、角色会有明显差异，而同类型的行动者的位置、角色具有相似性。严格性可以通过节点分组的组数来控制，组数越多，越严格，组数越少，越宽松。网络节点总数为 15，所以组数可设定为 2~14。图 5-17 为分成三组的结果，这三组分别为{E, H, O, C, J, L, M}、{K, F}、{B, D, I, G, N, A}。节点 E、H、O、C、J、L、M 为规则对等节点，在情报网络中属于相近角色，比如节点 L 和节点 O，如图 5-18、图 5-19 所示，都与一个入度为 1、出度为 0 的节点相连，其他与它们相连的节点之间都是两两相连的，这类似于项目组中项目经理的角色，项目经理管理着项目组成员，但项目经理要对上面的领导负责，项目组内成员之间是相互熟悉的，但项目组普通成员与项目经理上面的领导不接触。同样，节点 B、D、I、G、N、A 为规则对等节点，节点 K、F 为规则对等节点。在前面依据子结构对等性将节点分组时，同样是分为三组，但分组情况是{$B, C, A, E, F, G, H, I, J, N, L, M, O$}、{$K$}、{$D$}，对比可以看出规则对等性要比子结构对等性更宽泛。

	K	F	E	H	O	C	J	L	M	B	D	I	G	N	A
K															
F															
E					1.000	1.000		1.000	1.000	1.000	1.000	1.000			
H			1.000			1.000				1.000	1.000		1.000	1.000	
O				1.000				1.000		1.000	1.000	1.000			1.000
C					1.000					1.000	1.000	1.000			1.000
J	1.000			1.000		1.000				1.000	1.000	1.000	1.000	1.000	1.000
L		1.000		1.000			1.000						1.000		1.000
M		1.000	1.000	1.000			1.000						1.000		1.000
B			1.000		1.000	1.000		1.000			1.000	1.000		1.000	1.000
D					1.000					1.000					1.000
I				1.000				1.000		1.000					1.000
G					1.000					1.000					
N										1.000					1.000
A			1.000		1.000	1.000				1.000	1.000	1.000		1.000	

图 5-17　依据规则对等性对节点分组后的邻接矩阵

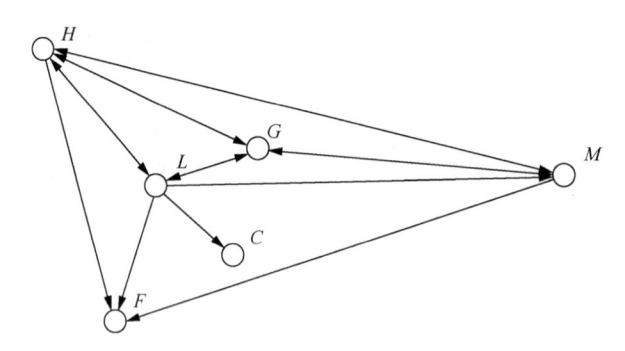

图 5-18　节点 F 的关系模式

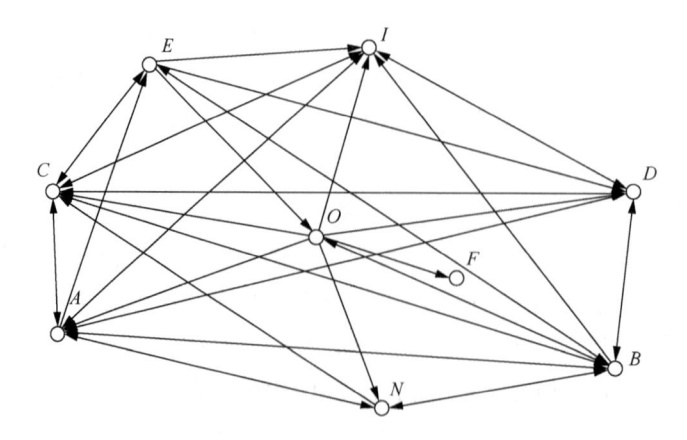

图 5-19　节点 O 的关系模式

5.6 人际竞争情报网络静态特征分析在竞争对手分析中的意义

5.1 节~5.5 节对人际竞争情报网络的结构特征指标、中心性指标、小团体分析指标和对等性指标等进行了分析，它们是单层、单质网络的主要分析工具，尤其在分析竞争对手、竞争环境中具有很好的应用价值。为了能综合运用这些分析工具，下面给出一个完整的分析框架[3,21]。

首先，竞争分析范围与不同的指标分析工具相对应。竞争对手分析的范围包含宏观、中观、微观三个层次，分别是竞争大环境、竞争联盟、竞争对手个体，分别与整体网、局域网、个体网三种网络模式对应。不同的竞争范围要采用不同的网络模式。如竞争大环境的评估和竞争对手的识别需要在全局范围进行综合考察，因此要用整体网进行思考；竞争联盟体的合作竞争分析是以局部范围群体作为分析对象的，因此应以竞争对手为中心的 2-步局域网或 3-步局域网进行建模；竞争对手个体的评估、定位、追踪往往要逐一聚焦于企业个体，这就需要从整体网分离出以该企业为中心节点的个体网。

竞争大环境分析主要对大竞争格局、竞争态势进行评估，主要的度量指标为整体网的密度、平均距离、群聚系数和分派指数（E-I Index）等。竞争对手联盟分析是对竞争对手联盟的构成、联盟体内合作竞争态势、联盟体内各行动者的实力和地位进行分析。为此首先要找出竞争对手所在联盟体，然后从整体网中分离出代表竞争对手所在联盟体的局域网，这里可以用 n-派系、n-宗派来实现。竞争对手联盟体内合作竞争态势可以通过密度、平均距离、群聚系数、度中心势、中介中心势和接近中心势 6 个指标从不同角度进行度量。联盟体内各行动者的实力和地位可以通过竞争对手所在联盟局域网的中心性分析进行评价。联盟体内企业的交易能力、居间操纵能力、对其他企业的依赖程度和交易进一步拓展的能力可分别用联盟局域网的中心性指标——度中心性、中介中心性、接近中心性、2-步可达中心性测量。

竞争对手个体分析包括竞争对手识别、竞争对手评估、竞争对手定位和竞争对手追踪。竞争对手识别是要在众多竞争对手中识别出主要竞争对手，并将这些主要竞争对手在与自身比较后进行分类，整体社会网的权力中心性和特征向量中心性可作为竞争对手识别的依据。竞争对手评估是针对竞争对手个体在网络中的交易能力、控制能力和扩展能力等进行评估，有五个指标与此相关：节点规模、关系总数、密度、2-步可达节点数、中间人次数。节点规模表示与竞争对手直接联系的公司数,该值越高说明该竞争对手交易越活跃、交易能力越强。关系总数表示与某竞争对手个体直接联系的公司群体之间相互建立关系的数目。密度衡量的是这些公司群体之间相互联系的紧密程度。关系总数和密度越低,这些公司群体之间的联系就越松散,那么该竞争对手对这些公司群体的控制能力就越强,相互没有联系的公司可通过中间人建立起间接联系。2-步可达节点数是与中心节点距离为 2 的节点数,可度量竞争对手的对外开拓能力。中间人次数表示某竞争对手充当中间人的次数,值越高说明该竞争对手的位置优势越明显、控制其他公司之间交易的能力越强。竞争对手定位是对竞争对手在竞争格局中扮演的角色进行分析,节点的五大圈子中介中心性的指标可用于定位竞争对手的角色。竞争对手追踪可通过维护该企业各指标的时间序列来实现。

对竞争分析范围、社会网类型、典型分析任务和具体指标之间的匹配构成了如表 5-17 所示的基于社会网络分析的竞争对手分析框架。

表 5-17 基于社会网络分析的竞争对手分析框架

竞争分析范围	社会网类型	典型分析任务	具体指标
竞争大环境	整体网	竞争态势评估	密度、平均距离、群聚系数、分派指数
竞争对手联盟	局域网	合作竞争分析	n-宗派、n-派系网络联盟寻找
			网络的中心势、密度、平均距离
			节点的度中心性
			节点的中介中心性
			节点的接近中心性
			节点的 k-步可达中心性
竞争对手个体	整体网	竞争对手识别	节点的权力中心性
			节点的特征向量中心性
	个体网	竞争对手评估	节点规模
			关系总数
			密度
			2-步可达节点数
			中间人次数
		竞争对手定位	节点的五大圈子中介中心性
		竞争对手追踪	节点各中心性指标的时间序列

如图 5-20 所示,基于社会网络分析的竞争对手分析要经历建模、数据采集、指标计算、竞争分析、撰写报告等多个环节。

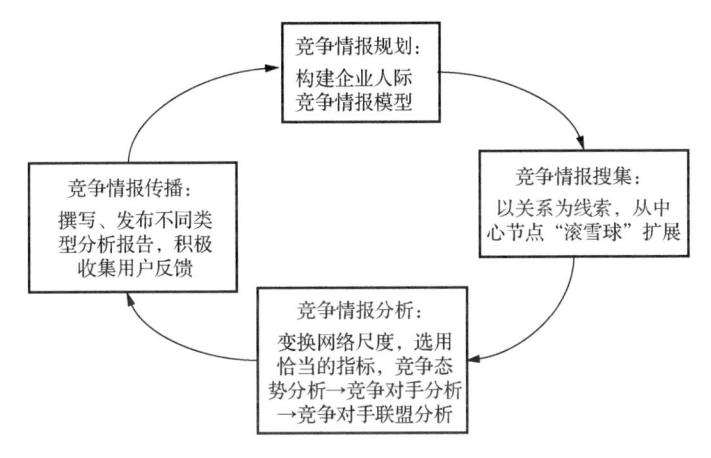

图 5-20 基于静态特征分析指标的竞争对手分析流程

5.7 人际竞争情报网络静态验证性分析

竞争情报工作者对关系结构产生的现象进行实证研究，需要利用静态分析中的验证性分析。验证性分析在统计上主要用相关分析法和回归分析法。人际竞争情报网络验证主要是对人际情报活动的一些客观规律进行实证研究，它是竞争情报工作者进行人际情报研究的主要方法。

研究两个人际情报网络的相似性，比如董事合作网络与技术合作网络之间是否具有相关性，客户关系网络与企业供应链关系网络是否具有相关性、企业内部情报交流网络与内部信任网络是否具有相关性。这些相关性的研究对人际竞争情报研究具有重要意义，它们可以揭示不同关系网络之间隐藏的联系，从另一个侧面来探悉网络的发展趋势。比如董事合作网络若与技术合作网络相关，这就意味着，董事合作关系会促进技术合作关系，通过董事合作来促进技术转让和知识交流。社会网络分析中的 QAP 分析是研究网络相关性的重要工具。QAP 分析先把两个 $n×n$ 的网络矩阵所有的值当作一个向量，除去对角线元素，每个向量长度是 $n×(n-1)$，对两个向量各个元素进行相似性比较，给出两个矩阵之间的皮尔逊相关系数，然后置换被观察矩阵的行和列，构成新的向量冉进行相关性分析，计算新的相关系数，把该相关系数和前一个实际相关系数进行比较，若是大于等于实际相关系数的概率小于 0.05，那就认为这两个网络矩阵具有相关性，详细操作过程可以参考社会分析软件 UCINET[2,22]。

回归分析往往用来验证网络关系对某一行为的影响。最典型的如 Marsden 等[23]

用传染模型（contagion model）研究社会网络关系对行动者决策、态度的影响。该模型关系如下：

$$X = a + b_1 W_1 X + b_2 W_2 X + \cdots + b_n W_n X + c_1 Y_1 + c_2 Y_2 + \cdots + c_n Y_n$$

上面公式中 X 是一个向量，表示网络个体的决策态度；a 是常数变量；W_i 表示各种影响决策态度的社会关系网络矩阵，$W_i X$ 表示的是经过社会网络影响后的决策态度；b_i 为回归系数，表明不同的网络对决策态度是正关系还是负关系；Y_i 是控制变量，是除了社会网络关系以外影响决策态度的变量（往往是网络中的个体属性）；c_i 是控制变量回归系数。最终上式得到的网络个体决策态度是所有社会网络关系和个体属性综合反映的结果。社会网络分析从本质上来说是反类属的，即研究时从不考虑网络中个体属性对网络发展的影响，只考虑网络关系分布特征、网络结构特征对角色行动的约束。其实结构主义思想无法解释很多现象，比如重要网络位置（如结构洞、中心位置）产生的原因，处于相同重要位置的角色为什么会表现出不同的绩效，等等。在回归分析中引入个体心理和社会背景控制变量，能很好地弥补网络分析反类属的缺陷，使社会关系分析更趋合理。回归分析需要对网络以及个体进行调查，研究的程序比较复杂，要花费大量的时间和财力。回归分析能验证人际网络对情报活动的客观影响规律，能从统计角度来剖析人际情报活动的本质。比如我们要对情报活动的双嵌入情况进行证实，就需要利用验证性分析，具体相关研究可以参见 7.2 节静态验证性分析实证研究。

5.8 本章小结

本章对人际竞争情报网络静态特征进行了分析，主要包括网络的基本特征（路径密度、群聚系数），网络的中心性指标，网络的小团体指标（核、派系），网络的位置、角色和对等性指标等，这些分析指标一方面能客观描述网络行动者之间的关系结构，另一方面结合第 3 章中社会经济学（如嵌入性、结构洞、强弱联结、社会资本负债）和行为科学的相关理论可以对网络行动者之间的竞争行为进行分析，使其成为竞争情报的重要分析工具。本章特别把静态分析指标应用在竞争情报活动、竞争态势评估、竞争对手分析中，通过举例来说明网络的构建和分析过程。人际竞争情报网络验证主要是对人际情报活动的一些客观规律进行实证研究，它是竞争情报工作者进行人际情报研究的重要方法。验证性分析在统计上主要用相关分析法和回归分析法。

参 考 文 献

[1] 罗家德. 社会网分析讲义[M]. 3 版. 北京: 社会科学文献出版社, 2020.

[2] 刘军. 整体网分析——UCINET 软件实用指南[M]. 3 版. 上海: 格致出版社, 2019.

[3] 吴晓伟, 徐福缘, 宋文官, 等. 人际网络结构特征对竞争情报工作的启示[J]. 情报学报, 2005, 24(6): 754-760.

[4] 汪小帆, 李翔, 陈关荣. 网络科学导论[M]. 北京: 高等教育出版社, 2012.

[5] 斯科特. 社会网络分析法[M]. 刘军, 译. 重庆: 重庆大学出版社, 2016.

[6] 吴晓伟, 徐福缘, 宋文. 基于人际网络节点中心度的竞争对手分析[J]. 情报学报, 2006, 25(1): 122-128.

[7] 龙青云, 吴晓伟. 企业人际网络中心性指标的扩展及其对竞争对手分析的启示[J]. 情报理论与实践, 2012, 35(11): 61-66.

[8] Chen D B, Lü L Y, Shang M S, et al. Identifying influential nodes in complex networks[J]. Physica A: Statistical Mechanics and Its Applications, 2012, 391(4): 1777-1787.

[9] Bonacich P. Power and centrality: A family of measures[J]. American Journal of Sociology, 1987, 92(5): 1170-1182.

[10] Bonacich P. Factoring and weighting approaches to status scores and clique identification[J]. Journal of Mathematical Sociology, 1972, 2(1): 113-120.

[11] Ghosh R, Lerman K. A parameterized centrality metric for network analysis[J]. Physical Review E, 2011, 83(6): 1-10.

[12] Hanneman R, Riddle M. Introduction to social network methods[EB/OL]. [2021-12-01]. http: //faculty. ucr. edu/~hanneman/nettext/.

[13] 吴晓伟, 楼文高. 基于社会网络分析的企业合作竞争研究及其实证分析[J]. 情报理论与实践, 2010, 33(5): 52-57.

[14] 陈菲琼, 范良聪. 基于合作与竞争的战略联盟稳定性分析[J]. 管理世界, 2007(7): 102-110.

[15] 裴长洪, 刘斌, 杨志远. 综合竞争合作优势: 中国制造业国际竞争力持久不衰的理论解释[J]. 财贸经济, 2021, 42(5): 14-30.

[16] 孙凯, 郭稳. 竞合视角下高技术企业创新联盟稳定性研究[J]. 中国管理科学, 2021, 29(3): 219-229.

[17] 韩炜, 邓渝. 联盟组合的研究述评与展望: 联盟组合的交互、动态与影响效应[J]. 管理评论, 2018, 30(10): 169-183.

[18] 纳德尔, 塔什曼. 竞争性组织设计[M]. 孙春柳, 王红, 译. 北京: 经济科学出版社, 2004.

[19] 秦俊, 朱方明. 我国上市公司间交叉持股的现状与特征[J]. 财经论丛, 2009(3): 75-80.

[20] 吴晓伟, 徐福缘, 宋文官. 社会关系态势图在竞争对手分析中的应用[J]. 情报学报, 2007, 26(1): 100-105.

[21] 龙青云, 吴晓伟, 娜日. 基于社会网分析的竞争对手分析及实证研究[J]. 情报科学, 2013, 31(1): 134-141, 160.

[22] Borgatti S P, Everett M G, Freeman L C. UCINET for Windows: Software for Social Network Analysis[M]. Harvard, MA: Analytic Technologies, 2012.

[23] Marsden P V, Friedkin N E. Network studies of social influence[J]. Sociological Methods & Research, 1993, 22(1): 127-151.

第 6 章 人际竞争情报网络动态分析研究

网络静态分析研究只能对当前的网络关系进行扫描式分析，不能对网络关系的发展趋势进行判断。动态分析研究要对人际情报网络的孕育、创建、发展、成熟、维持的机制与特点进行研究，为企业社会资本战略的实施奠定基础。目前静态研究较多，动态分析相关的研究总体上不足，需要从理论与方法论的角度对其进行深入探讨[1]。

6.1 人际竞争情报网络动态分析研究的必要性

当前企业所处的竞争环境日益复杂，企业之间的竞争与合作此起彼伏。单个企业的资源相对匮乏，使得企业在很多情况下单单依靠自己的有限力量很难获得市场竞争所需的信息，企业人际竞争情报网络正是迎合当前网络管理新理念孕育而生。人际竞争情报网络动态研究有其重要的理论需求和实践指导意义[1]。

(1) 人际竞争情报网络动态研究是企业网络战略管理理论实施的需要。企业竞争情报的理论与实践来源于企业竞争战略的研究。战略管理研究根据时间可以划分为战略规划学派、环境适应学派、产业组织学派、资源与能力学派等[2]。企业战略管理研究的本质就是探索竞争的规律，对企业的成长路径进行分析和归纳，以指导企业获取竞争优势[3,4]。所以战略管理研究是竞争情报分析方法诞生的摇篮。比如：战略规划学派提出的"5P"理论、优劣势分析法、增长-份额矩阵分析法已成为当前竞争情报领域普遍使用的分析方法；产业组织学派对竞争情报的理论与方法的影响最为深刻，波特的竞争三部曲被认为是竞争情报理论的重要基石，波特的五力模型、价值链分析法和舍勒的"结构-行为-绩效模型"分析框架一方面确定了竞争对手的信息搜集范围和分析要素，另一方面成为竞争情报工作者分析产业发展趋势的理论基础；资源与能力学派的定标比超法、核心竞争力法等分析方法深化和拓展了竞争情报方法体系的内涵。

20 世纪 90 年代后，随着互联网的发展，一些传统企业综合利用现代网络技术、通信技术，通过对组织结构、业务流程、管理思想和外部合作伙伴进行全面改组和重构，构建了一种被称为网络企业的新型企业形态。这种企业与生态环境存在非线性网络关系，企业的形成、发展、稳定、衰退与其所处的生态网络具有动态性、协同性、演化性[5]。网络企业通过网络实现对企业内外资源优势的整合和聚变，突破了企业有形的界限，因此管理模式也与传统企业有很大不同，需要一种超常规的战略管理思想来指导企业的发展。企业网络理论的总体观点认为，企业与市场不是相互对立的，而是相互联结和相互渗透的，最终导致企业间复杂多变的网络结构和丰富多彩的制度安排，企业应该从关系网络治理和内外兼修两个方面提升绩效与竞争优势[6,7]。从宏观上更系统、更全面、更科学地分析研究社会资源和信息的配置，研究网络中的企业如何做出战略性行为，从而促进资源优化配置，是当前网络理论研究和分析的重点。这些战略理论的实施，自然要有新的竞争情报分析工具融入和支撑，人际竞争情报动态研究正是顺应此需要而形成的。人际竞争情报动态研究的重点是分析人际竞争情报网络的形成与成长机制，提出网络成员竞争情报能力动态提升路径，为企业网络战略的基本思想——共同愿景、战略协调、群体决策的实施提供服务。

（2）人际竞争情报动态研究是对竞争情报分析方法的重要补充。竞争情报动态分析方法与静态分析方法研究的侧重点是不同的。其一，动态分析数据搜集需要长期跟踪，静态分析的数据只涉及当前状态；其二，动态分析一般强调对演化趋势的预测，静态分析着重对当前状态的分析；其三，动态分析往往涉及多主体之间的博弈和联系，静态分析较少关注主体间的相互影响。包昌火教授曾对常见的竞争情报分析方法进行归纳和总结，将其分为抽象思维法、计量法、预测法、系统方法等[8]，深究这些类别及其细分的方法会发现这些分析方法以静态为多，动态的分析相对较少。当前动态分析方法最常用的有统计预测法、情景分析法两种。统计预测法是否有效取决于历史数据积累量的大小，同时要求关键量间的关系在未来要保持不变，但这往往与实际情况不相符。在环境高度复杂、不确定的情况下，往往使用情景分析法。情景分析法是一种定性分析方法，是在不完全信息条件下对未来进行预测，预测哪些情景会发生及其应对策略的制定，以避免在情报工作中出现偏差。情景分析法的应用是一项涉及多环节、多阶段的具有生命周期的实践活动，包括情景规划、情景分析、情景构建、情景模拟和情景优化等。情景分析法通过评价指标的重要性和不确定性，进而分析未来事态的发展，但并不分析因素之间的博弈关系，虽然方法上是动态的，但解决问题的技术依然以静态为主[9]。

网络企业的竞争战略分析不同于一般企业，重点关注网络成员间的互动模式对网络组织竞争优势、竞争态势的影响。人际竞争情报动态分析是最合适网络组织竞争策略研究的分析工具之一，其可以弥补当前竞争情报对网络组织分析的缺陷。人际竞争情报网络动态分析从本质上讲是一种网络分析方法。行动者、关系是网络的基本构成要素，行动者、关系、二方关系、三方关系、群体是人际竞争情报动态分析的主要对象，通过关系的发生、强化、弱化等变化趋势来分析网络主体的行为意图。这里的行动者、关系是泛指的，行动者是指具有相同利益目标的集合体，可以是人也可以是物，纳入网络是为了实现目标协同，关系产生于共同目标实现的过程中，可以通过信息流、人流、技术流、资金流、物流的形式来承载，其是网络资源配置的基本依据。人际竞争情报网络动态研究就是要给出关系联结机制的分析策略，进而推导多主体、多关系下网络组织的演化路径。

（3）人际竞争情报网络动态研究是中小企业竞争情报服务水平提升的现实需要。中小企业对我国经济增长的贡献越来越大，已经成为扩大就业的主渠道和技术创新的生力军，政府纷纷出台各种支持中小企业的政策[10]。但中小企业具有弱小、分散的先天缺陷，缺乏情报意识、情报分析能力弱、决策以经验为主，这些问题已经严重影响我国中小企业的市场竞争能力和创新能力。这种状况的扭转取决于外部的竞争情报服务机制的变革。目前基本路径主要有两条：一是通过协同化的外部服务体系来实现对中小企业竞争情报活动的支撑；二是中小企业之间通过协同化的情报活动来实现竞争情报能力共同提升，进而实现产业升级和结构转型[11]。这里重点要解决中小企业间竞争情报战略协同、异构信息协同、管理协同三大基本问题。理论上需要对网络组织（动态联盟、产业集群、簇群）的中小企业协同竞争情报服务模式、竞争情报组织框架和业务流程进行细致剖析，从决策过程、利益分配机制、运行平台等视角提出协同模式下的中小企业解决方案。上述两条路径的实施归根结底是对人际竞争情报网络动态发展机制的研究，即探索如何把众多中小企业、政府部门、科研院所、图书馆、咨询公司构造成一个广泛的、高质量的人际竞争情报网络，如何在信任的基础上通过建立群体协同机制，互动相助，促进各种情报、技术、信息在网络中实现合作共享，加快知识和技术的传播，进而促进和提高中小企业的竞争情报能力[1]。

6.2 人际竞争情报网络动态分析框架

人际竞争情报网络动态分析框架可以用图6-1来说明。其包括三方面的研究：其一，人际竞争情报网络动态选择机制分析，重点研究网络行动者对网络外个体的动态选择过程；其二，人际竞争情报网络行动者联结机制分析，分析网络行动者之间产生联结的主导因素，研究因素间的相互影响关系，确定联结的概率；其三，人际竞争情报网络耦合发展模式，从自组织网络角度来研究人际竞争情报网络的演化方式，分析不同的人际竞争情报网络演化结构类型与其效率之间的关系[1]。

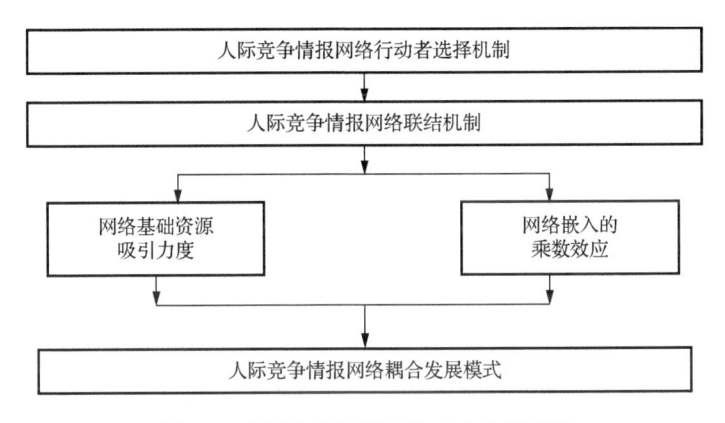

图 6-1 人际竞争情报网络动态分析框架

6.3 人际竞争情报网络行动者选择机制研究

6.3.1 基于行动者网络理论的选择机制分析

人际竞争情报网络创建的动因是网络行动者试图完成某一战略目标，一方面需要对存在的资源进行内部整合，另一方面需要拓展外部空间以扩大组织获取资源的途径和增强组织获取资源的能力[1]。根据第 2 章的分析框架，网络行动者的选择机制可以用行动者网络方法来设计。行动者网络理论挑战了认识论中最基本、最普遍的命题。该理论并不认为主体与客体、文化与自然、社会与科技之间有根本的划分和不同，认为无论是人还是技术，各自孤立存在是不具有意义的[12]。行动者网络理论指导的网络个体选择机制重点包括三方面：其一，构建网络时，行动者并不是简单的组合，选择时要充分考虑其所扮演的角色、在网络中发挥的功能、获得的利益，网络的稳定性取决于各个行动者的利益不断协调和转译；其二，人的行动者和非人的行动者要公平对待（impartiality），自然与社会不能偏重任何一方，思维不能单一，自然与社会的各种变量均会影响网络的稳定；其三，通过利益赋予让网络其他行动者相信关键行动者倡导的利益与他们追求的利益是一致的。资源、利益、社会背景、信任均是利益赋予能否实现的重要变量。网络构建的关键不是去寻找一个利益一致的联盟，而是建立有关利益的联盟、与关键行动者（网络发起人）利益一致的联盟[13]。

6.3.2 人际竞争情报网络行动者选择步骤

步骤 1：网络行动者分类与备选集合设定。依据行动者网络理论，人际竞争情报行动者备选对象非常宽泛，无论是合作伙伴、政府、咨询机构还是各种环境与资源（如信息、技术、政策、服务市场、人文、地理等），均应是网络行动集合中的成员，只要符合战略目标的均要进入备选集合。行动者在人际竞争情报网络中的地位取决于其与其他个体之间在基于价值链的合作、竞争选择机制中的功能等[1]。根据行动者的重要性及其在网络中的功能，我们可以把备选集合分为 A、B、C 三类。集合 A 称为关键行动者集合，该集合成员的利益与目标决定了集合 B 和集合 C 中成员的选择，关键行动者往往是网络的发起者和主导者，主要功能是通过利益赋予提高网络协作的和谐性和有效性，最终达成自己的战略目标。集合 B 称为基础集合，该集合中的成员提供了网络形成和发展的各种基础要素，高校、科研机构、政府机构、金融机构、中介服务机构等角色往往为关键行动者提供技术、人才、资金、政策、咨询等服务功能，它们完善网络的协调机制，保障网络有序运行和持续发展。集合 C 称为支撑集合，其为实现情报网络目标提供各种公共设施、信息资源、物质资源、服务市场甚至人文环境，是人际竞争情报网络运行的支撑环境，通过设计合适的网络运行机制，行动者可以很方便地共享这些资源以节约成本，如图 6-2 所示。

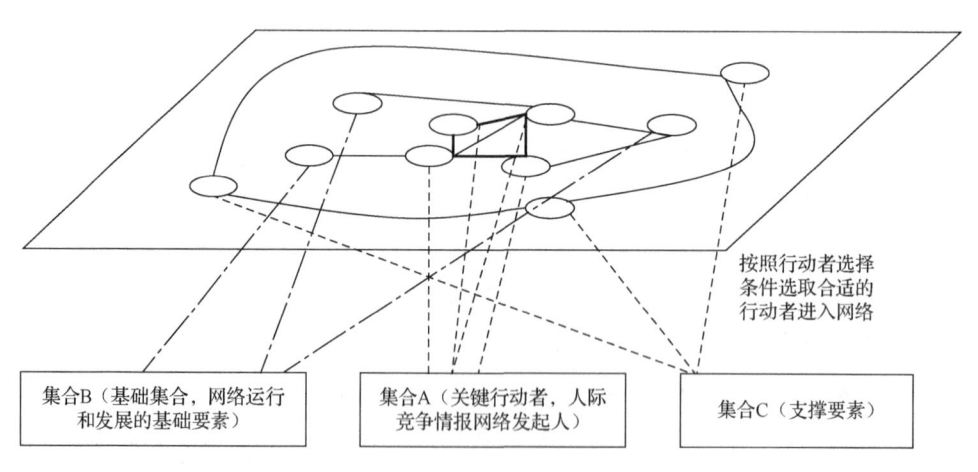

图 6-2 人际竞争情报网络行动者选择过程

步骤 2：人际竞争情报网络行动者选择依据设计[1]。备选集合中有很多行动者，但并不是所有的行动者都需要纳入网络。关键行动者通过转译、利益赋予使网络得以构成和发展,一旦网络进入平稳期,开放性、远离平衡态、非线性相互作用等自组织机制将从微观和宏观两个层面将网络的各种影响要素进行整合[14]。自组织理论给选择依据提供了限定条件。选择条件一般遵循以下两个原则:其一,网络行动者之间应具有互惠共生、协同竞争的关系。行动者之间是一种相互依赖、相互依存、相互获利的双赢博弈。不同的联结主体具有不同的能力与优势,在关键行动者的目标导引下实现合作,通过竞争使得网络行动者的进入和退出动态化,使行动者始终保持足够的动力以及高度的警觉与灵敏度,同时通过协作的方式,使各关键行动者实现共赢,这种对立统一能较好地维持和推动网络的发展。其二,网络行动者应具有资源互补性。Kash 等[15]认为互补性资源是网络自组织发展的重要因素,互补性资源是由资源的专用性带来的,资源的专用性对于网络成员形成自己的核心竞争力是必备的,否则难以生存下去。资金、技术、市场是最典型的资源,任何行动者都不可能完全拥有这些资源优势,需要根据战略目标在集合内和集合之间进行匹配查找,不同资源优势的主体之间合作的概率往往比较大,对世界 500 强企业的调查发现,每一个企业大致都会与 60 个企业结成主要的战略联盟伙伴关系,资源基础论和企业能力理论都认为,联盟协作是降低风险、促进绩效提升的关键[16]。

6.4 人际竞争情报网络联结机制研究

人际竞争情报网络行动者确定后,网络成员要按照关键行动者的战略预期进行创建、运行,需要一定的条件[1]。网络行动者之间的联结与否本质上是一种概率博弈,比如无标度网络演化就认为网络主体间的联结是一种马太效应,主体往往采取择优联结的形式。若用度表示主体的知名度,联结的概率 π 取决于行动者 i 的度数 k_i[17],即

$$\pi(k_i) = \frac{k_i}{\sum_{j}^{n-1} k_j}$$

人际竞争情报网络联结机制要比无标度网络的演化机制考虑的因素更多,要从资源、社会网络两个方面进行综合考虑,这里将借鉴无标度网络联结机制的表达形式,给出相应的联结概率[1]。

6.4.1 人际竞争情报网络行动者联结影响因素

人际竞争情报网络演化机制要根据网络形成的目的、网络成员各自的利益诉求、网络环境变化等综合要素进行考虑[1]。从网络联结形成原因出发，可以用复杂系统理论、交易费用理论以及社会网络理论来分析网络结网机制的形成。复杂系统论在前面网络行动者选择依据中已有提及，其强调资源共享和优势互补是行动者之间发生联结的主要原因。交易费用理论认为只有联结降低了交易成本，网络组织才有形成的必要。社会网络理论认为各种联结，本质上均是一种关系的产生。构建人际竞争情报网络本身就是利用社会资本来获取来自关系网络的实际或潜在稀缺资源，进而实现关键行动者的情报共享目标。另外，网络成员即使满足交易费用减少、优势互补等条件，相互之间的联结也要受认知、信任等关系因素的制约。因此，从社会网络的视角来分析结网机制更具有现实意义，对竞争情报分析人员来说也具有较好的操作性。

Nahapiet等[18]提出的社会资本理论模型被认为是最完整的。在这个模型中，他们将社会资本的结构分为结构维度、关系维度、认知维度三个层面。结构维度是网络关系的载体，主要分析关系的结构特点，主要用关系强度、密度、中心性等来描述，一般认为联系紧密、密度大、中心性（权威性）高的行动者往往引人关注，容易成为联结的对象，无标度网络的演化机制原理就来源于此。关系维度用信任、规范与惩罚、义务和身份证明等来衡量，良好的关系可以使不同类型的网络结点之间产生信任并对所关注的共同问题进行探讨，对涉及的共同利益进行协商，使各结点更愿意参与网络互动，并且在网络目标实现过程中更有安全感，特别是信任可以使相互之间的合作更紧密，被信任的行动者往往是被优先联结的。认知维度是指那些提供共享的表达方式、理解系统含义的资源，是嵌入在社会系统中的一个共享范式，表现为组织间共同的价值观和共享愿景，使得网络结点处于相似的背景中，这种共同的目标和共享的开放文化有利于有效沟通，有共同认知模式的行动者往往容易被联结在一起，该维度可以用是否拥有共同的经历、共同的语言、共同的立场和文化习惯等来表示。

社会关系的三个维度之间存在一种相互依赖、相互补充的关系，共同推动人际竞争情报网络的动态发展。如图6-3所示，三个维度中认知维度是关键，特别是企业高层管理者的认知模式具有战略框架式思考和灰度思维的特征，前者包括战略意图、基本战略回路和战略驱动路径等要素，并具有鲜明的目的性、系统性、时间性和动态性，后者作用于长短期目标协调、竞争战略、技术创新、利益整合、人员领导和文化培养等企业发展的重要方面，在动态复杂的经营环境下，这些构成了企业管理的基础，具有稀缺、难模仿、难替代等特性[19]。认知对人际竞争情报网络行动者之间的联结和网络发展起到关键作用,遵循如下逻辑:结网主体的认知模式→网络行动者选择→网络行动者行为的互动→人际竞争情报网络目标实现。由此可见,认知维度表现的共同的价值观和共享愿景使得网络行动者处于相似的背景之中,这种共同的目标和共享的开放文化有利于网络行动者之间的有效沟通,同时通过良好互动,培育网络行动者间的互信,促进情报活动的协同。关系维度的强化可以提高网络行动者间的认知水平,通过建立网络个体与群体间的信任,制定符合群体利益的规范,使网络行动者间的认知障碍减少,情报博弈减少,逐渐改变排斥、拒绝外来的认知模式,并接受群体中的成员,从而扩大双方的交流渠道,进而改善群体间的结构维度。合理的网络关系结构可以确保情报、知识交流的便利和顺畅,提高行动者间的关系密切程度,增加相互间的信任进而最终实现认知的统一,最终使关系维度、认知维度一致,进而确保人际竞争情报网络运行的稳定。关键行动者在网络中占据重要的位置,其往往是网络中心节点,对网络的导向和发展趋势至关重要,主要原因是关键行动者的认知水平决定了网络规范场域的范围,进而影响其他行动者的认知。

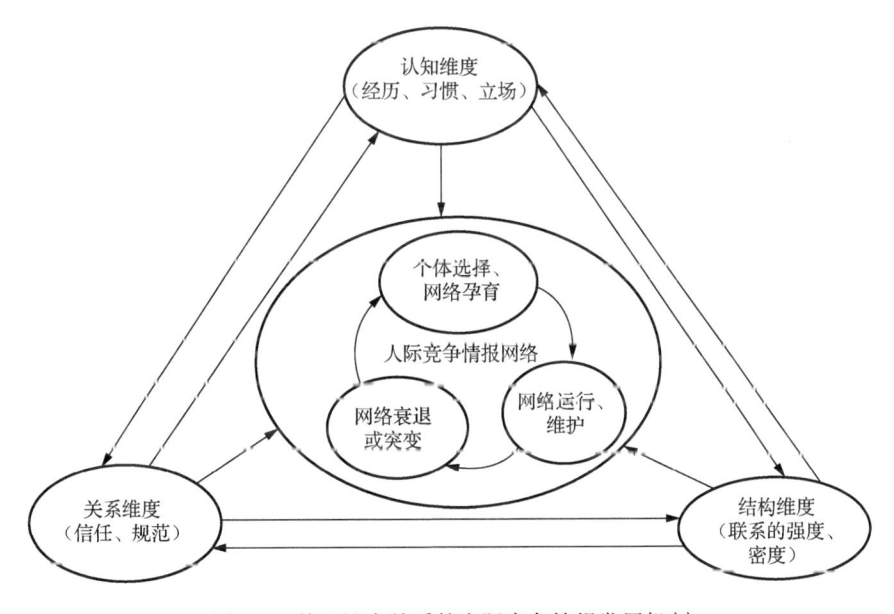

图 6-3 基于社会关系的人际竞争情报发展机制

表 6-1 具体给出了影响行动者间联结的主要因素。其由行动者拥有的资源、行动者间的社会关系嵌入来决定。各因素的重要程度可以聘请相关领域的专家用层次分析法来确定,具体得分可由竞争情报工作者设计合适的调查量表来获得。

表 6-1　人际竞争情报网络行动者联结影响因素

联结主要因素		联结因素分析	
名称	含义	名称	含义
资源吸引力(R)	关键行动者集合、基础集合、支撑集合中涉及的联结主体拥有的资源	有形资源(R_1)	联结行动者拥有的人力资源、资金、产品、市场等有形资源
		无形资源(R_2)	联结行动者拥有的知识、技术、专利、商誉等无形资源
社会网络嵌入(S)	人际竞争情报网络联结个体的选择、网络运行、演化放在社会关系的背景下考虑，社会网络的三个结构维度对联结对象的资源效用具有溢出影响	结构嵌入(S_1)	联结行动者与网络其他行动者的关系紧密程度，关系强度的度量
		认知嵌入(S_2)	联结对象与网络其他行动者是否在教育、经历、文化习惯等认知要素相似
		关系嵌入(S_3)	联结对象与网络其他成员是否有明确的规范和义务，相互间的信誉情况

6.4.2　人际竞争情报网络行动者联结概率

综合表 6-1 的分析，我们假定选择了 n 个人际竞争情报网络行动者，行动者 i 的联结概率为

$$\pi(i) = f\left(\frac{\dfrac{S_{1i} + S_{2i} + S_{3i}}{3}}{\sum_{j}^{n-1} \dfrac{S_{1j} + S_{2j} + S_{3j}}{3}} * \frac{\dfrac{R_{1i} + R_{2i}}{2}}{\sum_{j}^{n-1} \dfrac{R_{1j} + R_{2j}}{2}} \right)$$

式中，j 为所有其他行动者。公式说明了联结概率取决于三方面[1]：其一，取决于行动者 i 在网络中的资源相对优势程度。资源相对优势程度用其拥有的有形资源和无形资源与网络其他节点所拥有的资源之和的比值表示，资源相对优势程度值越大，联结概率就越大。另外，为了表示有形资源和无形资源的互补性，即行动者的有形资源如人力、物力、财力可以弥补其无形资源如技术、专利的不足，反之亦然。为简单起见，计算时把资源的两个要素赋予相同的权重，并取其平均值$(R_{1i}+R_{2i})/2$ 来表示。其二，取决于行动者的社会网络嵌入的相对优势。该相对优势用行动者 i 的社会网络的结构、认知、关系嵌入的三维之和与其他行动者所拥有社会网络资源之和的比值来衡量。三个结构维度间也存在相互影响，计算时也把这三个要素赋予相同的权重，同样取均值表示。其三，取决于资源优势和社会网络嵌入的双重作用，这里用乘积来表明各个因素之间的相互影响。由此，人际竞争情报网络行动者 i 的联结概率应该是该行动者各个因素乘积的函数。可以看

出,只要其中一个因素得分比较低就会影响该行动者最终的联结概率。可见,在人际竞争情报网络中,即使行动者的资源吸引力很大,但其社会网络资源有缺陷,得分低,同样会失去网络中的结网优势。

6.5 人际竞争情报网络动态演化模式

根据人际竞争情报网络构建战略目标,大致可以把演化模式分为三类:其一,由一个核心关键行动者倡导的单中心模式;其二,由多个关键行动者倡导的多中心模式;其三,由基础行动者中的政府、科研机构、情报研究所发起的分散支撑模式(图6-4)。表6-2给出了这三种网络的运作特征。下面对这三种网络演化模式给予说明。

(a)单中心模式　　　(b)多中心模式　　　(c)分散支撑模式

● 核心关键行动者　　○ 关键行动者　　● 基础行动者

图6-4　人际竞争情报网络的三种演化模式

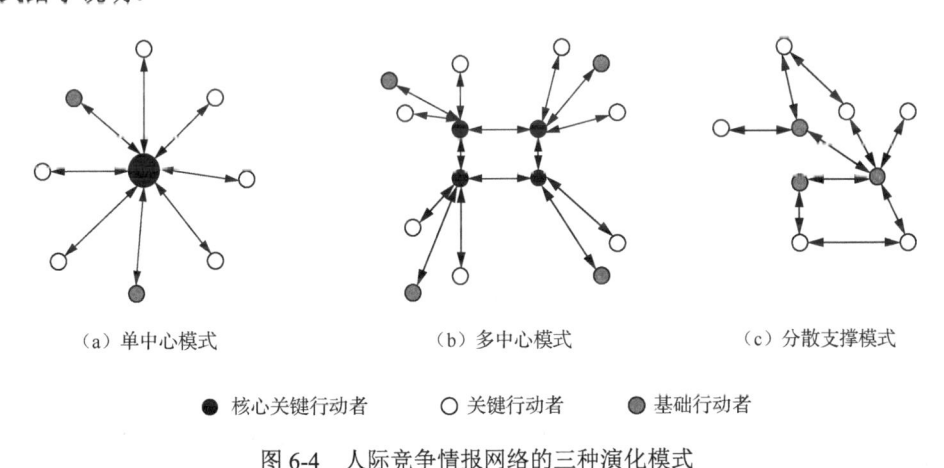

表6-2　人际竞争情报网络演化模式及其动态特征

人际竞争情报网络演化模式	网络动态运行特征			
	稳定性	反应能力	匹配能力	学习能力
单中心模式	弱	强	强	弱
多中心模式	较强	一般	一般	较强
分散支撑模式	强	弱	弱	强

单中心模式往往由一个核心关键行动者发起,其根据自己产品、市场、技术等环境因素的考虑,同时考虑自身的社会网络关系,寻找认知、信任相一致的其他行动者,通过问题化、引起兴趣、招募成员、动员等转译形式把其他资源互补的关键行动者和基础行动者中的政府、科研机构、情报研究所进行联结[20],最终

形成以关键行动者为核心的人际竞争情报网络。单中心模式行动者的增加和减少往往取决于关键行动者的需求，情报网络的运行和维护以关键行动者为主，网络行动者间的博弈相对简单，博弈均由处于中心的关键行动者的单点、单次博弈为主。网络中的其他行动者处于服务状态，情报活动均围绕关键行动者的产品或者技术展开。情报网络的稳定性差，若核心关键行动者失去对网络的控制，网络就会瘫痪。应变能力和对外界变化的匹配能力强，呈现快速、扁平、灵活、柔性、高效的特征。单中心模式的形成往往和关键行动者所处的历史背景、产业链中的强势地位有关，由于网络中核心关键行动者的权威性太大，导致网络的学习能力弱。

多中心模式的产生是多个由于关键行动者相互之间的产品或技术存在重要的关联，单个行动者的战略目标不可能由自身主导实现，而是要通过其他关键行动者协同来实现。各关键行动者依据联结机制演化形成自己的单中心模式的人际竞争情报网络，局部多个单中心模式的人际竞争情报网络再通过各关键行动者的内在联结最终形成一个分散的、多中心的网络。这种网络的稳定性取决于多个核心关键行动者的稳定性，一般比较稳定，不会因为某一核心关键行动者的失误而导致网络整体崩溃。情报网络能否高效应对环境变化取决于关键行动者之间的协同与默契。对外部环境的应对和反应速度取决于多个核心关键行动者之间的联合行动，其速度显然没有单中心模式快。核心关键行动者间的有效学习机制、高效的知识流通与分享、信任和规范的文化环境，是多中心模式的人际竞争情报网络提升绩效的重要条件。

分散支撑模式一般由基础集合中的行动者如政府、科研机构、情报研究所推动形成。该类行动者由于体制原因，往往是一种层级式的组织架构，比如行业协会一般由全国、各省市、地区多个层级构成，政府部门、情报研究所、图书馆均存在同样的情况，人际情报网络的产生背景往往带有鲜明的地域经济特色。政府、行业协会为提升中小企业应对外部环境的能力，以合适的机构（如当地的情报研究所、图书馆、高校、科研机构）为依托建立情报服务组织，组织内部形成层级式服务的支撑模式。然后根据选择路径（如本书指出的联结概率）动员具有资源、社会资本优势度高的企业加入网络中，通过这些企业的示范作用和自组织选择机制引导更多的中小企业进入情报网络中，最终形成一个范围广泛、联结松散的网络组织。基础集合成员的利益战略决定了分散支撑模式的网络稳定性要好于前面两种网络，网络行动者的选择要求和条件也较宽松，更接近于自组织形式的网络结构，但网络运行和维护效率比较低，网络对外界的反应速度较慢、匹配能力较差，这需要在网络发展过程中关注。

6.6 本章小结

本章对人际竞争情报动态分析的基本步骤、分析方法、研究内容给予了研究，给出了人际竞争情报动态分析的框架。分析框架建立的目的是让动态分析方法更具有普遍意义，能使其应用的领域更宽泛，同时更能贴近当前竞争情报实践。动态分析框架主要由行动者选择、网络联结机制、网络动态演化模式三部分组成。研究涉及的理论包括行动者网络理论、社会网络理论、复杂系统（自组织）理论、经济学的博弈论和社会心理学的行为决策理论等。本章内容具体如何应用可见 7.3 节应用研究中的动态分析案例。

参 考 文 献

[1] 吴晓伟, 龙青云, 李丹. 企业人际竞争情报网络动态研究[J]. 情报学报, 2012, 31(9): 946-955.

[2] 张东生, 丁玉婉, 刘宏波. 企业战略管理基本原理探索的质性研究[J]. 企业经济, 2019(9): 92-99.

[3] 马浩. 战略管理研究: 40 年纵览[J]. 外国经济与管理, 2019, 41(12): 19-49.

[4] Reuer J J, Leiblein M J, 李炜文, 等. 战略管理的基础与未来: 对中国学术的启示[J]. 管理学季刊, 2020, 5(4): 1-21, 136.

[5] 陈玉娇, 覃巍. 企业网络化成长: 理论回顾与展望[J]. 首都经济贸易大学学报, 2017, 19(4): 105-112.

[6] 戴万亮, 路文玲, 徐可, 等. 产业集群环境下企业网络权力、知识获取与技术创新[J]. 科技进步与对策, 2019, 36(24): 109-117.

[7] 庞博, 邵云飞, 王思梦. 联盟组合管理能力与企业创新绩效: 吸收能力的中介效应[J]. 管理工程学报, 2019, 33(2): 28-35.

[8] 包昌火, 金学慧, 张婧, 等. 论中国情报学学科体系的构建[J]. 情报杂志, 2018, 37(10). 1-11, 41.

[9] 胡康林. 中国情报学界的情景应对研究进展分析[J]. 图书情报工作, 2020, 64(12): 11-18.

[10] 罗建, 史敏, 周斌. 政府购买中小企业竞争情报服务模式研究——湖南省科学技术信息研究所案例分析[J]. 图书情报工作, 2020, 64(21): 58-66.

[11] 张素娟, 工强. 基于新媒体/自媒体的中小企业竞争情报服务模式初探——以 A 企业为例[J]. 竞争情报, 2019, 15(5): 20-27.

[12] 朱剑峰. 从"行动者网络理论"谈技术与社会的关系——"问题奶粉"事件辨析[J]. 自然辩证法研究, 2009, 25(1): 37-41.

[13] Sarker S, Sarker S, Sidorova A. Understanding business process change failure: An actor-network perspective[J]. Journal of Management Information Systems, 2006, 23(1): 51-86.

[14] 刘海燕, 王宗水, 汪寿阳. 我国系统科学与工程研究的演化与发展[J]. 系统工程学报, 2017, 32(3): 289-304, 345.

[15] Kash D E, Rycoft R. Emerging patterns of complex technological innovation[J]. Technological Forecasting and Social Change, 2002, 69(6): 581-606.

[16] 吴言波, 邵云飞, 殷俊杰, 等. 战略联盟伙伴搜索、战略柔性与突破性创新的关系研究[J]. 技术经济, 2019, 38(9): 32-40, 88.

[17] Barabási A L, Albert R. Emergence of scaling in random networks[J]. Science, 1999, 286(5439): 509-512.

[18] Nahapiet J, Ghoshal S. Social capital, intellectual capital, and the organizational advantage[J]. The Academy of Management Review, 1998, 23(2): 242-266.

[19] 武亚军. "战略框架式思考"、"悖论整合"与企业竞争优势——任正非的认知模式分析及管理启示[J]. 管理世界, 2013(4): 150-165.

[20] 郭俊立. 巴黎学派的行动者网络理论及其哲学意蕴评析[J]. 自然辩证法研究, 2007, 23(2): 104-108.

第7章　人际竞争情报分析方法的应用研究

以网络建模为核心的人际竞争情报分析方法是在定量的基础上进行定性分析，具有规范性和可操作性。它既重视个体分析，又把个体嵌入其所处的关系网络中进行考察，架起微观、中观、宏观等不同层次之间的桥梁。以行动者网络理论为哲学基础决定了它的应用领域具有普适性。从分析的对象看，其能将人流、资金流、物流、技术流、信息流、知识流均纳入研究范围；从分析角度看，其既能对单质对象构成的网络进行研究，也能对异质对象构成的网络进行分析；从分析层次看，其既能对单个网络进行分析，也能对多个网络之间的关系进行研究；从分析的时间跨度看，其既能对网络进行静态分析，也能对网络进行历史动态跟踪；从应用范围上看，其适用于企业竞争情报、技术竞争情报、产业竞争情报、国家竞争情报。下面用三个单项分析案例和一个综合性分析案例，系统展示如何将人际竞争情报分析方法应用于各种竞争情报分析领域。

7.1　静态特征分析案例研究——华泰证券股权投资竞争对手分析

7.1.1　案例背景

传统的竞争对手分析以业务或产品为依据，从与自身同类的企业中主观选定竞争对手，但对潜在竞争对手的发现和局势动荡时期竞争对手的识别，这一通常做法面临失效[1]。竞争全球化、国际游资的流动和企业自身趋利避害的天性，使得企业对行业的进入和退出是依据能力和需要的随时行为，比如雅戈尔的主业是服装，但在其营收中一半来自地产开发和股权投资[2]，网易作为中国领先的综合性互联网公司从最初的邮箱业务到后来核心的游戏业务，再到在线教育业务以及其他创新业务，不仅如此还布局投资了金融、影业文化、音乐等产业[3]。这导致一些热门行业（如金融、地产、传媒等）的竞争局势更加动荡，黑马频现，潮起潮落，对这些行业的企业来讲，竞争态势的评估、竞争对手的识别和追踪更加困难且重要。将社会网络分析的竞争对手模型化、指标化、定量化、自动化，是基于数据的客观发现而不是主观认定，特别适用于潜在竞争对手的发现和局势动荡时期竞争对手的分析。

下面以金融业华泰证券在股权投资方面的竞争对手研究为例，演示如何利用人际竞争情报网络分析进行竞争对手分析。华泰证券的全称为华泰证券股份有限公司，于 1991 年 4 月创立，2010 年 2 月上市，是中国首批综合类券商，业务涵盖证券经纪服务、资产管理服务、投资银行服务、固定收益服务、直接投资服务等各种金融服务。

传统观念一般认为华泰证券的竞争对手应该是其同类金融企业，但现实是另一番异化景象，在中国实体经济空心化的大背景下[5]，股权投资市场各行各业蜂拥而入、急速膨胀，竞争局势暗流汹涌、洗牌加剧，华泰证券面临诸多潜在的竞争对手和异常的挑战。

7.1.2 人际竞争情报网络构建

人际竞争情报网络构建首先要明确竞争情报规划目的。分析华泰证券股权投资的竞争对手的目的就是要对云谲波诡的股权投资竞争态势进行评估，客观、全面地识别出华泰证券的竞争对手，特别是对那些不熟悉的潜在竞争对手进行披露，对竞争对手的能力和优势进行评估、定位，对竞争对手联盟的合作竞争进行研判，为华泰证券的竞争决策提供情报支持[1]。由此可见，本案例人际竞争情报网络构建中的行动者征召和筛选可以通过选择与华泰证券相关的股权关系来实现，形成基于参股关系的上市公司人际竞争情报网络，该网络是一个典型的单质、单层网络。

在我国，股权投资的参与者以上市公司等机构投资者为主体。出于股权控制、战略联盟、资本运作或融资投资等目的，上市公司参股其他上市公司，由此形成的关系网络对上市公司自身的竞争力和整个股市的竞争态势均有重要影响[6]。有关这方面的数据，证交所和上市公司自身都会定期发布，信息来源可靠，信息较易获得，因此，对华泰证券在股权投资方面的竞争对手研究可以在基于参股关系的整个上市公司社会网络的情境下考虑。企业人际竞争情报建模的节点为上市公司，边为上市公司之间的参股关系，箭头表示股权持有的主从方向，如图 7-1 所示，华泰证券持有水晶光电股份，兰州黄河持有华泰证券股份。

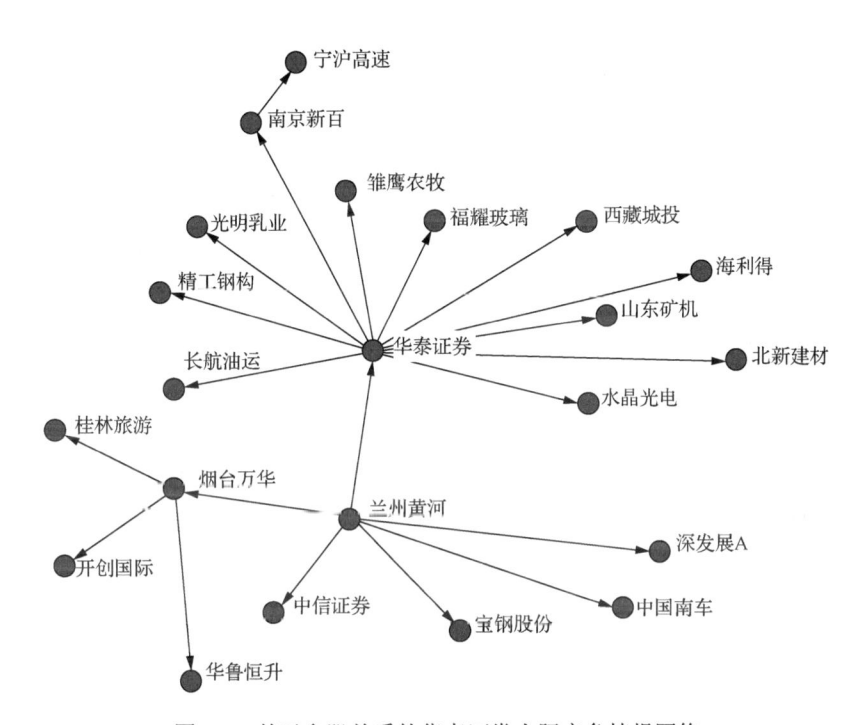

第 7 章 人际竞争情报分析方法的应用研究

图 7-1 基于参股关系的华泰证券人际竞争情报网络

7.1.3 人际竞争情报搜集：数据来源及处理

节点上市公司的数据来自中国证监会指定信息披露网站——巨潮资讯网[7]，关系数据来自证券时报 2011 年年中上市公司交叉持股情况专题披露[8]，剔除孤立点即不存在参股关系的上市公司，截至 2011 年 8 月，基于参股关系的我国上市公司社会网络共有 490 个节点、553 条边。如果要做竞争对手追踪，需要长期维护节点和关系数据，其中节点上市公司的信息比较稳定，一年检查更新一次即可，但中国上市公司参股行为多以投资为主，因此关系数据变动频繁，需要经常更新。鉴于目前掌握的数据，在此只针对 2011 年 8 月的数据做分析，分析软件采用 UCINET 6 Windows 版[9]，数据输入通过边关联列表形式的 DL 编程实现，格式如图 7-2 所示。

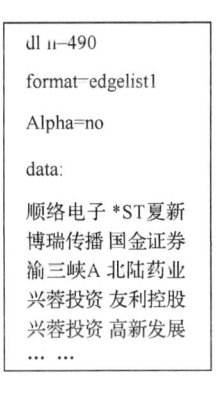

```
dl n=490
format=edgelist1
Alpha=no
data:
顺络电子 *ST夏新
博瑞传播 国金证券
渝三峡A 北陆药业
兴蓉投资 友利控股
兴蓉投资 高新发展
…  …
```

图 7-2 数据输入的 DL 程序

7.1.4 人际竞争情报网络分析

1. 基本竞争态势分析

竞争态势分析的主要度量指标为整体网的密度、平均距离、群聚系数和分派指数，经计算，2011年我国上市公司基于参股关系的整体社会网的这些指标取值见表7-1。2011年我国上市公司参股关系网的密度仅为0.002，表明整个上市公司之间的联系比较松散，缺乏合作；平均距离为5.067，表明尽管我国上市公司之间的联系比较松散，但任意两家公司之间最多只要通过5个公司中转即可建立联系，建立合作是易于实现的；群聚系数取值为0.128，说明我国上市公司之间凝聚力较弱；分派指数为-0.256，说明上市公司之间存在派系，某些群体之间产生的关系相对较多，但这种现象并不严重。

表7-1 2011年我国上市公司参股基本竞争态势指标

指标	取值
密度	0.002
平均距离	5.067
群聚系数	0.128
分派指数	-0.256

2. 竞争对手个体分析

竞争对手个体分析包括竞争对手识别、竞争对手评估、竞争对手定位和竞争对手追踪。各分析任务所对应的中心性指标见第5章表5-17的分析框架。

通过权力中心性和特征向量中心性这两项指标可从全体上市公司中识别出华泰证券的主要竞争对手。按影响力从高到低降序排列，含华泰证券自身在内的前20位如表7-2所示，通过这一排名并结合竞争对手的主营业务类型分析，可知华泰证券的竞争对手主要来自三个方面：一是与其同行业的证券公司，如国元证券、东北证券、长江证券、西南证券、宏源证券，这一类竞争对手的特点是股市交易活跃、在各个圈子之间周旋能力强、对整个股市影响较大；二是脱实向虚的实业公司，如杭州解百、百联股份、陆家嘴、爱建股份、中新药业等，出于资本市场高利润驱动或实体经营困难，这些原本做实业的公司转向投资，依靠投资收益而非主业实现增长，这是我国当前实体经济空心化的一个缩影；三是大型国企，如中国石油、交通银行等，这些企业不参与投资但却吸引了大批上市公司对其进行投资，如交通银行就有 30 家上市公司持有其股权，这些大型国企对华泰证券的竞争威胁不是来自这些企业本身而是来自依附于它们的既有投资意向又有投资实力的游动的上市公司群。

表 7-2　华泰证券及识别出的主要竞争对手

竞争对手	权力中心性	特征向量中心性
交通银行	5974.588379	0.435510665
杭州解百	5208.468750	0.380077124
东方创业	3418.882080	0.248751730
百联股份	2870.577393	0.208492592
陆家嘴	2250.974121	0.163232356
华锐风电	2107.087402	0.153597519
国元证券	2041.386597	0.147747442
友谊股份	1768.331421	0.128835857
中国石油	1720.474365	0.124307103
中国太保	1654.448730	0.120646477
中国神华	1628.814941	0.118759871
东方宾馆	1607.810669	0.116890721
爱建股份	1545.598022	0.111356750
ST 炎黄	1533.860229	0.111662008
建设银行	1511.319214	0.110446259
中新药业	1486.339722	0.108216412
华泰证券	1477.421143	0.103385530
秀强股份	1389.353394	0.101504184
中国化学	1346.588013	0.097930737
交大昂立	1318.353027	0.095791876

华泰证券主要竞争对手评估结果见表 7-3。节点规模表示与竞争对手直接联系的公司数，该值越高说明该竞争对手交易越活跃、交易能力越强，如华泰证券的竞争对手之一——交通银行的节点规模为 30，表明交通银行持有 30 个上市公司的股权，是华泰证券竞争对手中交易最活跃的上市公司。关系总数衡量竞争对手之间相互联系的紧密程度，关系总数和密度越低，这些公司群体之间的联系就越松散，那么该竞争对手对这些公司群体的控制能力就越强，如国元证券的节点规模为 12、关系总数为 0、密度为 0，表明与国元证券有股权关系的 12 个上市公司

相互之间没有任何联系，因此国元证券对这 12 个公司的控制能力自然就高。中间人次数表示某竞争对手充当中间人的次数，值越高说明该竞争对手位置优势越明显、控制其他公司之间交易的能力越强，如华泰证券自身的中间人次数为 276，表明它在网络中具有特殊地位，与其存在直接参股关系的 24 个上市公司如果要建立相互参股关系，它要从中搭桥 276 次。2-步可达节点数度量竞争对手参股关系的对外开拓能力，如国元证券的 2-步可达节点数为 11，表明国元证券可通过其直接参股的 12 家上市公司间接参股 11 家上市公司，使其股权联系达到 23 家上市公司。

表 7-3　基于个体网的华泰证券及主要竞争对手的评估

竞争对手	节点规模（不包括自我）	关系总数（不包括自我关系）	密度/%	2-步可达节点数	中间人次数
交通银行	30	4	0.459770	26	433
杭州解百	27	2	0.284900	18	350
东方创业	19	0	0.000000	14	171
百联股份	17	16	5.882353	14	128
陆家嘴	11	8	7.272727	16	51
华锐风电	8	0	0.000000	13	28
国元证券	12	0	0.000000	11	66
友谊股份	8	0	0.000000	9	28
中国石油	11	0	0.000000	14	55
中国太保	5	0	0.000000	11	10
中国神华	4	0	0.000000	12	6
东方宾馆	6	0	0.000000	10	15
爱建股份	15	10	4.761905	9	100
ST 炎黄	7	6	14.285710	10	18
建设银行	3	0	0.000000	9	3
中新药业	8	6	10.714290	9	25
华泰证券	24	0	0.000000	12	276
秀强股份	4	0	0.000000	9	6
中国化学	8	4	7.142857	9	26
交大昂立	7	0	0.000000	10	21

竞争对手定位是对竞争对手在竞争格局中所扮演的角色进行分析。如表 7-4

所示，在华泰证券股市投资前 19 位主要竞争对手中，杭州解百、百联股份、国元证券、爱建股份在各个圈子之间周旋的能力较强，而原本个体竞争实力很强的交通银行、东方创业、陆家嘴等却未起到任何圈子之间关系中介的作用。杭州解百是其所在圈子内的活跃协调者；百联股份既是其所在圈子内的活跃协调者，又控制着外界进入所在圈子的渠道，圈内周旋能力和对本圈子的掌控能力很强；国元证券在圈内、圈外都能起到一定程度的协调作用，但影响力有限；爱建股份圈内周旋能力和对本圈子的掌控能力很强，对圈外也能起到有限的协调作用；与前 19 位主要竞争对手相比，华泰证券虽然个体竞争实力有限，但对本圈子对外联络的操控能力和圈外周旋能力突出，是典型的公司关系中的交际者。

表 7-4 基于圈子中介中心性的华泰证券主要竞争对手的定位

竞争对手	协调者角色	守门人角色	代理人角色	顾问角色	联络人角色
交通银行	0	0	0	0	0
杭州解百	23	0	2	0	0
东方创业	0	0	0	0	0
百联股份	22	36	0	0	0
陆家嘴	0	6	0	0	4
华锐风电	0	0	0	0	0
国元证券	4	4	6	0	6
友谊股份	0	0	0	0	0
中国石油	0	0	0	0	0
中国太保	0	0	0	0	0
中国神华	0	0	0	0	0
东方宾馆	0	0	0	0	0
爱建股份	24	18	4	0	4
ST 炎黄	0	0	0	0	0
建设银行	0	0	0	0	0
中新药业	2	3	2	0	2
华泰证券	11	33	9	0	27
秀强股份	0	0	0	0	0
中国化学	0	0	0	0	0
交大昂立	0	3	0	0	3

3. 竞争对手联盟分析

竞争对手联盟分析是对竞争对手联盟的构成、联盟体内合作竞争态势、联盟体内各行动者的实力和地位进行分析。首先要找出竞争对手所在联盟，以华泰证券竞争对手之一——国元证券所在联盟为例，采用 n-宗派对 2011 年我国上市公司参股关系整体网络进行派系分析（n=3，最小派系成员数设置为 5），就可以找出国元证券所在的 13 个联盟，这 13 个联盟又可通过中介联结成更大的联盟。图 7-3 是国元证券所在的部分联盟通过中介联结成的一个共有 54 个上市公司的较大联盟，大联盟内存在以中国石油、交通银行、招商银行等为核心的小联盟，国元证券通过联结这些小联盟的核心把 54 个上市公司整合为一个大联盟。

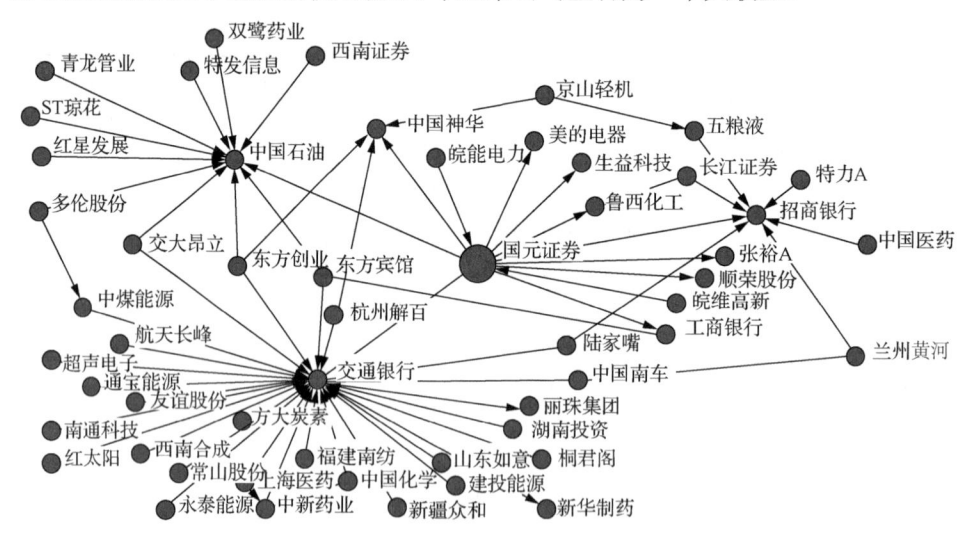

图 7-3 华泰证券竞争对手之一——国元证券所在联盟

竞争对手联盟体内合作竞争态势可通过密度、平均距离、群聚系数、度中心势、中介中心势和接近中心势等 6 个指标从不同角度进行度量。经计算，图 7-3 所示的国元证券所在联盟的局域网的上述 6 个指标如表 7-5 所示。密度为 0.047，与全局密度 0.002 相比，表明联盟体内合作紧密程度虽然不高，但与行业内的一般水平相比仍要紧密很多；平均距离为 2.765，表明联盟体内两两企业建立关系平均通过 3 个中间人企业即可实现；群聚系数为 0.408，与全局群聚系数 0.128 相比，表明与联盟体外相比，联盟体内的凝聚力大幅提高；度中心势衡量联盟体内各行动者交易能力的差异性，图 7-3 的度中心势为 0.499，表明联盟内交易能力的差异存在，但还没出现极端分化的情况（最极端情况度中心势为 1）；中介中心势衡量联盟体内各企业居间操纵能力的差异性，图 7-3 的中介中心势为 0.682，表明联盟内企业居间操纵能力已经出现分化，但分化程度还不严重（分化临界点的中介中心势为 0.5，最严重情况的中介中心势为 1）；接近中心势衡量联盟体企业对其他企业依赖程度的差异性，图 7-3 的接近中心势为 0.461，表明整体上联盟体内企业的独立性处于中等水平（完全依赖情况接近中心势为 1）。

表 7-5　华泰证券竞争对手联盟体内合作竞争态势

指标	取值
密度	0.047
平均距离	2.765
群聚系数	0.408
度中心势	0.499
中介中心势	0.682
接近中心势	0.461

联盟体内各行动者的实力和地位可通过竞争对手所在联盟局域网的中心性分析进行评价。图 7-3 所示国元证券所在联盟的中心性分析结果见表 7-6。居于联盟核心地位的交通银行具有最强的交易能力、居间操纵能力，但它也最依赖其他企业；国元证券自身虽然交易能力、居间操纵能力一般，但具有最强的拓展能力；位于联盟体边缘位置的企业居间操纵能力最差甚至没有，如西南证券。从联盟整体来看，所有企业的独立能力层次性不明显，而居间操纵能力分化严重。

表 7-6　华泰证券竞争对手联盟体内典型公司中心性分析

竞争对手	度中心性	中介中心性	接近中心性	2-步可达中心性	联盟体内地位
交通银行	0.537037	0.702437	0.593407	0.777778	核心地位
国元证券	0.222222	0.410073	0.562500	1.000000	核心地位
中国石油	0.203704	0.238551	0.421875	0.425926	
招商银行	0.129630	0.145581	0.402985	0.388889	
中国神华	0.074074	0.042344	0.380282	0.296296	半边缘地位
工商银行	0.055556	0.016169	0.375000	0.277778	
长江证券	0.037037	0.001980	0.291892	0.148148	
西南证券	0.018519	0.000000	0.298343	0.203704	边缘地位
湖南投资	0.018519	0.000000	0.375000	0.537037	

竞争情报人员通过构建人际竞争情报网络、人际竞争情报分析等过程，最终

将获得竞争情报产品。华泰证券股权投资竞争对手分析的情报产品分为两部分：上市公司参股关系数据库和竞争对手分析报告。上市公司参股关系数据库存储上市公司及其参股的详细数据，一方面这是竞争对手分析的数据源，另一方面用户在阅读竞争对手分析报告时如果需要了解底层的参股数据，也可以实时自主访问参股数据库。竞争对手分析报告以竞争情报分析（基本竞争态势分析、竞争对手个体分析、竞争对手联盟分析）为主要脉络和内容，定期呈报或行情变化时特别快报给股权投资决策部门和操盘部门[1]。

7.2 静态验证性分析实证研究——结构、认知和关系对团队竞争情报共享影响的实证研究

验证性分析是对人际竞争情报网络关系结构产生的现象进行证实的一种研究方式，它是竞争情报工作者进行人际情报研究的重要方法之一。下面用一个案例说明验证性分析在寻找和研究人际竞争情报网络发展规律中的作用[10]。

当前人际竞争研究只强调了结构维度对情报价值链的影响，即只考虑网络关系特征、结构对网络行动者、网络群体的约束与影响，往往忽视网络所处的社会背景、制度、信任机制、角色属性（比如个性）、认知水平对关系产生和发展的影响，也就是缺乏双嵌入的思考。下面以一家物流企业的竞争情报团队为样本，实证研究关系嵌入的三个维度对团队成员情报共享水平的影响。研究结果证实了网络的结构、团队的认知水平与信任关系对情报共享程度有显著的影响，这样就消除了以往只关注结构的弊端，得到的研究成果更能说明双嵌入对竞争情报活动的影响。

7.2.1 案例背景

研究对象是位于上海的一家大型连锁物流公司 X，该公司是 Y 集团的子公司。Y 集团现为国家驻港大型企业，是一个实力雄厚的多元化综合性企业集团，为香港"四大中资企业"之一。从交通运输业起步 130 多年来，Y 集团从未间断过在港口、码头、仓储、运输等领域的投资与发展，逐步形成了发展现代物流业的独特优势，并将现代物流业确立为集团的核心产业之一。X 是 Y 集团发展现代物流业的核心企业[10]。

物流公司 X 近年来发展迅速，把发展目标定位在致力于成为能够提供从全球性采购的原材料供应到终端客户配送的供应链一体化服务提供商，成为中国标志性物流集团企业。经过调查，该公司的组织结构图见图 7-4。

物流业是一个竞争激烈、门槛低的行业。如何获得客户信息、掌握竞争对手动态（包括价格、线路、服务范围、服务对象、外包企业等）、了解国际和地区物流行业发展趋势（包括地区物流政策支持、地区物流中心布局、地区物流总量变化等）的信息成为公司 X 制定发展战略、实施竞争策略的重要依据。为了能迅速获得相关竞争情报，公司 X 在信息部、企划部、客服部设置了关键情报课题项目小组 A、B、C，专门对竞争环境、客户、竞争对手进行情报搜集和分析，本案例涉及的调查对象就是 A、B、C 这三个关键情报课题项目小组。

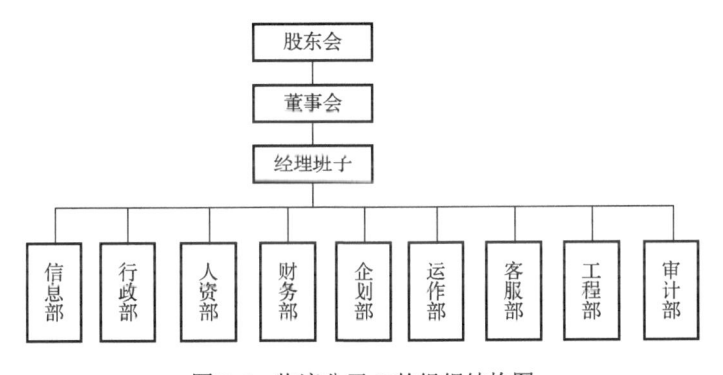

图 7-4　物流公司 X 的组织结构图

7.2.2　结构、认知、关系与情报共享的网络建模和测量方法

1. 结构维度与情报共享

描述社会网络结构的指标可以用网络直径、网络密度、网络中心性来表示。如果团队网络直径相对较小，那么网络成员相互熟悉的机会就会相应增加，就能够促进成员之间的关系，进而增强情报信息的共享程度。网络密度指标表明团队成员之间互动的频繁程度。Krackhardt 教授[11]曾用电脑模拟关系密度强度大小对创新传播的影响程度，并用黏性（viscosity）一词来说明相互之间的关系，他认为一个黏性适当（关系密度合适）的团队创新绩效往往比较高。黏性太强，创新的观点没有成型就受到周围人的影响，导致失败；黏性太弱，则不利于说服别人接受创新的想法。个体的中心性可以描述成员在网络中的权威程度。成员中心性指标大，表明其能快速地和其他成员取得联系，能利用中心位置来获取其他成员的信任，能在团队中获得较高地位。在团队中一般中心性高的成员往往以管理人员或非正式组织的领导人居多。

关于网络结构对竞争情报团队的情报共享的影响，为了便于实证研究，本案例用工作咨询网络、情报网络作为社会关系调查问卷的设计依据，同时用度中心性这个特征指标来描述团队的社会关系网络，这里用网络的度中心性表示网络的集中程度。

2. 认知维度与情报共享

认知维度对情报共享的影响是多方面的。人类认知是以语言为基础、以思维和文化为特征的，分为神经认知、心理认知、语言认知、思维认知和文化认知五个层级[12]。战略管理的认知学派将企业战略的形成归结为一个心智历程，个体或组织在怎么获取信息、获取怎样的信息、怎么解读信息、选择哪些信息等方面具有主观性，认知偏差、社会比较对企业决策、企业行为、企业绩效具有直接影响[13]。认知多样性丰富团队的知识池，为团队带来了差异化的思维方式和技能，在成员合作解决问题时能提供多样化的替代方案，贡献出更多的隐性知识和想法，这是创新的前提和源泉，管理者应能包容成员的认知多样性，最终推动企业的创新发展[14]。团队认知包括团队集体知识结构和团队成员共有思维方式，集体知识结构即交互记忆系统，是影响团队表征、收集、共享与整合任务相关的一系列认知加工过程，其水平决定了团队层面信息共享的质量，并最终决定团队绩效；团队共有思维方式即共享心智模型，使团队成员对任务要素和作业情景拥有一致的认知和预期，进而协调各团队成员之间的行为，以适应团队的任务要求[15]。根据上述研究可以得出结论：认知对于竞争情报团队的情报共享水平具有很大的影响。

认知与个体的教育、经历、文化习惯紧密相连，因此采用教育水平、个人经历、文化习惯三个因素来衡量个体的认知水平以及个体之间的认知差异。一个团队中每个成员的受教育水平都有一定的差异，有的人受教育水平较高，有的人受教育水平较低。这种差距对于情报团队的信息传递、信息分享以及信息整合有明显的影响。个人经历不同往往认知方式也不一样。认知方式是人们感知、思考、解决问题、学习以及与他人联系的方式，是个体感知、记忆以及解决问题的特有模式，有研究表明认知方式和创新行为存在显著的相关性[16]。个人的经历不同，对新事物的感知方式、接受新事物的能力也就不同，有的人接受较快，有的人则比较慢。文化习惯不同，整个团队的认知方式、水平也不一样，则团队情报共享的水平也就不同。如果一个竞争团队的文化习惯是每个员工经常将自己的想法、知道的事情向他人吐露，那么这样的团队的情报分享能力就比较强大，情报的可用性也比较强，进而能对整个企业创造更大的价值。但是教育水平、个人经历、文化习惯对个体认知的影响是相互的，不是隔离的。一般情况下，教育水平越高、个人经历越丰富、文化习惯越开放，情报共享的能力越大，对团队的情报增值作用也就越强。

认知维度的调查问卷采用 GSS 问卷设计方式，认知维度的调查问卷设计如表 7-7 所示。

表 7-7 认知维度调查问卷

类型	教育程度	个人经历	文化习惯
调查问题	请问您的学历是什么？A.博士；B.硕士；C.本科；D.高中；E.高中以下	您以前做过的工作和现在的工作类似度有多高？A.很高；B.高；C.一般；D.低；E.很低	您认为现在的工作文化开放程度如何？A.很好；B.好；C.一般；D.差；E.很差

表中教育程度按照学历的不同设置了博士、硕士、本科、高中及高中以下 5 个层次，分别代表具有不同认知能力的个体。在问卷处理时按照教育程度的高低分别给予不同的分值以便数据处理，其中博士 5 分、硕士 4 分、本科 3 分、高中 2 分、高中以下 1 分。对相应的数据用 SPSS26.0 处理，数据标准差表示该团队成员的教育差异程度。个人经历和文化习惯做同样的处理，二者相应的数据标准差分别代表个人经历差异和文化习惯认知差异。认知维度的整体差异是三者的标准差加和。若教育程度、个人经历、文化习惯的差异程度较高说明认知差异程度较大，反之认知差异程度较小。

3. 关系维度与情报共享

情报共享与信任之间的关系与知识共享与信任之间的关系类似，信任是影响企业竞争情报共享的关键制约因素之一[17]。团队成员的情报共享态度与伙伴间的信任相关，信任度的提高可以提高相互之间的情报共享能力，这是由于信任有助于在团队成员之间建立情报共享的惯例，从而使各方不用担心机会主义行为或搭便车问题，并为各方提供有利的学习环境[18]。信任涵盖了能力、情感两种信任，且前者的作用效果强于后者，构建充满信任的群体氛围有助于建立个体对合作成员的正面预期，从而减少其感知风险并提高知识共享意愿，组织通过推动更大程度的互惠，可增强成员之间的信任。信任对知识共享行为与结果的影响是通过对知识共享意愿和动力的影响而实现的，信任程度越高，知识拥有方的知识共享意愿就越强烈，也越有利于知识尤其是隐性知识的共享[19]。对于情报信息共享，信任同样具有相同的作用。周九常[20]的研究也表明，在网络组织框架下，竞争情报共享与信任程度成正比，与竞争情报的关键性或机密程度成反比。如果用 IS 表达情报共享水平，用 T 表达网络组织信任程度，用 S 表达竞争情报关键性或机密程度，则三者之间的关系可以表达为 IS=T/S。

对于人际信任，按照信任产生的不同心理过程，将人际信任分为基于认知的信任和基于情感的信任。基于认知的信任是指根据所收集到的信息能够对对方的可信性做出推断,从而给予的信任。基于情感的信任是指由于双方之间建立了密切的情感联系而给予的信任[21]。

对于关系对情报共享的影响,本部分着重研究团队成员之间的信任程度对情报共享程度影响的实证研究,探索竞争情报共享与信任程度是否成正比。

对于信任程度的测量参考陈叶烽等[22]的信任态度问卷和信任行为问卷以及根据情报团队本身的特点进行设计。信任态度问卷一栏中设置了一个可信任度问题,该问题是对与自己在一起工作的同事的信任程度打分,根据自己对于同事是否信任给出相应的分值,分值设置了五个档次1~5,其中5分代表信任程度最高,1分代表信任程度最低。对于分值的处理采用标准化方差,利用方差的大小表示团队的信任态度差异的大小。整个信任态度问卷的差异程度用可信任度标准方差的大小来表示。信任行为问卷与信任态度问卷一样做相应的处理,代表信任行为差异的大小。信任态度和信任行为差异越大,团队情报共享程度越差;差异越小,情报共享程度越大。

7.2.3 竞争情报共享程度测量方法

对于竞争情报的可共享性,周九常[20]在网络组织合作框架下的企业竞争情报共享问题探析中指出,竞争情报从其本质属性上来说不具有共享性,然而,他又指出基于合作关系的组织可以实现竞争情报的共享。竞争情报共享程度虽然迄今为止没有在数量上标出一个等级,但是可以从逻辑上给出一个不同类型竞争情报共享性大小的排序。在竞争情报团队中竞争情报共享性大小排序依次表现为:外部环境情报、竞争对手情报、不良行为情报、商业秘密(从大到小)。

对于情报团队中团队成员竞争情报共享程度的调查问卷设计参照胡平等[23]的地方政府部门间信息共享影响因素的关系研究中的观点,从共享内容和共享数量两个方面设计相应的调查问卷并进行相应的改进。在本案例中,共享内容是指团队成员是将全部信息分享给其他成员,还是将部分信息分享给其他成员。分享的信息越多说明竞争情报共享的程度越高。共享数量是指团队成员是将自己知道的信息分享给全部团队成员,还是仅仅将信息分享给和自己关系比较好的几个成员。如果仅仅将信息和几个成员分享,那么这样的组织情报的共享能力就比较低。依据于此,问卷设计采用共享内容和共享数量两个指标表示竞争情报共享的程度。共享内容和共享数量的问题设计分别采用5级量表的方式,共享内容及共享数量分别是从多到少。对于问卷收集后的数据处理是将其转化为5分制(5分到1分),分值越大表示共享的程度越高,分值越小表示共享的程度越低。

7.2.4 数据搜集方法

首先根据研究目的，搭建相应的人际竞争情报网络。工作咨询网络、情报网络是本案例行动者征召、筛选、转译的基本载体。为了获取网络数据，给出如表 7-8～表 7-10 所示的调查问卷。该问卷涉及社会网络的结构、认知、关系三个维度，以及信息共享程度的测量指标，其中认知维度调查问卷参见前面表 7-7。

表 7-8　团队结构维度调查问卷

问题	团队人员						
	1	2	3	4	5	6	7
1. 当你在竞争情报活动各阶段中遇到困难时会向谁请教？							
2. 当你搜集到重要信息时，你会先告诉哪些人？							

表 7-9　关系维度调查问卷

信任程度	信任指标	调查问题
信任态度问卷	可信任度	请对您的同事的信任度打分（　）A.5；B.4；C.3；D.2；E.1
信任行为问卷	信任行为	您经常将自己的有效做法教给大家吗？（　）A.5；B.4；C.3；D.2；E.1

表 7-10　情报团队情报共享程度调查问卷

共享程度	调查问题
共享内容	您经常将自己知道的（　）信息分享给别人 A.全部；B.大部分；C.部分；D.小部分；E.极小部分
共享数量	您经常将信息和（　）分享 A.所有成员；B.大部分成员；C.部分成员；D.小部分成员；E.从不

7.2.5 网络验证性分析

网络结构指标包括网络直径、网络密度和网络中心性。网络中心性采用度中心计算具体可在 UCINET 6 中得到。认知差异程度是教育差异、个人经历、文化习惯三个问卷得分的标准差加和，信任程度差异大小与认知差异程度计算方法相同。竞争情报共享程度是共享内容和共享数量的所有团队成员的得分平均值。

案例中针对竞争情报团队 A、B、C 中人员发放调查问卷，其中团队 A 为 9 份，团队 B 为 8 份，团队 C 为 7 份，全部有效回收[10]。

1. 认知程度对竞争情报共享程度的影响分析

利用 SPSS26.0 对调查的所有团队成员的调查问卷进行分析，得出表 7-11 所示结果。

表 7-11　认知与竞争情报共享

观察变量	方差齐次性检验		单因素方差分析	
	线性统计量	显著性水平	F 统计量	显著性水平
竞争情报共享程度	1.21	0.343	12.205	0.000

结果表明，由于相伴随率为 0.343 大于显著性水平 0.05，因此不同的认知程度对竞争情报共享的影响方差满足同方差假设。进一步对认知程度与竞争情报团队的竞争情报共享程度进行单因素方差分析，结果表明，F 统计量对应的相伴随概率为 0.00，小于显著性水平 0.05，可以认为不同的认知程度有不同的竞争情报共享程度，并且利用 SPSS26.0 分析可以得到图 7-5 所示，情报共享程度与认知程度均值图。

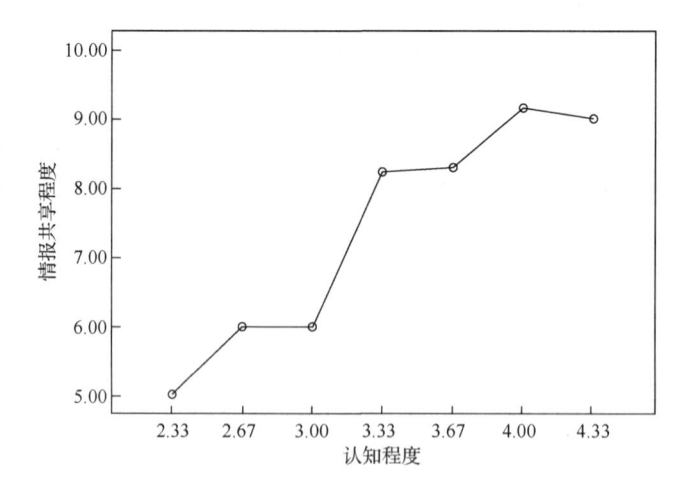

图 7-5　情报共享程度与认知程度均值图

从图 7-5 可以看出，认知程度越高，团队成员的竞争情报共享程度越大。然而，从均值图可以看出，团队成员竞争情报共享的程度整体上和认知程度成正比，但是并不是直线上升的。竞争情报共享程度增大的过程有一定的限度，这是因为团队成员在考虑竞争情报共享的同时会考虑个人的利益以及情报传递过程会有一定的误差。

2. 竞争情报团队中成员之间的关系（信任程度）对竞争情报共享程度的影响

信任程度对于竞争情报共享程度的影响经过 SPSS26.0 软件分析得出表 7-12 所示的结果。

表 7-12　信任程度与竞争情报共享关系

观察变量	方差齐次性检验		单因素方差分析	
	线性统计量	显著性水平	F 统计量	显著性水平
竞争情报共享程度	1.180	0.362	10.023	0.000

从表 7-12 中可以发现，不同信任程度的个体的竞争情报共享程度满足同方差假设。经过单因素方差进一步分析表明，不同信任程度的个体竞争情报共享程度存在显著差异。可以这么认为，信任程度的高低对竞争情报共享程度是有一定影响的。另外，从均值图中可以发现这样的一个趋势：信任程度越高，竞争情报共享的程度越大。

3. 社会网络结构、关系水平、认知程度三个方面对竞争情报共享程度影响的分析

利用 SPSS26.0 对竞争情报共享程度进行单因素方差分析。用最小显著差数（least significant difference，LSD）比较各团队之间的竞争情报共享程度差异。统计结果如表 7-13 所示。

表 7-13　结构、认知、信任对团队竞争情报共享水平的影响

变量	竞争情报团队			单因素方差分析
	信息部 A	企划部 B	客服部 C	
网络平均中心度	34.03%	21.23%	38.23%	
情报网络中心度	32.27%	25.23%	36.54%	
咨询网络中心度	36.71%	17.11%	39.38%	B>A；B>C；A>C
认知差异程度	1.171	1.581	2.435	
信任程度差异	1.167	1.104	1.291	
竞争情报共享程度	8.63	8.78	6.00	

从表 7-13 可以发现，三个部门的社会结构存在一些差异，其中企划部的网络中心度较低，客服部的网络中心度较高。从中心角度来分析，企划部的竞争情报共享程度最大，客服部的竞争情报共享程度最小。网络的中心性越低越利于团队成员之间的信息交流，竞争情报共享的程度越大。从认知差异程度来看，信息部的认知差异程度最低，客服部的认知差异最高，企划部处于信息部和客服部之间。这种情况是由很多原因引起的，主要是信息部的大部分员工相对比较稳定，

学历层次较高，成员之间经常交流，文化习惯方面比较接近，从而认知差异程度较低。客服部的大部分员工学历层次比较低，并且成员之间交流较少，多数人都有自己的一套生活方式，因此差异程度较大。从信任程度差异可以看出，企划部的信任程度最高，信息部的信任程度和企划部相差不大，这是由这两个部门有很多相似造成的。客服部的信任差异就比较大，这是由客服部的自身特点造成的。经过以上分析，可以推测出企划部和信息部的竞争情报共享程度相对比较高，而客服部的竞争情报共享程度比较低。利用 SPSS 对竞争情报共享程度做单因素方差分析发现确实如此，企划部和信息部的竞争情报共享程度都达到了 8.50 以上，而客服部的竞争情报共享程度仅仅为 6.00。

通过本案例的调查，竞争情报团队信息共享程度与团队网络结构、成员之间信任程度、成员的认知水平有着重要的关系[10]。从总体上来看可以得出以下事实：①竞争情报共享程度与团队成员的信任程度成正比。团队成员之间的信任程度越高，竞争情报共享程度越大；相反，团队成员之间的信任程度越低，信息共享程度越小。②竞争情报团队的竞争情报共享程度随着团队成员的认知水平的提升相应地增大。③竞争情报团队的网络中心度越大，竞争情报共享程度越小（客服部的竞争情报共享程度最小，企划部的竞争情报共享程度最大）。基于此，竞争情报团队应该提供团队成员能够经常交流的平台（如信息共享平台）增加员工之间的信任程度。良好的竞争情报团队应该经常对员工进行继续教育，提高员工的认知水平、理解能力。只有扩大员工之间的联系、提高员工的认知水平，竞争情报团队的网络中心度才能变小，情报共享能力才能够增强。

本次调查分析结果是基于特殊的个案分析而来的，因此研究结果是一种探索性分析，但为后续进一步的相关研究奠定了基础。

7.3 动态分析案例研究——J 区人际竞争情报网络演化

人际竞争情报的动态研究是对人际竞争情报网络的孕育、创建、发展、成熟、维持机制进行系统研究，主要由行动者选择、网络联结机制、网络演化发展三部分组成。下面以某工业发达区的人际竞争情报网络的动态演化为案例展示人际竞争情报网络动态分析[24]。

7.3.1 案例背景

J 区是工业发达区县之一，改革开放以来，随着工业化、城市化快速推进，

J区成功实现了由农业大县向工业大区的经济转型,特别是20世纪90年代以来,以工业园区、郊区新城建设为突破口,初步形成了以电子信息、新材料、太阳能、先进装备制造产业为主导,以外向型经济为主体的发展格局。从总体发展来看,各主导产业存在产品附加值低、产业关联度小、产业技术水平低、产业自主品牌缺少的特点,特别是随着市场环境的不断变化、国际贸易摩擦的频繁发生以及政治、经济等诸多因素的变化,J区的产业发展具有较大的潜在风险。为给全区中小企业更好地提供政策支持、信息支持和技术支持,形成产业集群效应,同时能有效利用区内大学城拥有的数百个科研平台,包括各类科研院所、研究中心、工作室、博士后工作站等智囊,2009年,J区科委启动建设科技信息服务网络平台。该网络建设的目标是把全区近700家科技创新企业与园区内的科研机构、政府相关部门进行联结互动,实现信息、技术共享,调整区域产业结构,增强企业竞争力[24]。

7.3.2 行动者选择

行动者选择分为两步:一是网络行动者的分类和备选集合的设定;二是设计选择依据。这两步工作的基础是分析相关方的利益诉求和战略意图。

从政府方来看,J区科委是有别于其他地区科委的职能设置,除传统的主管全区科技工作外,还主管全区的信息化工作和知识产权工作。由于J区的信息产业在全区的产业结构中举足轻重,所以虽然J区科委名义上启动建设的是科技信息服务网络平台,建设的是J区产业及产业创新的信息服务平台,但是其战略意图在于帮扶企业、整合资源,助推辖区产业转型升级,提升该区产业、经济的竞争实力。鉴于中国特色经济体制下,政府部门掌握着法规、政策、信息、扶持资金、税收和人脉等资源优势,在网络构建的初始阶段,政府理应担当起发起者、协调者和关键行动者的角色,而在网络稳定成长期,政府应该功成身退,让位于企业,转而专注于提供基础服务功能和支撑作用。

从企业方来看,由于处于同一地理区位和集聚的产业链条,J区的企业在产品、技术、服务、资金、市场等资源方面大量存在互补性,众多企业本来就因为分工合作关系、供需关系、竞争协作关系、企业家人脉等产生纵横交错的关系网。参与人际竞争情报网络的核心驱动力和利益诉求在于:资源共享、优势互补、降低交易费用、协调创新、提升社会资本。在服务于产业的J区人际竞争情报网中,企业是产业的行为主体,必然也是关键行动者,其发布产品或技术、寻求合作、寻找客户、本地化采购、观察竞争对手。众多企业间的利益交换、利益赋予形成了网络发展原动力。

高等院校、科研机构、金融机构、商会、协会、中介机构等与企业具有伴生关系，在为企业提供人才、资金、技术、信息等支撑服务的同时，使自身发展壮大。以 J 区内的大学城为例，它既是教学资源的集中地，也是研究资源、人才资源的集中地，尤其是大学城中的研究型高校，为企业提供了丰富的高素质人才，同时其科技创新及科技成果的转化推动了区域高新技术产业的发展。另外，本区内的企业为高校提供了社会服务平台，表现在：一是创造新的就业机会，二是为研究人员提供课题和经费支持，三是营造当地的科技特色和创新文化。

基于上述相关方的利益诉求和战略意图分析，以及相关方在人际竞争情报网络中的功能和地位，J 区人际竞争情报网络的行动者分类和备选集合设定如表 7-14 所示[24]。

表 7-14　J 区人际竞争情报网络的行动者分类和备选集合

行动者分类	备选集合成员	功能及地位
关键行动者集合	区科委、区经委、区发改委、开发区管委会、六大开发区内企业、分散注册于各乡镇的企业	网络的发起者和主导者
基础集合	区内银行、区内小额贷款公司、区内融资担保公司、区内融资租赁公司和区内各类投资机构、区中小企业融资服务中心、区人才招聘市场、区物资交易中心等各类专业市场、区内 7 所高校、5 所中职校	提供服务功能，协调网络运行
支撑集合	区农委、区建设交通委、区国资委、区公安分局、区司法局、区企业服务中心、区人力资源社会保障局、区安监局、区民政局、区财政局、区统计局、区教育局、区卫健委、区环保局、区规划土地局、区绿化市容局、区水务局、区交通局、区民防办、区合作交流办、区税务局、区市场监管局、气象局、电信局	提供基础资源和环境

备选集合中哪些行动者需要纳入网络，取决于行动者选择依据。行动者选择依据设计遵循两条原则：其一，引入竞争，竞争确保了网络发展的动力和敏捷性；其二，优势互补，互补性是网络对各行动者产生吸引力的根本所在。基于上述两条原则选择行动者构成网络，网络成员间将形成互惠共生、协调竞争的良性发展型关系。

深入分析 J 区产业发展的现状，发现 J 区产业发展主要围绕工业园区建设，集中度非常高，五大主导产业占全区工业的比重在 2006～2010 年分别达到 71.3%、73.0%、70.3%、69.0%和 80.7%，园区集中度保持在八成左右，整体在全球产业链中的地位多处于加工代工的低端位置，行业同质明显，同类企业扎堆。在现实的生产经营活动中企业之间的竞争一直持续存在且非常激烈，因此 J 区人际竞争情报网络行动者选择依据中的竞争机制设计，因其天然存在，只需顺势即可，无须人为设计。

各产业优势互补主要体现在各企业之间的分工合作关系、供需关系。分析的入手点一是宏观层面产业链的上下游关系，二是微观层面各企业所提供的产品或服务之间的依存关系。结合 J 区现有的产业结构和未来的产业布局规划，J 区是以电子信息产业为龙头，以先进重大装备、新能源、软件和信息服务、精细化工、新材料和生物科技等产业为重要支柱的制造业基地。为此，J 区可以电子信息制造产业、先进装备制造产业、新能源产业、软件和信息服务产业、精细化工产业、新材料产业和生物科技产业等产业的产业链为线索，再将本区各企业的经营范围、产品、服务进行产业链条上的定位，即可绘制出网络中各行动者之间的优势互补关系图。现以 J 区最具优势、规模占比最大的电子信息制造产业为例，其产业链如图 7-6 所示，在此图的基础上有两种用于分析企业间优势互补关系的方法：一种是自上而下分析法，从政府部门（工商、税务、开发区管委会等部门）拿到企业名录，依据企业的经营范围、产品和服务，以及对企业供求关系的了解，将企业在产业链上进行定位、细分、聚类、分类，即可得出企业间的互补关系图，此方法要求分析人员对该区产业链和企业经营实况有一定深度的了解；另一种是自下而上企业提名调查法，找出产业链关系图上每个环节的典型企业，再到这些典型企业进行调查，由这些典型企业自己提出它们跟哪些企业存在分工合作关系、供需关系或其他关系，调查人员对这些典型企业提名的企业关系进行汇总归纳也能得出企业之间优势互补关系图。本案例采用的是第二种方法，J 区科委会同了解企业经营实况的一线管理单位——各开发区管委会、各街道科技服务站，协商确认产业链各环节典型企业，然后科委设计调查问卷，各开发区管委会、各街道科技服务站负责到本地被选中的典型企业调查。

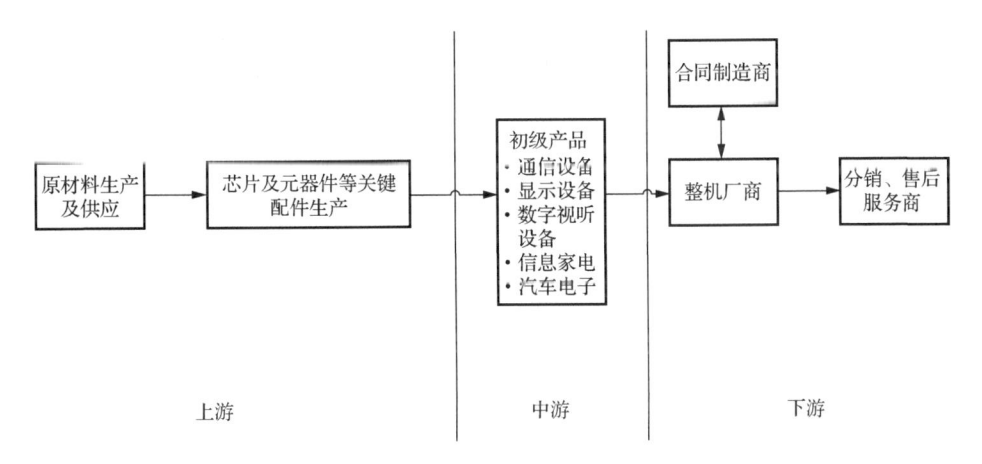

图 7-6　J 区电子信息制造产业链

7.3.3 网络联结机制

如第 6 章所述，人际竞争情报网络联结的主要影响因素为：资源的吸引力和社会网络嵌入的三个维度（结构维度、认知维度和关系维度）。在人际竞争情报网络所处生命周期的不同阶段（初创期、成长期、成熟期、衰退期），这些影响因素本身也在发展变化。网络的发起者和主导者既要充分利用人际竞争情报网络联结的主要影响因素的一般化规律，也要结合特定人际竞争情报网络所处的应用背景进行针对性联结机制设计[24]。

J 区科委发起的人际竞争情报网络，主要的战略意图和应用背景是 J 区的产业发展。而 J 区的产业发展具有两个明显的特征：一是产业集中态势明显；二是龙头带动效应明显。J 区大力推进工业向园区集中，通过撤销、合并、转型、提升等措施，加大各级各类工业园区功能及空间整合力度，逐步形成以国家级出口加工区为先导、以市级工业园区和生产性服务业功能区为主体、以城镇产业地块为补充的产业空间布局。2009 年工业区产业集中度为 82.84%，工业园区前五大主导产业占全区工业总产值比重达 69%，集群集聚效应明显。J 区在产业培植过程中一直注重龙头骨干企业的带动作用，一个龙头入驻往往吸引上下游上百家企业跟随迁入，鼓励中小企业与龙头骨干企业开展多种形式的经济技术合作，建立稳定的供应、生产、销售等协作、配套关系，提高专业化协作水平，完善产业链，打造创新链，提升价值链，推动企业"专精特新"发展，经过数年的发展，台积电、广达集团、龙工股份、正泰集团等行业龙头成为 J 区工业的中流砥柱，促进了产业上下游紧密关联，形成较强的企业间配套能力。

基于 J 区产业显著的集中态势和龙头效应特征，因势利导，服务于产业发展的 J 区人际竞争情报网络的联结机制设计为两个方面：一是政府机构推动法；二是龙头企业带动法。J 区产业空间布局集中在园区和镇街，各园区管委会和各镇街企业服务中心是政府部门与企业对接的窗口，既是服务部门，又是管理部门，在与企业交互中具有较大的影响力，由这些政府机构出面解释、动员、协调所辖区域企业加入网络，具有明显的推动作用。产业中的龙头骨干企业如品牌产品企业、产业链中卡位型企业、产销规模占比大的企业、各环节联结中带动能力强的企业，都吸附着相当数量的企业群体，由龙头企业发展其周围相关企业加入网络，带动效果非常大。J 区有三个与企业奖项相关的企业库可供龙头企业动态跟踪、筛选：区先进企业、区税收奖励企业、区科技进步奖获奖企业。这三个企业奖项是由政府相关部门每年定期组织评选，在工商界、在社会上都有相当大的影响力，另外由于评选是定期定项举行的，评选的组织比较成熟，评选出来的企业作为龙头、重点企业进行跟踪、筛选是可靠的。当然上述设计的联结机制仅是 J 区人际竞争情报网络初创期促使早期行动者加入网络的举措，网络的成长和成熟仍然要依靠市场机制。

为更好地实现战略目标，J 区科委开始分 5 年三期进行实现。首期，区科委和下属 6 个街道的科技服务站进行联网，区科委发放调查问卷（问卷依据资源优势、社会网络嵌入优势进行设计）给街道科技服务站，由其推选各街道具有产品优势、技术优势，同时在区内已经有一定的知名度、口碑较好、社会责任意识强的 40 家企业作为首批科技服务平台的骨干会员候选对象，区科委邀请园内科研院所、候选企业进行信息服务网络平台的构建动员大会，通过网络构建意义、相关政策解读（实质是进行利益协调和转译）。最后有 35 家企业，13 家科研单位成为首期网络会员，这些企业与科研单位有些已经有较好的科研合作基础，每个会员给予一定的启动经费，要求每家会员要有专门机构负责信息（主要是本企业的技术、产品供需、市场状况、经营情况）的输入和互动交流，各街道科技服务站负责本街道的各类信息的汇总和统计服务。为了能让网络稳定发展，区科委将本区每年定期评选出的区先进企业、区税收奖励企业、区科技进步奖获奖企业作为龙头、重点企业进行跟踪，动员这些企业加入网络平台，专门制定相关扶持和奖励政策，鼓励这些发展区内相关企业进入该信息服务平台，同时定期开展各种交流活动，增强彼此的信任感，促进企业、科研机构间的沟通和了解。

7.3.4 网络演化发展

图 7-7 给出了两个时间点的 J 区人际竞争情报网络演化，相关的指标演化值如表 7-15 所示[24]。从指标值可以发现，密度值显著上升和平均距离显著下降，说明网络中的联系合作趋于紧密，网络中心性指标中的接近中心性和中介中心性指标下降，说明网络中的中心性程度高的行动者在减少，网络自组织演化特征越来越明显。

（a）2010年9月　　　（b）2011年9月

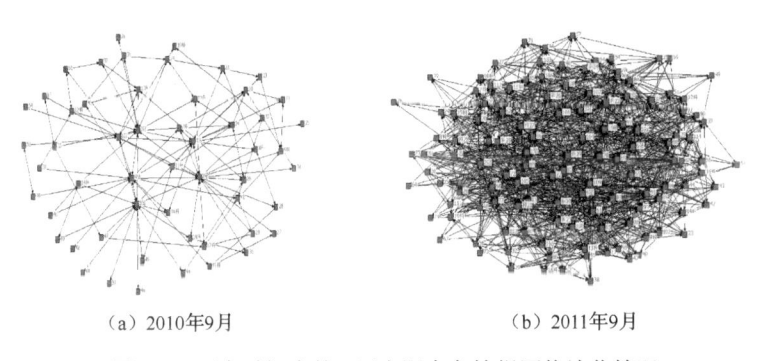

图 7-7　两个时间点的 J 区人际竞争情报网络演化情况

调查统计表明，随着 J 区人际竞争情报网络不断发展，企业越来越多，至 2011 年 9 月，该网络已有区内会员 89 家，其中科研单位 29 家，每天新发布信息达 600 条，进入平台内的企业信息互动、产供销合作比没有进入网络之前大幅度提高，大多数企业特别是规模较小的企业对网络内的产供销信息和技术维护，新技术转让等信息的关切程度比较高。企业之间的联系越来越紧密，由原来的互不相识发展到地缘、业缘更大范围的网络关系，企业之间的交流合作更加密切，网络促进了企业的协调和沟通，网络内知识传播更加迅速，隐性知识也被圈内企业了解，中介机构和科研机构等共同形成了 J 区网络化的创新环境。

表 7-15 人际竞争情报网络演化结构指标变化

网络指标	演化时间 2010 年 9 月	演化时间 2011 年 9 月	指标变化情况
密度	0.08	0.126	显著上升
平均距离	2.47	1.99	显著下降
度中心性	8.10	13.96	显著上升
接近中心性	58.24	51.61	下降
中介中心性	17.97	0.775	显著下降

7.4 综合分析案例研究——产业集群信息服务人际竞争情报分析

7.4.1 研究背景

随着全球化的加剧，我国各个地区在电子、家电、家具、玩具、汽摩配件、制衣、制鞋等领域也出现了大量的产业集群，这些产业集群促进了地方经济的高速发展。自 20 世纪 80 年代中期起，江浙地区出现了大量的中小企业产业集群，并促进了区域特色经济的发展，大大提高了地区经济的竞争力。浙江温州聚集了大量的制鞋企业，这些企业从鞋机、鞋材皮革一直到皮革化工形成了一系列的产业链，创造了大量的就业机会和经济利润。广东、福建、浙江、上海以及江苏等地出现了大量的服装生产集群，创造了中国 70%的服装均产于此的盛况。在北京，中国的"硅谷"——中关村科技园区汇聚了大量的高新技术企业，是国内电子一条街的典型[30-33]。

根据目前对产业集群的研究，产业集群大致具有以下几点共识[25,26]：①产业集群是经济发展到一定阶段后出现的动态现象,集群的主要特征在于企业同产业间的交互性和功能性的联系,这些联系融合在动态的变化之内;②高度的集聚性和关联性是产业集群的两大主要特征,它们使得产业集群内部机构对外呈现出联系紧密的网络特性;③产业集群是大量单个企业相互关联组合成的组合体,单个企业是产业集群网络关系主体的组成部分,产业集群内部的关系不仅包含横向和纵向的产业链条关系,还包括大量直接和间接的关系;④产业集群具有独特的竞争优势,集群内部企业之间的相互合作和单个企业相比具有一定的协作优势,这种优势是地区竞争优势的基础;⑤社会基础设施是产业集群优势作用产生的基础,是形成产业集群的必要条件;⑥社会关系和企业间信息的交流沟通对产业集群的发展至关重要,社会关系网络的良好运行、信息交流沟通的顺畅与高效,直接影响产业集群的成长。高效的产业集群必须包含社会关系、信任、信息共享等支撑要素。

产业集群信息服务研究近几年得到快速的发展,国内外学者对产业集群信息服务具有较多的研究成果,这些研究成果大多已经成为政府制定决策时的重要参考。如埃森哲(Accenture)认为,在信息服务构建过程中政府应建立协调机制;产业集群信息服务需要由政府牵头,成立部门间联席会议制度,专门负责研究、制定和协调信息服务发展的相关政策;建立政府各部门之间、企业之间及其金融保险行业之间的协调机制,避免恶性竞争,充分利用公共信息资源[25]。刘召栋等[27]在分析产业集群信息服务需求特点和信息服务现状的基础上,对当前的信息服务体制和保障体系进行了思考,认为产业集群信息服务需求具有四个特点:全方位和综合化;开放化和社会化;集成化和高效化;数字化和网络化。在他们看来,产业集群信息服务建设应立足于本国的实际,探索面向国家、地区创新发展的信息服务体制以及变革知识信息服务手段,强化社会化信息服务体系的构建,以实现信息服务的数字化和网络化[27]。此外,目前国内的产业信息服务理论研究普遍缺乏对特定产业信息需求、特定产业发展特点和特定企业创新发展困难等具体问题的研究,同时也缺乏对信息服务集成组织和跨系统信息服务利用方式等具体问题的构建和研究,应在政府引导下充分整合集群内的各项资源,进行科学合理的分工与协作,建立多元化信息服务体系,为集群内的企业提供政策服务、信息服务、中介服务、风险投资服务、专家咨询以及技术服务等一条龙服务[28,29]。

总体上看,当前对产业集群信息服务机制的研究大多是通过构建一个信息服务平台来实现集群内部的信息共享,缺乏对集群信息服务机制的关键因素以及系统构建信息服务机制的研究。本案例拟用人际竞争情报分析方法,以产业集群信息服务为研究的切入点,对集群的信息共享影响因素、信息服务机制构建以及实现等进行研究,丰富现有产业集群信息服务机制的研究。

7.4.2 产业集群信息服务人际竞争情报网络建模

1. 产业集群信息服务机制行动者的确定

产业集群是指由一系列在地理上相近的相互联系的公司、专业供应商、服务提供商、政府以及其他相关机构（高校、科研机构、智囊团、职业培训机构、行业协会）构成的集聚体。它们同处或相关于一个特定的产业领域，既竞争又合作，由于具有共性和互补性而联系在一起。产业集群内部主要包含核心要素、基础要素和支撑要素集合。核心要素集合主要是集群网络的主要发起者和主导者，包括供应商企业、制造企业、互补企业、竞争企业、需求企业等；基础要素集合主要是高校、科研机构、政府机构、金融机构、中介服务机构，该集合主要为核心要素集合提供技术、人才、资金、政策、咨询等服务功能；支撑要素集合主要包括各种公共设施、信息资源、物质资源、服务市场甚至人文环境，它们是产业集群运行发展的基础和环境。依据产业集群的组合要素和行动者网络理论，信息服务机制的行动者网络构建主体包含企业、服务机构和基础设施。供应企业、需求企业和相关企业是产业集群信息服务网络的核心，它们利益的实现是集群信息服务机制执行的强制通行点（obligatory passage point，OPP），该强制通行点关系到整个信息服务机制的成功。高校、科研机构、政府机构、金融机构和中介服务机构等通过一定的联系为企业服务，共同实现集群的整体目标。电力、建筑、土地等基础设施是服务机制中的非人类因素，根据行动者网络理论观点，它们是信息服务机制成功的物质基础。

2. 各行动者面临的主要问题

产业集群信息服务机制的成功是建立在充分了解各行动者面临的问题之上的。问题化是指在一场行动计划中，核心行动者通过指出其他行动者利益的实现途径，使不同的行动者关注的对象问题化，从而结成行动者网络，同时使自身的问题成为实现其他行动者目标的强制通行点。只有充分了解大家各自关心的问题，才能更好地征召以及协调动员。

在产业集群信息服务机制中，核心行动者——企业为了提升自身的竞争能力、增加内部收益、降低无序化竞争，设置了所有行动者共同通过的强制通行点以实现集群内部信息共享，并且为各个行动者指明了利益及其实现途径。下面就集群信息服务机制中的各行动者的利益及其实现途径具体说明。

1）企业

（1）利益。在集群信息服务机制行动者网络中，核心行动者——企业的目标是使集群的整体利益最大化，在信息服务机制中它能够获得的利益有：①增加企业上下游之间的交流，增加彼此之间的信任；②及时获得最新的技术信息，提高企业生产技术能力；③获取政府的大力支持，更容易获得基础设施便利；④及时了解竞争对手的信息，促进彼此之间的有效竞争。

（2）障碍。①企业追求的利益与政府追求的利益有一定的差距；②缺乏行动者之间的利益规范机制；③与高校、科研机构的沟通缺乏一定的渠道；④基础设施的分配共享尚需一定的规范。

2）政府等非营利性机构

（1）利益。①有效维护企业之间的合理竞争；②加大地方性资源的使用效率；③增加地区生产总值；④实现自身机构的社会价值。

（2）障碍。①与企业之间的信息不对称；②缺乏吸引企业加入的措施。

3）高校、科研机构

（1）利益。①有效促进高校毕业人员的就业；②将高新技术知识转化为生产力，实现其价值。

（2）障碍。企业对高校等科研机构的不认同。

4）基础设施

（1）利益。①由基础设施建设量的减少和使用效率的提高而带给其他行动者社会效益最大化的利益；②带给核心行动者成本降低和资源互补的利益；③带给公众环保和健康方面的利益。

（2）障碍。在信息服务机制行动者构成的网络中，相对于先前的人类行动者面对的规范、意愿、权责等主观障碍，基础设施面对的则是客观障碍，主要表现在：如何寻找可以代表基础设施的代理人？哪些基础设施应作为行动者？

3. 各行动者的利益赋予

利益赋予是网络核心行动者通过采取相应的措施来稳定其他行动者的手段，它的目的是通过利用各种装置和策略强化各行动者的角色特征，利益赋予的最终结果是各行动者被征召而成为网络中的成员。在该阶段，核心行动者不仅为网络中的其他行动者赋予了相应的利益，也采取了相应的强制手段用来维护其他行动者按照自身的意图而完成任务。在集群信息服务机制网络中，核心行动者主要通过下面几个方面来稳定其他行动者。

1）促使政府发布相关政策法规

核心企业行动者通过向政府说明信息服务网络的重要性，促使政府发布相关的政策法规。通过政府的力量可以有效地促进中介机构、高校、科研机构以及基础设施等的加入。政府制定的政策法规可以令其他行动者在信息服务网络中规范自己的行动，做到有章可循、有据可依，从而可以更好地接受核心行动者赋予的任务。

2）建立同其他行动者的利益共享机制

利益共享机制是其他行动者关注的核心，它是维持网络关系的基础。核心行动者要依据自身发展的利益和其他行动者的利益来制定相应的共享策略，这样既维护了自身的利益也保障了其他行动者的利益。利益共享机制的制定可以依据博弈论的相关模型，博弈论模型一般可以很好地解决多个主体利益协调的问题。

4. 基于主体利益的行动者征召和筛选

征召阶段的主要任务是令网络中的其他行动者接受网络核心行动者为它们规定的任务及分享的利益，并加入到网络中来。利益赋予阶段，网络核心行动者给其他行动者赋予了相关的利益和任务，而征召阶段正是对它们的实现阶段。这一阶段，每一个行动者必须去完成它所接受的任务，响应核心行动者为其指明的行动路径，促使整个网络的运作。

在征召阶段，集群信息服务网络中的供应企业、需求企业以及相关的企业要为其他行动者提供生产要素，它们要通过彼此之间的联结，以及与高校、科研机构、政府、金融机构、行业协会等中介机构进行联结，开发新产品。高校、科研机构要为企业提供有价值的知识、信息和高新技术。政府等服务机构积极参与推动企业合作、校企合作等技术创新活动，出台各种政策促进集群协调发展。金融机构为促进企业的发展提供长期的低息贷款和金融支持。中介机构积极促进集群网络主体之间的联络沟通，缓和企业之间的竞争矛盾，辅助和支持网络的运转。基础设施等非人类因素为集群信息服务网络提供物质支持。

征召过程同时伴随筛选过程。由于利益赋予，试图加入网络的行动者会越来越多，对行动者的筛选通常是基于它们在网络中的重要性和影响力进行的。可以利用第 2 章中的网络特征分析指标进行衡量，比如从中介中心性观察，中介中心性的行动者在连接其他行动者之间起到桥梁作用，传递信息、资源和影响力。因此，具有高中介中心性的行动者通常被认为在网络中具有重要的地位和影响力，是被行动者网络吸纳的首选目标。

5. 行动者之间的协调动员

动员是集群信息服务网络形成的最后一个阶段。在这一阶段，核心行动者上升为整个行动者网络的代言人，通过对其他行动者行使权力以维护整个网络的稳定运行。依据行动者网络理论，网络只有达到这一阶段，一个成功的网络（专门为研究集群信息服务机制而搭建的人际竞争情报网络）才算完成。

1）核心行动者要充分发挥网络"代言人"的作用

集群信息服务网络包含许多类型的行动者，涉及企业、政府、中介机构、高校、科研机构等复杂的主体，它们之间的关系十分复杂。网络中的核心行动者要积极倡导网络构建的目的和作用，引导各类行动者朝着目标的方向努力。鼓励网络主体之间进行合作沟通，彼此之间统一规划、协调发展、及时沟通，树立诚信的观念。

2）处理好信息服务网络同其他网络的协调关系

在产业集群中，信息服务网络不是一个孤立的网络，它同集群内部的供需网络、资金转移网络、知识转移网络等有着密切的关系。核心行动者要时刻关注网络之间的协调关系，维护网络的稳定发展。

7.4.3 产业集群信息服务人际竞争情报网络分析

1. 社会网络分析在信息服务网络分析中的主要应用

信息服务网络成功的关键因素是行动者之间的合作。产业集群行动者彼此的合作与信息服务网络的结构特征、行动者的认知和相互之间的关系强度密切相关。社会网络分析可以有效地分析网络结构、关系强度、认知水平与行动者合作之间的关系。该分析方法是将宏观分析和中观分析、微观分析相结合的一种有效分析方法，能够利用"嵌入"网络的思维方式将网络结构、认知和关系结合在一起，有效地对信息服务网络中的竞争情报进行分析[31]。下面从社会网络分析的宏观、微观、中观三个角度来研究该方法在信息服务机制构建中的影响及应用。

1）宏观分析在产业集群信息服务机制构建中的应用

宏观分析主要从网络的整体出发，研究网络行动者之间的关系现状，反映资源配置状况、信息流动性以及网络稳定性等，主要指标为网络密度和网络群聚指标。

集群信息服务网络密度的大小与行动者之间的关系强弱、认知相似性有重要关联。网络密度增大，可以促进行动者之间主动的合作和知识的转移和扩散，进而使彼此之间的认知相似度得到提升。反过来，认知相似度的提高，可以促进行动者之间的关系进一步增强，增加网络的密度水平。

网络群聚指标可以有效地反映出关系紧密的节点和疏松的节点的位置，为集群网络节点间的关系维护提供方向。通过增加紧密节点与疏松节点之间的中间连接节点，可以有效增加网络的整体网络密度。通过鼓励边缘节点向中心节点学习，开展行动者之间的互助合作活动，可以提高彼此之间的社会关系强度，进而边缘节点可以有效地获取核心节点的先进管理经验、营销方法和技术创新能力，核心节点则可以获得相应的人力、原材料、半成品等，降低生产成本。

2）微观分析在产业集群信息服务机制构建中的应用

微观分析主要是从网络的个体出发来探究网络中节点的重要性以及网络的鲁棒性。社会网络中心性主要有三种形式：度中心性、中介中心性、接近中心性。表 7-16 是中心性指标在信息服务网络构建中的分析方法。

表 7-16 中心性指标在信息服务网络构建中的应用分析

中心性指标	在网络构建中的应用分析
度中心性	度中心性大的行动者在网络中扮演着重要的角色，一旦该行动者脱离网络，整个网络可能支离破碎；度中心性小的行动者在网络中的重要程度相对较小，但是在产业集群网络系统中是不可或缺的
中介中心性	中介中心性大的行动者在信息服务网中扮演着中间人的角色，该行动者将网络中的各个派系联系起来。网络中的中介机构、技术研发中心往往是网络中的中间联络人，应当有效发挥这些行动者在网络中的作用
接近中心性	接近中心性说明了行动者对其余行动者的熟悉情况，接近中心性越大说明该行动者对整个网络的信息传播越有利，能够快速地将信息传播出去，该类行动者可以作为信息传播的出发点

3）中观分析在产业集群信息服务机制构建中的应用

中观分析主要是利用社会网络分析中的态势分析来分析产业集群中行动者之间的关系密切情况，通过派系可以发现产业集群中各子派的分布情况、派系中核心企业之间的关系，进而对派系之间的联系进行有效的引导连接。

在产业集群网络中，由于行动者之间关系强度差异的存在，整个网络往往会自发地形成多个派系。产业集群网络中常见的派系主要有政府之间的派系、企业之间的派系、高校科研院所之间的派系、金融机构之间的派系等。集群网络由于派系的存在往往造成派系内部联系非常紧密、信息共享程度大，派系之间联系少、信息共享程度差的现象。这种派系林立的现象阻碍了技术、信息、情报在集群内部的传递，抑制了集群竞争能力的升级。

通过派系分析可以发现集群网络现有的派系分布以及派系内部行动者与核心行动者之间的关系状况，进而获悉集群网络中各派系之间的竞争与合作程度。小团体密度指标又称 E-I 检索，可以用来测量一个大的网络中小团体现象是否严重。利用该指标可以知道集群网络是否存在小团体现象，以及集群网络运行是否有效。集群网络存在小集团现象时，可以通过引入中介服务机构将派系联系起来，增加团体之间的重叠点数量，进而提高整个集群网络的网络密度。

2. 超网络分析在信息服务网络分析中的主要应用

信息服务网络的构建是为产业集群网络而服务的，它是产业经济网络的一部分，二者相互融合，不可分割。因此，在构建信息服务行动者网络时需要同时构建产业集群超网络模型来协调集群信息服务网络与其他网络之间的关系[30]。

产业集群超网络主要包含组织合作网络、信息交流网络、资金转换网络、人才流动网络、异质型网络，利用符号可以表示为 $G=(V,E)$，V 是行动者节点的集合，E 为边的集合。$V=\{O,S,T,K,W\}$，其中：O 表示产业集群网络中的组织（企业、高校、科研机构、中介机构等）节点的集合；S 表示发生信息交流的节点集合；T 表示具有资金转换的节点的集合；K 表示不同组织之间人才发生流动的节点的集合；W 表示资源、交通、电力等异质节点组成的集合。

（1）组织合作网络（G_O）。以产业集群中的行动者作为网络的节点，以其之间的合作关系作为边。组织合作网络表示为 $G_O=\{O, E_{O\text{-}O}\}$，其中 $O=\{o_1,o_2,\cdots,o_n\}$ 表示行动者节点的集合，$E_{O\text{-}O}=\{(o_i,o_j)\mid \theta(o_i,o_j)=w\}$ 为边的集合，(o_i,o_j) 表示组织节点 o_i 和 o_j 之间存在联系的一条边，$\theta(o_i,o_j)=w$ 表示边的权重为 w，即集群网络行动者 o_i 和 o_j 之间的合作强度。

（2）信息交流网络（G_S）。以集群中的各行动者为节点，以节点间的技术、知识、信息传递为边，信息交流网络表示为 $G_S=(S, E_{S\text{-}S})$，$S=\{s_1,s_2,\cdots,s_n\}$，表示信息交流网络的 n 个子网络。

（3）资金转换网络（G_T）。集群中的资金转换网络指主要由企业、银行、金融机构、税务机关通过资金的支付和借贷的关系形成的网络。资金转换网络可以表示为 $G_T=(T, E_{T\text{-}T})$。T 表示集群发生资金转换的行动者的节点的集合，$E_{T\text{-}T}$ 表示行动者发生资金转换的关系形成的一条边。

（4）人才流动网络（G_K）。以集群网络中的行动者为节点 K，行动者之间存在人员流动为节点之间的联系 $E_{K\text{-}K}$。人才流动网络可表示为 $G_K=(K, E_{K\text{-}K})$。人才的流动往往会引起组织合作关系的变化，进而影响整个集群网络结构和集群绩效。

（5）异质型网络（G_W）。异质型网络是指集群中的资源、交通、电力、政策、法律等外部环境资源构成的集合，该集合同组织合作网络、信息交流网络、资金转换网络、人才流动网络密不可分，共同维持集群的稳定持续发展。

产业集群网络中的各网络，通过网络之间的关系映射实现网络之间的联系，进而实现集群网络之间的集成、协调和统一。

如图7-8所示，网络之间的主要映射关系为：

（1）组织合作网络和信息交流网络之间的映射关系。组织合作网络是信息交流网络的基础，信息交流网络是组织合作网络进一步发展的动力。组织合作网络中的主体和信息交流网络中的主体是一致的。在组织合作中往往会发生信息的传递和知识的转移，信息交流网络中信息的流通也可以促进组织行为主体之间合作关系的建立。

（2）组织合作网络和资金转换网络之间的映射关系。资金转换网络是为组织合作网络服务的，组织合作往往会发生产品、技术、原料之间的供需关系，供需会引起资金的支付和获取，这就产生了组织合作网络与资金转换网络之间的密切联系。

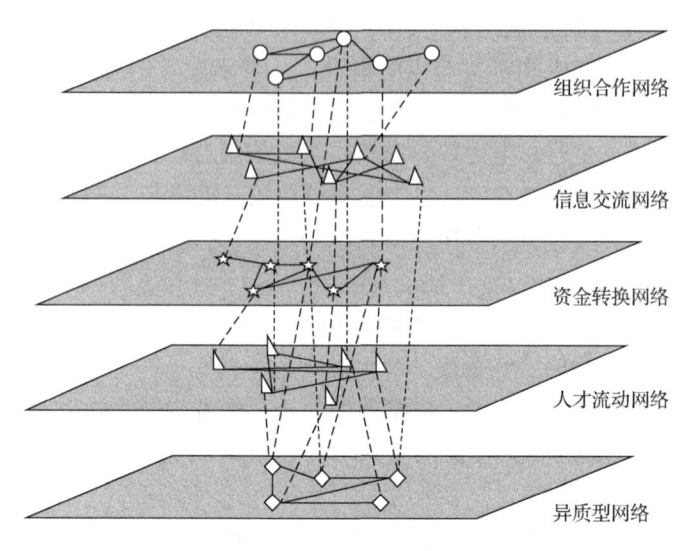

图 7-8　集群超网络映射图

（3）组织合作网络和人才流动网络之间的关系。组织合作网络中往往会发生人才的流动。组织合作网络中的行动者之间会产生信息、技术等的相互学习，这些学习交流活动需要技术人员之间的交流与互换。另外，人才之间的流动可以促进组织间的信任关系，使彼此之间的合作更加紧密。

（4）信息交流网络和资金转换网络之间的映射关系。信息交流网络和资金转换网络通过组织合作网络间接地发生映射关系，组织合作网络中的信息交流和资金转换是密不可分的。网络中行动者之间的信息交流和资金转换往往成正比，信息交流网络的网络密度越大，资金转换越频繁。

（5）信息交流网络和人才流动网络之间的映射关系。人才流动网络会带动信息交流网络的发展，人才的本质属性就带有大量的信息，信息可以通过人才的流动而传递。人才的流动又通过信息的交流而更加频繁。

（6）异质型网络和其他网络之间的映射关系。异质型网络是集群网络发展不可缺少的因素，它同其他网络均有直接或间接的联系，共同维持整个网络的发展。

7.4.4　上海 S 区产业集群信息服务机制的具体应用

S区位于上海市西南,黄浦江上游,距上海市中心39km、虹桥国际机场25km、浦东国际机场 68km，面积 604.67km²，下辖 4 个街道、11 个镇：岳阳街道、永丰街道、方松街道、中山街道，泗泾镇、佘山镇、车墩镇、新桥镇、洞泾镇、九亭镇、小昆山镇、泖港镇、石湖荡镇、新浜镇、叶榭镇；以及 S 区工业区、佘山度假区、五厍农业园区、S 区科技园区、新城区。2011 年，工农业总产值为 4245.48 亿元，其中工业总产值为 4225.28 亿元，地方财政收入为 85.86 亿元，全社会固定资产投资总额为 280.14 亿元，社会消费品零售额 342.12 亿元。沪杭高速公路、沪杭铁路复线和黄浦江贯穿全区，公路网四通八达，交通便捷。

从经济总量来看，2011 年全区紧紧围绕"创新驱动、转型发展"，积极推进经济结构调整，切实转变经济发展方式，全区经济保持平稳健康发展态势。全年实现增加值 934.16 亿元，按可比价格计算，比上年增长 0.9%。其中，第一产业实现增加值 8.08 亿元，比上年下降 1.5%；第二产业实现增加值 610.06 亿元，比上年下降 2.6%；第三产业实现增加值 316.02 亿元，比上年增长 8.7%。从财政收入来看，财政收入保持稳步增长。2011 年实现财政总收入 255.50 亿元，比上年增长 9.3%，其中，区级财政收入 85.86 亿元，比上年增长 9%。全年地方财政支出 125.56 亿元，比上年增长 21.3%。

从表 7-17 可以看出，电子信息业的工业生产总值最高，达到了 2540.70 亿元，占了工业生产总值的 60.13%，这说明电子信息业在 S 区的产业聚集程度最高。现代装备制造业的工业生产总值为 751.07 亿元，占了工业生产总值的 17.78%，说明该行业在该地区有所聚集，但是聚集程度不算太高。精细化工和新材料行业的工业生产总值在 S 区所占工业生产总值的比例均超过了 1%，说明该行业在该地区的发展刚刚起步，有待进一步的发展。生物医药行业的工业生产总值最低，仅为 8.67 亿元，说明生物医药行业是一个新兴的行业，发展前景有待进一步观察[31-33]。

表 7-17　前五大产业工业生产总值占比分析（数据来源于 2011 年 S 区统计局）

产业类别	工业生产总值/亿元	所占比例/%
电子信息业	2540.70	60.13
现代装备制造业	751.07	17.78
精细化工	139.01	3.29
新材料	60.72	1.43
生物医药	8.67	0.20

1. S区产业集群网络及其构成要素

产业集群网络，是指一定地域范围内，产业集群的各类主体（包括企业、高校、科研机构、地方政府等组织及个人）在各种产业关系和创新连接关系的基础上，基于共同社会文化背景和共同的信任基础结成的相对稳定的、能够促进产业集群协调稳定发展的各种关系网络。如表7-18所示，S区产业集群既包括生产商与供应商、客商产业链合作关系，也包括企业与高校、科研机构、政府、行业协会等中介组织之间的联系，还包括集群中各主体之间、企业家之间、个人之间的社会或人际关系，是产业集群中各主体之间正式与非正式网络型关系。

表7-18 S区产业集群网络节点类型

网络节点	网络中地位	主要类型
企业	核心主体	原材料供应商、产品加工商、产品销售商、物流企业等
高校、科研机构	技术和智力源泉	东华大学、华东政法大学、上海立信会计金融学院、上海工程技术大学、上海对外经贸大学等
地方政府	引导、规划和管理者	发展和改革委员会、科学技术委员会、政府、经济贸易委员会等
中介机构	辅助、支撑体系	S区为广大中小企业提供科技、物流、创业、会展等中介服务的单位，行业协会以及律师、会计事务所等市场中介机构
金融机构	资金保障者	本地银行、政府基金部门、投资基金公司等

2. S区产业集群主体间网络关系问卷设计

常见的问卷设计具有通用的问卷设计格式，这种格式通常是用若干个指标来描述和反映一个变量，变量的权重设定通常利用Likert量表进行打分。这种设计可以有效地对敏感问题进行规避，得到的数据也更加有效。这种调查问卷的设计对于评价性问题比较有效，但是对于网络内主体之间的关系情况来说效果比较一般。本案例对于网络联结的调查问卷采用引导的方式进行设计，对所调查的对象进行各种关系的适当引导，促进其对其他网络主体联系的构建。然而，对于网络关系强度仍然需要Likert量表进行打分，来区分各个网络主体之间关系的强弱。问卷设计可以采用以下四个步骤进行。

（1）文献研究。通过查阅产业集群网络关系、网络结构研究的相关论文，总结归纳出产业集群发展现状、网络关系强度、网络关系结构以及个体企业本身发展状况的调查方法。在前人科学研究的基础上，结合自身研究的相关问题设计出一套合理的调查问卷。

（2）和相关专家进行商讨。通过和产业集群研究专家、情报研究人员以及政府相关人员进行面谈、交流以及电子邮件形式的联系沟通，广泛征求相关人员的意见，总结归纳并对调查问卷进行初步修改。

（3）征求调查对象的相关意见。拜访产业集群网络的核心主体——企业的高管，探讨他们关注的问题以及敏感问题，征询其对调查问卷的疑问和意见，并对相关的问题进行适当的调整，以便顺利完成调研。

（4）调查问卷的预测试。在调查问卷进行大批量发放之前，调研小组首先对50家邻近的小企业进行预调研，通过一系列的相关分析，并对调查问卷的题目进行了微小的调整，以增强调查问卷的科学性和有效性。

问卷设计的内容见表7-19。

表7-19　调查问卷表

1. 企业与相关企业之间的联系调查：
（1）贵企业的原材料、零部件、生产设备的供应商是否有S区本地企业？
　有□　　　没有□
　若有请提供具体企业名称：_____、_____、_____、_____、_____。
　若有请同时提供占比情况
（2）贵企业的产品销售商对象是否有S区本地企业或公司？
　有□　　　没有□
　若有请提供具体企业或公司名称：_____、_____、_____、_____、_____。
　若有请同时提供占比情况
（3）贵企业的技术管理（包括技术协作、技术转让、技术开发、技术支持）是否与S区本地企业有过联系？
　有□　　　没有□
　若有请提供具体企业名称：_____、_____、_____、_____、_____。

2. 企业与下列相关政府机构之间的联系：请在下列题项的1～5中选择。
　贵企业与下列政府机构的联系程度如何？
　政府机构名称　　1. 不联系　2. 很少联系　3. 有联系　4. 联系较多　5. 经常联系
　（1）S区经信委　　□　　　　□　　　　　□　　　　□　　　　　□
　（2）S区科委　　　□　　　　□　　　　　□　　　　□　　　　　□
　（3）S区发改委　　□　　　　□　　　　　□　　　　□　　　　　□
　贵企业与S区其他政府机构的联系程度如何？（请填写具体机构）
　（4）_____　□　　　　□　　　　　□　　　　□　　　　　□

3. 企业与下列金融机构之间的联系（接受金融支持）：请在下列题项的1～5中选择。
　金融机构名称　　1 不联系　2 很少联系　3 有联系　4 联系较多　5 经常联系
　（1）政府基金　　□　　　　□　　　　　□　　　　□　　　　　□
　　若有，请填写具体名称：_____。
　（2）银行　　　　□　　　　□　　　　　□　　　　□　　　　　□
　　若有，请填写具体名称：_____。
　（3）投资基金　　□　　　　□　　　　　□　　　　□　　　　　□
　　若有，请填写具体名称：_____。

4. 企业与下列本地相关中介机构之间的联系：请在下列题项的 1~5 中选择。
   贵企业与下列 S 区中介机构的联系程度如何？

中介机构名称	1 不联系	2 很少联系	3 有联系	4 联系较多	5 经常联系
（1）行业协会	□	□	□	□	□

   若有，请填写具体名称：_____。

   | （2）培训机构 | □ | □ | □ | □ | □ |

   若有，请填写具体名称：_____。

   | （3）法律服务机构 | □ | □ | □ | □ | □ |

   若有，请填写具体名称：_____。

   | （4）人事服务机构 | □ | □ | □ | □ | □ |

   若有，请填写具体名称：_____

5. 企业与下列相关科研机构之间的联系：请在下列题项的 1~5 中选择。
   贵企业与下列 S 区高校、科研机构的联系程度如何？

科研机构名称	1 不联系	2 很少联系	3 有联系	4 联系较多	5 经常联系
（1）东华大学	□	□	□	□	□
（2）上海外贸	□	□	□	□	□
（3）华东政法	□	□	□	□	□
（4）上外	□	□	□	□	□
（5）工技大	□	□	□	□	□
（6）立信会计	□	□	□	□	□
（7）_____	□	□	□	□	□

   若有研究所相联系，请填写（7）题。
   贵企业与上海其他高校或科研家机构的联系程度如何？（请填写具体高校和研究所）

   | （8）_____ | □ | □ | □ | □ | □ |

通过 UCINET6.0 绘制得到 S 区信息服务网络（图 7-9）。

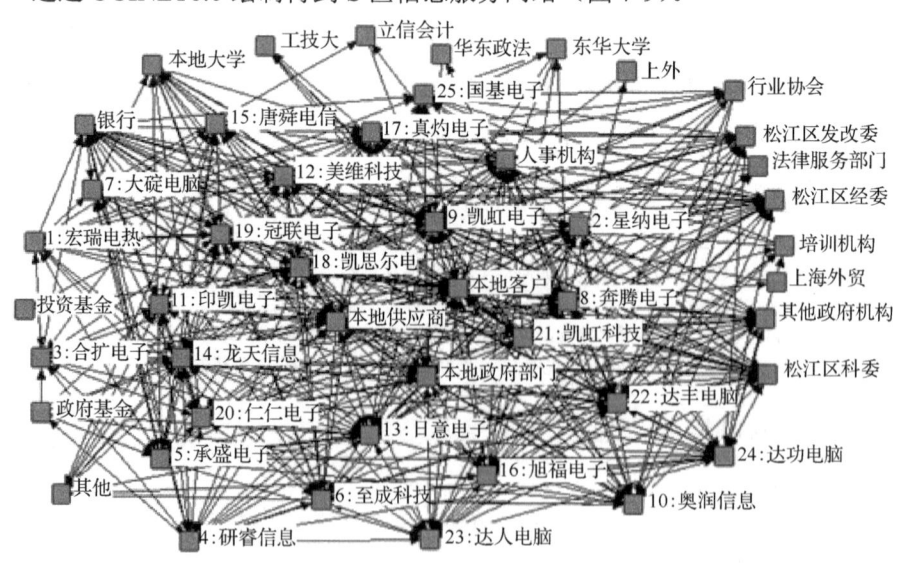

图 7-9 S 区信息服务网络图

3. 当前 S 区产业集群网络内企业间关系现状分析

（1）S 区企业间整体网络密度分析。经过 UCINET6.0 计算得出网络密度分析图，见图 7-10，该区的整体网络密度为 0.0019，整个集群网络密度非常低，企业之间的联系非常稀松。整个集群网络稳定性较差，集群内部企业之间的合作交流较缺乏，资源、技术、信息共享程度不紧密，协作性差。

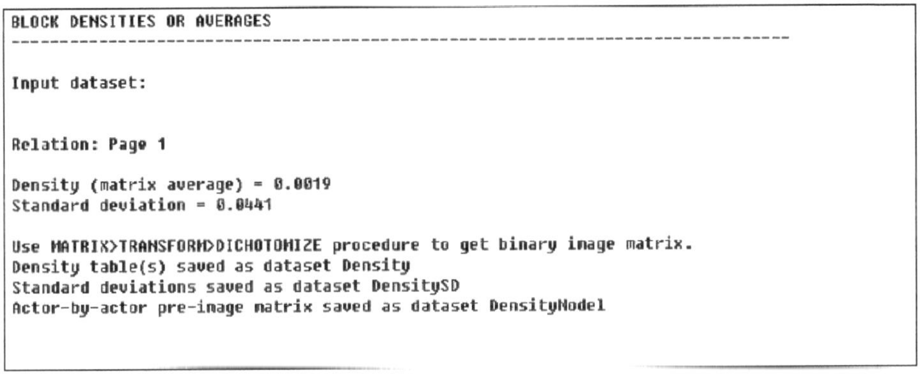

```
BLOCK DENSITIES OR AVERAGES
--------------------------------------------------------
Input dataset:

Relation: Page 1

Density (matrix average) = 0.0019
Standard deviation = 0.0441

Use MATRIX>TRANSFORM>DICHOTOMIZE procedure to get binary image matrix.
Density table(s) saved as dataset Density
Standard deviations saved as dataset DensitySD
Actor-by-actor pre-image matrix saved as dataset DensityNodel
```

图 7-10　整体网络密度分析

对个体网络密度进行分析。网络密度较大的企业有两家——承盛电子和思旭电子，密度均为 100，这两家企业在集群网络中处于中心位置，拥有很好的网络资源，信息、资源、技术获得量大。凯虹电子、达功电脑、大碇电脑等 10 多家企业的网络密度相对其余企业较高，处于中心与边缘之间的位置，它们在促进集群整体网络密度中起着关键作用。表 7-20 仅仅列出了网络密度大于 0 的部分企业（网络密度采用 UCINET6.0 进行计算）。

表 7-20　个体网络密度分析

节点	个体网络密度
承盛电子	100
思旭电子	100
凯虹电子	66.67
达功电脑	38.1
大碇电脑	38.1
竹昌	33.33
达群	33.33
达力	33.33

续表

节点	个体网络密度
元豪	33.33
日腾	21.43
达丰电脑	21.43
凯虹科技	20
国基电子	15.56
达人电脑	14.29
旭福	10
核工碟形	4.76
龙工	2.22
复盛	1.52
永大	1.52
乐天	0.48

整个集群网络中企业个体网络密度为 0 的企业超过 80%，说明在该区的产业集群网络中大部分企业处于集群网络的边缘位置，不能很好地获得集群所带来的资源、信息、技术、市场等优势。

（2）中心度分析。从集群网络的中心度分析结果（表 7-21）可以得出，度中心度较大的企业有乐天、致远、鹰峰、永大、复盛、正泰、国基电子等几个大型的企业，这些企业在整个集群网络中具有很强的权威性，拥有较多的资源，控制力较强。中介中心度较大的企业主要有复盛、乐天、精星、鹰峰、锐奇、东洋等，这些企业在维持集群网络内部联系上起着重要的作用，但是相对于如此大型的产业集群网络，这些中介企业数量较少。从接近中心度来看，接近中心度大的刚刚接近 0.2，整个集群网络的接近中心度都很小，和其他企业靠得都很远，不能很好地进行信息的交流。

表 7-21　产业集群网络中心度分析（限于篇幅，仅列出前 20 项）

排序	度中心度 节点	度中心度 相对值	中介中心度 节点	中介中心度 相对值	接近中心度 节点	接近中心度 相对值
1	乐天	2.3	复盛	7.059	核工碟形	0.196
2	致远	1.752	乐天	6.325	复盛	0.196
3	鹰峰	1.424	精星	6.315	乐天	0.196
4	永大	1.314	鹰峰	6.072	龙工[1]	0.196

续表

排序	度中心度		中介中心度		接近中心度	
	节点	相对值	节点	相对值	节点	相对值
5	复盛	1.314	锐奇股份	5.692	捷锐	0.196
6	正泰	1.205	东洋	5.49	永大	0.196
7	国基	1.095	锐奇工具	5.441	鹰峰	0.196
8	宝立	1.095	核工碟形	5.433	庞贝	0.196
9	龙工[1]	1.095	领威	5.413	精星	0.196
10	保隆	0.986	三埃弗	5.322	三埃弗	0.196
11	星纳	0.986	达丰	5.27	3M	0.196
12	奔腾	0.986	永大	5.073	思旭电子	0.196
13	精星	0.986	正泰	5.065	大同	0.196
14	日腾	0.876	捷锐	4.987	龙工[2]	0.196
15	新农	0.876	锐秦	4.825	福达	0.196
16	达丰	0.876	龙工[1]	4.002	纬华包装	0.196
17	三埃弗	0.876	日意	3.75	九亨电镀	0.196
18	美联钢	0.876	好富顿	2.72	新亨热处理	0.196
19	西格玛	0.876	宏瑞	2.664	思尔特	0.196
20	宝驿	0.876	建伍	2.54	兴峰	0.196

注：龙工[1]为龙工机械制造，龙工[2]为龙工（上海）路面机械。

从中心性分析中可以看出，整个集群网络分布相对稀疏，中心企业不突出，大型企业在集群网络中的表现较差，集群网络中大部分企业处于网络的边缘位置，集群的优势作用发挥不出来。

（3）小团体指标分析。用 n-宗派对集群网络进行小团体分析。设最短距离小于等于2，派系的最小成员数量为10，共获得小团体派系13个，有些企业出现在多个派系中，它们是联结各派系的桥梁。具体派系划分见表7-22，其中标有"*"号的表示该企业在派系之间起到联结作用。

表7-22 派系分析结果

派系	企业名称
1	*永大、思旭电子、蒂森克、优希、多维、*乐天、核工碟形、助展、东培、信荣、龙纳、*正泰、宇博、宝杰、世春、宝怀、晨雅、班璐、悦鼎、松奥、瑞生、富士达
2	好富顿、龙工[1]、*复盛、龙工[2]、思尔特、方晶、仪达、希图、贝科、太迅、*核工碟形
3	*龙工[1]、*复盛、福达、群盛、宏赛、电气先锋、大同、兴峰、爱森斯、欣霸瓦、掀沪、捷锐、*核工碟形

续表

派系	企业名称
4	东洋[1]、3M、精星、鹰峰、唯德、锐德、曼盛、广达电、麦考林、箭牌糖类
5	九晶、星纳、小石、汉升、锦金、博坚、艾佳、冉诚、合晶、农怡
6	凯虹电子、日腾、达丰、达人、达功电脑、国基、大碰电脑、良机、汉门、优异、尚盟
7	*正泰、宏瑞、嘉氯、佘山机电、亚中、友拓、乐标、欧米、锐泰、供电局、安纵、东自
8	*永大、耀江、波德、贝跃、南洋、思旭、欣富、龙奇、商业发展、福祥、新桥、*乐天、鹰峰
9	奔腾、致琦、锐祥、恒川、希尔盖、度士、奔腾、新心、赫达富、三承
10	宝立、国民、比雷福、洪宁、大成、沃尔、元盛、旭松、美昌、联豪、庞仕
11	*永大、利海、精星、鹰峰、汇昌、同林、灼日、擎昊、科比、双手、吉亿、罗克韦尔、酷马、盛蒂斯
12	保隆、恒崛、兴闳泰、隆世、海包、高纬、龙秀、日产、双嘉、韩泰
13	致远、天逸、品哲、鸿康、梁洪、陆羽自、诺雅克、古川、协超、风然、纽创、成高、锐榆、煊锐、铸锟、宁旺、阳隽

注：龙工[1]为龙工机械制造，龙工[2]为龙工（上海）路面机械。

从表 7-22 可以看出，该区的产业集群状况出现了一定的派系分布，整个集群网络分成了 13 个派系。派系 4、5、6、9、10、12、13 相对独立，与其他派系之间联系不大。其余派系之间大多通过几个大型的企业相互联系，这说明整个集群网络内产业之间联系不紧密，交流很少。应该实施有效的措施，实现小集团与小集团之间、小集团与其他企业之间的沟通与联系。

针对当前企业间网络密度小、缺乏核心网络节点、网络中心度低、网络存在派系且派系之间联系较疏松的现象，课题组对区委相关部门提出了一些优化网络结构、提升集群企业竞争力的建议。

（1）加大对龙头企业的支持力度，培育网络核心企业。对龙头企业的大力支持和培育可以增加集群网络中度中心高的节点，发挥其技术、经济辐射作用。顾及边缘中小企业，积极引领中小企业与大型核心企业之间建立上下合作关系，增加中小企业之间的连接，进而增加集群网络密度，逐步提高中小企业的中心化程度。

（2）构建竞争情报信息服务平台，提高中小企业竞争力。将集群网络中的核心企业、中小企业、政府机构、科研机构、中介服务机构、金融机构等加入到竞争情报信息服务平台，增加网络成员之间的了解与信任，促进集群网络行动者之间的交流与合作。逐步增加集群网络的密度，增加派系之间的联系程度，进而减少整个集群网络中的派系分布。

（3）每个宗派内的核心企业应该主动与其余宗派内的企业建立合作联系，加强不同派系之间的联系，增加网络密度，降低个别企业的中介性。度中心度小的中小企业应该努力与周围的企业建立联系，增加自身的中心性，不断提高自身的网络位置。集群网络内部的企业还应该努力和集群外部的企业进行知识技术的交流，以改善因知识同质化而引起产品同质、创新能力下降的现象，进而提升整个集群的竞争力。

4. S区产业集群信息服务行动者网络的构建

依据行动者网络理论，S区产业集群信息服务行动者网络的构建过程依照转译过程来实现[30,31]。首先是确定网络内的行动者，其次是分析每类行动者面临的主要问题，最后是通过创建OOP构建网络。

首先说明产业集群信息服务行动者网络的主要行动者——企业。企业是整个集群中产生商品和价值的主要行动者，它能否积极做出相关行为是网络构建成功与否的判断标准，因此，首先要找准核心的龙头企业。根据S区网络现状分析状况可以得到产业集群的核心企业，包括国基电子、承盛电子、思旭电子、凯虹电子、达功电脑、大碇电脑、竹昌、达群、达力、元豪，如图7-9所示。因此，这些企业是整个行动者网络的核心。高校科研机构主要包含东华大学、上海外贸、华东政法、上外、工技大以及立信会计等高校；地方政府支持机构主要包含S区科委、S区经委、S区发改委、S区政府等机构；金融机构主要包含本地银行、政府基金部门等；中介服务机构主要包含人事机构、行业协会、培训机构等。

在构建一个行动者网络时，首先需要确定网络中各行动者所面临的和以后要克服的主要问题，这些问题是在未来转译过程中所要解决和控制的问题。

（1）核心企业：①企业追求的利益与政府追求的利益有一定的差距；②缺乏行动者之间的利益规范机制；③与高校、科研机构的沟通缺乏一定的渠道；④基础设施的分配共享尚需一定的规范。

（2）政府等非营利性机构：①与企业之间的信息不对称；②缺乏吸引企业加入的措施。

（3）高校、科研机构：①企业对高校等科研机构的不认同；②高校培育人才与企业所需之间的差距较大。

网络核心行动者通过问题的分析和利益的赋予手段对其他行动者进行调动，赋予其他行动者权利和义务，积极征召其他行动者加入。承盛电子、思旭电子、凯虹电子等企业主动为其他行动者提供生产要素。高校、科研机构、政府、金融机构、行业协会等中介机构积极同企业进行联结，开发新产品。政府等服务机构积极参与推动企业合作、校企合作等技术创新活动，出台各种政策促进集群协调发展。金融机构为促进企业的发展提供长期的低息贷款和金融支持。中介机构积极促进集群网络主体之间的联络沟通，缓和企业之间的竞争矛盾，辅助和支持网络的运转，最终得到产业集群信息服务的行动者网络。

5. S区产业集群子网络间协调性分析

依据行动者网络理论，S区产业集群子网络包含组织合作网络、信息交流网络、资金转换网络、人才流动网络等异质型网络。产业集群超网络内部的组织合作网络、信息交流网络、资金转换网络、人才流动网络不是孤立存在的，彼此之间通过网络主体的连接而相互影响，共同支撑整个产业集群网络的运行和发展。

超网络中的网络间协调性分析主要包含宏观、中观、微观三个层次[32]，下面主要对宏观和微观进行分析。

1）宏观分析

网络间宏观协调的衡量指标主要包括网络密度相似度和网络中心度相似度。经过UCINET计算得出各子网络的网络密度和网络中心度，见表7-23。

表7-23　各子网络的网络密度和网络中心度值

子网络	分析指标	
	网络密度	网络中心度
组织合作网络	0.3947	0.394
信息交流网络	0.4632	0.462
资金转换网络	0.3684	0.346

从网络密度来分析，信息交流网络的网络密度高于组织合作网络和资金转换网络，信息交流网络密度较大可以带动组织合作网络的进一步发展，进而增加网络主体之间的资金转移，因此从网络密度的排序来看有利于超网络未来的发展。从网络中心度来分析，三个网络的网络中心度大小均低于0.5，说明在超网络中没有出现垄断地位较高的企业。

整个超网络的网络密度相似度和网络中心度相似度分别为4.89%、5.83%，从这两个指标可以看出网络之间的差异程度是比较小的，网络之间的协调程度比较好。

2）微观分析

微观分析主要是从网络的内部结构特点出发，分析各个节点在网络中的位置差异，为网络的稳定性发展提供良好的建议。测量网络微观层次差异的主要指标有网络度中心相似度、网络中介中心相似度和网络接近中心相似度三个指标。

（1）度中心相似度分析。该分析过程主要探讨网络之间节点在各自网络中的控制力和影响力差异，分析结果见表7-24。

表7-24 三个网络的网络度中心差异分析

网络节点	类型			节点度相似度	发展状况等级
	组织合作网络	信息交流网络	资金转换网络		
a1	7	11	5	3.0551	危险
a2	9	8	8	0.5774	优秀
a3	9	10	6	2.0817	危险
a4	8	11	8	1.7321	良好
a5	12	10	8	2.0000	良好
a6	5	6	7	1.0000	优秀
a7	10	7	8	1.5275	合格
a8	8	6	7	1.0000	优秀
a9	7	8	8	0.5774	优秀
a10	7	11	8	2.0817	危险
a11	7	9	7	1.1547	合格
a12	6	9	9	1.7321	良好
a13	9	10	8	1.0000	合格
a14	6	9	3	3.0000	危险
a15	6	11	6	2.8868	危险
a16	7	9	6	1.5275	良好
a17	8	9	10	1.0000	合格
a18	6	8	7	1.0000	合格
a19	6	8	5	1.5275	良好
a20	7	6	8	0.5774	优秀

从表7-24可以看出，组织合作网络、信息交流网络和资金转换网络中节点的度中心性大小在一定程度上存在差异。另外，各个节点的度中心的标准差大小排序为资金转换网络＜组织合作网络＜信息交流网络，说明三个网络中度中心差异的大小不同。节点之间的发展状况等级也存在一定程度的差异。在复杂网络的发展中要积极促进良好节点向优秀节点、合格节点向良好节点转化，进一步提高网络的整体发展能力。网络中发展比较危险的节点主要是a1、a3、a10、a14、a15，这些节点的度中心在三个网络中差异最大，网络间的控制范围和控制能力最不协

调，持续发展的话这些节点的中心程度可能越来越小，发展的优势也越来越差。提高这些节点在网络间的匹配程度，是网络度中心相似度分析的主要目的。

（2）中介中心相似度分析。该分析过程主要研究网络间节点的转接能力的差异大小，以及如何提高整个超网络的主体的转接协调能力。

经计算发现，网络节点 a5 在三个网络中的差异值最大，其次是节点 a12 和节点 a17，说明这三个节点对超网络的中介中心相似度具有较大的影响，相反节点 a11 的中介中心差异值在三个网络中最小，节点的中介中心匹配度最高。在组织合作网络、信息交流网络和资金转换网络中，中介中心最大的节点分别为 a5、a13 和 a17，其中 a5 和 a17 在中介中心相似度中的影响也最大。因此，节点 a5 和 a17 是网络发展过程中关注的对象，它们之间关系的维护对整个超网络的转接关系能力具有重要的作用。

（3）接近中心相似度分析。该分析过程主要考察网络节点在不同网络内部的快速获取机会的能力之间的差异，分析结果见表 7-25。

表 7-25 接近中心相似度及节点评定等级

节点	a9	a18	a2	a7	a20
相似度值	0.577350	0.577350	1.000000	1.000000	1.000000
等级	优秀	优秀	优秀	优秀	优秀
节点	a8	a13	a16	a17	a4
相似度值	1.527525	1.527525	1.527525	1.527525	1.732051
等级	良好	良好	良好	良好	良好
节点	a6	a11	a10	a12	a1
相似度值	1.732051	1.732051	2.516611	2.886751	3.055050
等级	合格	合格	合格	合格	合格
节点	a5	a19	a3	a15	a14
相似度值	3.055050	3.055050	3.214550	3.785939	5.567764
等级	危险	危险	危险	危险	危险

从表 7-25 中可以看出，根据节点在网络中快速获取能力的不同，节点 a2、a7、a9、a18、a20 在三个网络中的差异较小，属于安全等级的优秀；节点 a3、a5、a14、a15、a19 在不同网络中的快速获取能力差异最大，这些节点可能会发生在一个网络中具有沟通的能力，在另外的一个网络中找不到合作对象，进而造成业务不能够实现的尴尬。

节点的中心性差异走势见图 7-11，从图中可以看出，同一个网络节点的三种中心相似度的大小具有一定的差异。节点 a5、a12、a14、a17 的差异程度较大，节点 a1、a4、a10、a13、a16、a18 的差异较小。同一节点的控制范围能力、转换关系能力以及快速获取知识能力的差异程度同节点本身的发展具有一定的关系，造成这一现象的原因需要进一步具体分析。

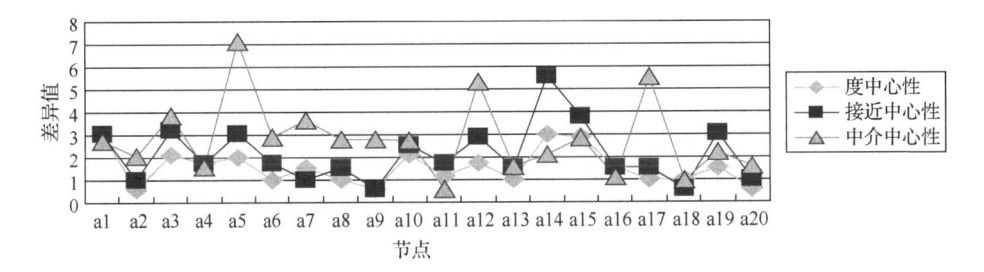

图 7-11 节点的中心性差异走势图

基于上述中心性的差异分析，本书提出如下建议。

（1）增加网络间相同节点的数量，提高网络间的协调程度。对于具有多层网络的超网络而言，增加层次网络之间的相同节点数量，以提高网络间的协同程度具有重要的作用。作为复杂超网络，集群内部网络节点纷繁复杂，如果网络间缺少起到连接作用的节点，子网络与子网络之间就不能很好地协作，以至于发挥不了网络的协同作用。因此，应增加子网络与子网络之间的相同节点，推动多层网络之间的高效联系，增加网络间共同节点的作用，提高整体网络的稳定性和有效性。

（2）提高网络间权重系数大的节点在网络之间的匹配程度。在复杂超网络中，节点一般根据自身的特点与其他节点相联系，节点在网络中发挥的作用与承担的责任不同，表现出权重的差异。实现网络主体之间的多元合作，推动彼此之间的联系，是复杂超网络的一个重要的任务。网络中大节点是促进内部主体同外部环境密切合作、突破内部发展瓶颈、活跃合作渠道与合作层次、增加网络结构的合理性以及网络间协调性的关键。因此，积极推动大节点间的合作与其自身在网络间的协调作用，是保证复杂超网络稳定性和长序性的重要举措。

（3）努力实现网络中节点"度分布"的优化。在复杂超网络中，网络内部的运行效率往往会由于网络节点众多、结构复杂以及节点之间盘根错节的关系大大降低。网络节点"度分布"的优化对于复杂超网络的运行效率具有重要的意义。网络节点的"度分布"优化可以从以下三个方面进行：一是促进度中心大的节点之间的联系以及网络间的相似度，增加其在网络中的作用；二是积极促进中介中心大的节点同其他节点之间的连接，增加网络的整体密度；三是努力减少节点之间接近中心度的差异，平衡彼此之间获取机会的能力。

6. S 区产业集群信息服务网络预警研究

集群信息服务网络风险预警也可以从网络的宏观、中观以及微观三个层面进行。宏观分析主要通过网络密度和网络平均路径长度来衡量，中观分析通过网络集聚系数等指标来衡量，微观分析主要通过度中心、中介中心以及接近中心三个指标来衡量[33]。

通过产业集群信息服务机制网络的宏观分析可以发现网络的连接状况以及信息传播效率的大小。网络密度和网络平均路径长度是常用的两个衡量指标，本节利用 UCINET6.0 计算得到案例中的网络密度以及网络平均路径长度分别为 0.2921 和 1.816。这两个指标可以说明网络的整体密度较小，节点间信息交流可能存在障碍，进而可能导致企业之间、企业与政府之间、企业与相关机构之间、企业与高校之间、政府与相关机构之间、高校之间以及中介服务机构之间缺乏相互的了解，在集群发展过程中不能很好地起到协调支持作用。网络节点间的平均路径长度小于 2，说明节点之间信息传递的失真率相对较小，这点在集群信息传递中具有一定程度的优势。

产业集群信息服务网络的微观分析可以很好地发现网络中的重要节点，以及对网络的结构脆弱性具有一定的预警作用。度中心是为了寻找网络中的核心节点，中介中心是为了发现在网络中信息传递作用较大的节点，接近中心是为了了解网络的整体发展状况，微观分析的三个指标是相辅相成、互相配合的。

根据度中心的大小，可以找出网络中的重要节点。按照中心性大小认为节点的重要性分为核心节点、辅助节点以及支撑节点三类，排在前 1/3 的为核心节点，中间 1/3 的为辅助节点，后 1/3 为支撑节点，节点分类情况见表 7-26。

表 7-26　网络节点重要性分类情况表

核心节点		辅助节点		支撑节点	
节点	度值	节点	度值	节点	度值
本地客户	33	达人电脑	20	区发改委	15
凯虹电子	30	印凯电子	20	本地其他高校	15
奔腾电子	30	达功电脑	20	人事机构	15
日意电子	27	区经委	19	国基电子	15
本地供应商	26	冠联电子	19	行业协会	11
真灼电子	25	至成科技	19	其他	10
奥润信息	24	研睿信息	19	政府基金	8
本地其他政府部门	24	承盛电子	19	培训机构	8

续表

核心节点		辅助节点		支撑节点	
节点	度值	节点	度值	节点	度值
凯思尔电子	24	美维科技	18	东华大学	6
银行	23	其他政府机构	18	工技大	5
达丰电脑	23	宏瑞电热	17	法律服务部门	4
龙天信息	23	合扩电子	17	立信会计	3
区科委	22	大碰电脑	16	上海外贸	2
凯虹科技	22	星纳电子	16	华东政法	2
旭福电子	21	唐舜电信	16	上外	2
仁仁电子	21			投资基金	2

从表 7-26 中可以发现，核心节点中本地客户是网络最重要的节点，它是企业开拓市场的核心来源。本地供应商排在第 5 位，也说明本地供应商在网络中发挥了重要的作用，它可以为企业的发展提供原材料、半成品、能源动力等物质资源。另外，政府部门、银行和科委也发挥了重要的作用，它们为企业的发展提供了政策、资金和科技等方面的支撑。但是，本地其他高校、人事机构、行业协会等应该处于辅助位置的节点，在该网络中却处于支撑位置，这不利于网络的发展，容易造成"企业找不到合适人才，人才找不到工作"的尴尬局面。网络持续发展下去，科技含量将会降低，不利于产业集群持续升级。

网络的中介中心主要是用来衡量网络节点处于中间人位置的重要程度大小，中介中心大的节点具有获得中间收益的优越性。因此，产业集群的稳定发展对中介中心较大的节点具有一定程度的依赖性。一旦产业集群网络中中介中心较大的节点依赖自身的优势尽可能多地抽取集群利益，那么整个产业集群将面临巨大的风险。因此，中介中心较大的节点最好是集群的发起者或者是集群中的非利益追求者，如政府部门等。本案例中，中介中心处于核心位置的节点是奔腾电子和凯虹电子，二者在中介中心指标衡量上远远超过了其他网络节点，具有很好的网络资源优势。而非盈利性机构在整个网络中处于劣势地位，高校、科研机构、中介服务机构尤为突出。

依据网络的接近中心势来分析，本地客户和凯虹电子的接近中心度最小，说明二者距离其他网络节点间的距离和最小，它们在获取集群网络内部信息时受其他节点控制的概率也最小。相反，网络中大部分高校、科研机构距离其他节点的距离和比较大，它们在获取集群网络内部信息时容易受到其他节点的干扰，不能很好地了解集群发展动态，处于劣势地位。这也和度中心分析的结果相呼应，因此，在调整集群网络主体间结构时，要增加高校、科研机构同其他节点间信息交流的通道，提高其在网络中的地位。

网络的集聚系数是衡量网络连通性强度的重要指标，通过分析网络节点的集聚性，可以有效地发现网络中高聚集点的分布情况，以有效地对网络的联通性进行控制和预测。

从图 7-12 可以看出，该集群信息服务网络中的节点大部分处于集聚系数为 0.3~0.5、节点度值为 0.3~0.6，这说明网络内的节点大部分处于低集聚度和低中心度的位置，信息传递能力较弱。与此同时，网络内存在一个集聚系数较大的节点，集聚系数位于 0.6 以上，但是可以明显地看出，该节点的度中心处于 0.2 以下，说明网络内的联系虽然在该节点集聚性很强，但是该节点在网络内部的权威却很小，不能很好地利用位置优势，促进集群网络的进一步发展。另外，存在三个节点的节点度值大于 0.6，但是它们的集聚系数却为 0.2~0.3，对网络的影响非常小。

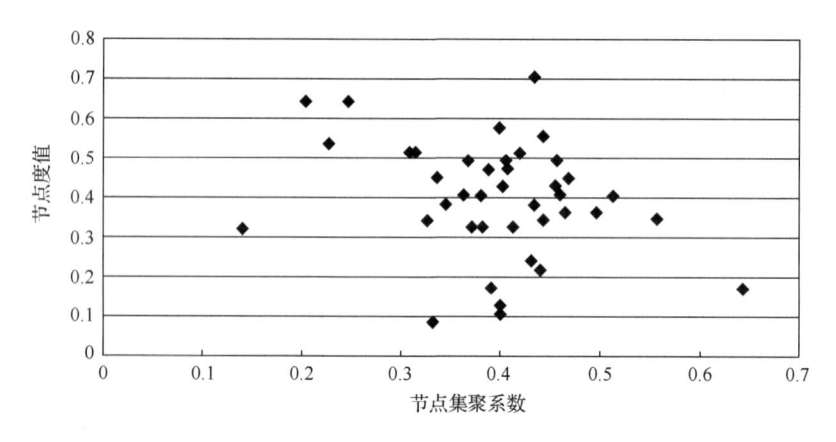

图 7-12 网络节点集聚系数和节点度值分布

针对上述分析，提出如下建议。

（1）提高集群网络主体之间的信任，促进彼此之间的联系。

信任机制是网络成员合作的基础，只有主体成员之间高度信任才能够建立长久的合作关系。S 区的整体网络密度为 0.2921，处于较低的水平，增加网络主体之间的合作关系，提高网络整体密度，缩短网络节点的平均距离，对于网络的信息传递具有重要的价值。

（2）依据集群发展特性，转变节点在网络中的位置。

网络结构的合理存在是为集群发展服务的，脱离集群发展研究网络结构是没有研究意义的。在良好的产业集群发展网络结构中，政府机构、本地其他高校、人事机构、行业协会等应处于网络的辅助位置。在案例 S 区的网络中，本地其他高校、人事机构以及行业协会却沦为支撑位置，采取适当政策、激励措施等促进华东政法大学、上海对外经贸大学等为主体的本地高校、人事机构以及行业协会向辅助位置的合理转化，可以有效提高网络结构的科学合理性。

（3）科学管理高度中介中心节点，增加集群网络节点集聚系数。

中介中心性高的节点是联结网络节点间的关键节点，有效地对其进行管理，可以增大集群的信息传递效率，促进集聚系数的增大。从案例的宏观分析中可以得知，S 区中心节点的集聚系数大部分位于 0.3~0.5，核心节点的集聚系数有的却处于 0.3 以下。因此，科学管理中介中心节点在网络节点间的联结关系，有利于提高核心节点在网络中的集聚性，提高网络节点间的关系的紧密度。紧密的关系有利于敏感信息和隐含知识的传播，关系越是密切，非正式信息的交易越多。

7.5 本章小结

人际竞争情报分析方法总体上是一种分析事物的框架，该框架有哲学指导思想，有相关理论基础以及各种分析工具。该方法有良好的通用性、规范性和科学性，能解决当前多关系、异质、多网络的复杂问题。本章静态特征分析案例研究、静态验证性分析实证研究、动态分析案例研究和综合分析案例研究系统展示了如何将人际竞争情报分析方法应用到竞争对手分析、竞争情报团队分析、区域产业竞争情报等领域。近年来，也有其他学者在探索这些分析方法的应用，比如：解娟等[34]对陕西 180 余家企业的调查实证研究，证实了企业人际情报网络可以提升企业的国际竞争力，其研究过程是典型的人际竞争情报静态验证性分析方法的展示；彭靖里等[35]从竞争情报角度，对台湾 IC 产业跨国社群 40 余年的形成和演化历程进行动态分析，是人际竞争情报动态分析的典型案例。

依据同样的分析路径，我们完全能把人际竞争情报分析方法的应用领域进一步拓展和衍生。比如应用于国家、区域竞争情报中，可以通过国家、区域之间的各种关系（军事、经济、文化等）来分析国家、区域之间的竞争与合作行为。Tacchella 等[36]和高见[37]利用国际贸易数据、企业注册数据对国家-产品、区域-产业进行网络建模，用以刻画、评估国家和区域的经济复杂性及竞争力。应用于产业竞争情报中，可以通过产业、政策、领军企业的异质、多关系的研究，来分析产业布局的战略意图和发展趋势等。周磊等[38]以集成电路产业为例，通过对上市企业年报信息中产品合作与机构股东社会关联等进行挖掘分析，从而为产业链布局、供应链配套、产业内社会资源聚合提供情报支撑。

参 考 文 献

[1] 龙青云, 吴晓伟, 娜日. 基于社会网分析的竞争对手分析及实证研究[J]. 情报科学, 2013, 31(1): 134-141, 160.
[2] 何文倩. 雅戈尔集团股权投资动因及效果分析[D]. 南京: 南京邮电大学, 2020.
[3] 资产信息网. 2022 年网易及其产业链研究报告[EB/OL]. (2022-06-21)[2023-09-01]. https://baijiahao.baidu.com/s?id=1736232547079322452&wfr=spider&for=pc.
[4] 华泰证券官网. 公司介绍[EB/OL].[2021-05-01]. https://www.htsc.com.cn/about/.
[5] 张东晖. 实体经济空心化背景下企业集团产融结合模式研究[J]. 财会通讯, 2015(26): 17-19.
[6] 白默, 侯冠廷. 交叉持股对公司业绩影响的评述与研究展望[J]. 经济问题, 2017(9): 114-119.
[7] 巨潮资讯网(中国证监会指定信息披露网站). 上市公司资讯[EB/OL]. [2023-12-15]. http://www.cninfo.com.cn/new/disclosure/stock?tabName=data&f002v=001001&stockCode=000002&type=info#companyProfile.
[8] 孙华平. 2011 年中期上市公司交叉持股情况一览[N]. 证券时报, 2011-08-17(C7).
[9] Borgatti S P, Everett M G, Freeman L C. UCINET for Windows: Software for Social Network Analysis[M]. Harvard, MA: Analytic Technologies, 2012.
[10] 王广雷, 吴晓伟, 楼文高, 等. 结构、认知和关系对团队竞争情报共享影响及其实证研究[J]. 情报理论与实践, 2012, 35(11): 67-71, 76.
[11] Krackhardt D. Organizational viscosity and the diffusion of controversial innovations[J]. Journal of Mathematical Sociology, 1997, 22(2): 177-199.
[12] 蔡曙山. 论人类认知的五个层级[J]. 学术界, 2015(12): 5-20.
[13] 吕迪伟, 冉启斌, 蓝海林. 认知学派与战略管理思想演进、发展与争鸣[J]. 南开管理评论, 2019, 22(3): 214-224.
[14] 马跃如, 蒋珊珊. 团队认知多样性、知识共享与团队创新绩效——基于包容性领导的调节效应检验[J]. 湖南大学学报(社会科学版), 2020, 34(5): 45-51.
[15] 罗仕文, 肖余春. 团队认知协同视角下信息共享机制研究[J]. 技术经济与管理研究, 2019(10): 64-68.
[16] 罗瑾琏, 王亚斌, 钟竞. 员工认知方式与创新行为关系研究——以员工心理创新氛围为中介变量[J]. 研究与发展管理, 2010, 22(2): 1-8, 31.
[17] 支凤稳, 郑彦宁, 沈涛. 我国竞争情报共享研究述评与展望[J]. 情报科学, 2018, 36(8): 171-176.
[18] 罗家德. 社会网分析讲义[M]. 3 版. 北京: 社会科学文献出版社, 2020.
[19] 杨吕乐, 张敏, 张艳. 国内外知识共享研究的系统综述: 基础理论、知识体系与未来展望[J]. 图书馆学研究, 2018(8): 2-11.
[20] 周九常. 网络组织竞争情报共享与泄露研究[J]. 图书情报工作, 2006, 50(10): 32-35.
[21] 胡远华, 董相苗. 员工信任关系对知识转移促进作用的实证研究[J]. 情报科学, 2015, 33(9): 81-87.
[22] 陈叶烽, 叶航, 汪丁丁. 信任水平的测度及其对合作的影响——来自一组实验微观数据的证据[J]. 管理世界, 2010(4): 54-64.
[23] 胡平, 甘露, 罗凌霄. 地方政府部门间信息共享的影响因素间关系研究[J]. 管理工程学报, 2009, 23(3): 85-89.
[24] 吴晓伟, 龙青云, 李丹. 企业人际竞争情报网络动态研究[J]. 情报学报, 2012, 31(9): 946-955.

[25] 吴亚菲. 产业集群与城市群发展的协同效应研究——基于长三角 26 个地级市面板数据的实证分析[D]. 上海: 社会科学院, 2017.

[26] 李帅帅, 范郢, 沈体雁. 基于知识图谱的产业集群研究进展评述与展望[J]. 地域研究与开发, 2020, 39(3): 6-12.

[27] 刘召栋, 夏西平. 基于产业集群网络创新的信息服务研究[J]. 情报探索, 2010(1): 20-22.

[28] 罗艳玲, 肖菲. 试析产业集群信息服务体系的构建[J]. 江西社会科学, 2010(5): 212-216.

[29] 夏颢玲, 贾苹. 图书馆面向产业提供信息服务的创新性实践与思考[J]. 图书情报工作, 2018, 62(9): 47-55.

[30] 王广雷, 吴晓伟, 楼文高, 等. 基于人际竞争情报分析的产业集群信息服务机制研究[J]. 情报杂志, 2013, 32(4): 16-21.

[31] 王广雷, 吴晓伟, 楼文高, 等. 产业集群竞争情报分析及其实证研究[J]. 情报理论与实践, 2013, 36(3): 41-46.

[32] 王广雷, 吴晓伟, 楼文高. 基于人际竞争情报分析的产业集群超网络协同发展研究[J]. 情报理论与实践, 2013, 36(12): 68-72, 128.

[33] 王广雷, 吴晓伟, 楼文高, 等. 产业集群信息服务平台预警机制研究——基于人际竞争情报[J]. 情报杂志, 2013, 32(12): 165-169.

[34] 解娟, 杨洋, 边燕杰. 人际情报网络何以提升中国企业的国际竞争力?——基于陕西走出去企业的实证研究[J]. 情报杂志, 2018, 37(5): 59-63, 181.

[35] 彭靖里, 谭小金, 李建平. 嵌入跨国社群的人际情报网络演化过程及其作用——以中国台湾 IC 产业创新网络的成长为例[J]. 情报理论与实践, 2017, 40(4): 6-11.

[36] Tacchella A, Cristelli M, Caldarelli G, et al. A new metrics for countries' fitness and products' complexity[J]. Scientific Reports, 2012, 2(11): 723.

[37] 高见. 社会经济系统的空间结构与动力学研究[D]. 成都: 电子科技大学, 2019.

[38] 周磊, 方芳. 基于企业年报的产业竞争情报分析方法研究——以集成电路产业为例[J]. 现代情报, 2021, 41(8): 129-135.

第8章 结 论

竞争情报起源于西方发达国家，是军事情报向经济情报转移的产物。企业顺应复杂竞争环境，制定竞争战略、实现可持续发展是竞争情报生存和发展的依据。20世纪80~90年代，竞争情报开始引入中国，得到了业界和学界的高度重视，同时为中国本土情报研究带来了新气象。竞争情报作为国家、企业实施竞争战略的利器，需要用中国的"智慧"进行改造、升华和创新，让其更有利于中国企业在国际竞争舞台上胜出。基于这一背景，人际竞争情报是从"大情报观"思路出发，通过移植社会网络相关理论创新而产生的具有中国特色的竞争情报分析方法。

本书研究取得的主要成果如下。

（1）提出了人际竞争情报分析方法框架。该框架由理论基础、方法工具、应用研究三部分构成，人际竞争情报分析方法总体上是基于行动者网络哲学思想，同时在情报学、社会网络理论、网络战略管理理论、行为科学理论、价值链理论、系统论、协同论指导下，借助行动者网络分析、社会网络分析、超网络分析以及相关的竞争情报分析方法作为工具，完成网络建模、网络分析、战略制定、战略实施，其应用范围将涵盖竞争情报的主要领域。

（2）研究了人际竞争情报分析方法的相关理论基础。人际竞争情报分析是一套建立在多学科理论基础上的情报分析方法。人际竞争情报分析方法的哲学基础是行动者网络，通过行动者网络思想搭建和维护人际竞争情报网络，实现情报规划。人际竞争情报的诞生和发展与企业、产业、国家的经济行为和战略需求密切相关，因此要把社会经济学（社会资本理论、社会网络理论）、行为科学理论、网络战略管理理论作为人际竞争情报理论体系的逻辑起点，用价值链理论、协同论和系统论作为配合和补充。人际竞争情报分析方法的理论还需要扎根于竞争情报理论，竞争情报的相关理论均适用于人际竞争情报分析。

（3）研究了人际竞争情报网络建模的相关问题。主要包括：其一，对人际竞争情报网络建模的描述方法、建模对象、建模要素及其资料搜集方式进行了研究，指出人际竞争情报网络模型描述主要包括社群图和矩阵，研究了人际竞争情报分析密切相关的重排、加减法、幂运算、相关、回归等矩阵运算的竞争情报分析意义，探讨了建模对象的确定方法，明确了行动者、关系、二方关系、三方关系、群体是建模的五个基本要素，从结构性变量和非结构性变量两个角度出发对建模过程中的资料搜集策略进行了研究,强调了非结构性变量在人际网络分析中的重要性。其二,重点探讨了异质多层的网络建模对象描述方法,以及如何用超网络工具实现其向单质、单层网络的转化。

(4)研究了人际竞争情报网络静态分析。静态分析包括静态特征分析和静态验证性分析两方面。静态特征分析是把一些常规的网络特征指标分析作为人际竞争情报分析工具,研究其在竞争情报实践中的应用。本书以社会网络分析方法为线索,系统研究了网络的基本结构特征指标(路径、密度、群聚系数)、网络的中心性指标、网络的小团体指标(核、派系)、网络的对等性指标等在竞争情报活动、竞争环境扫描、竞争对手分析中的应用;同时研究了网络位置角色和对等性指标对行动者之间的竞争行为的社会嵌入机制的影响;给出了基于人际竞争情报网络的竞争对手分析框架,该框架具有很好的实践指导价值。网络静态分析研究的另一个重要组成部分是验证性分析,验证性分析是对人际竞争情报网络关系结构产生的现象进行证实的一种研究方式,目的是发现人际情报活动的一些客观规律,在统计上主要使用相关分析法和回归分析法。

(5)研究了人际竞争情报网络动态分析。结合 Watts、Strogatz 提出的小世界网络模型和 Barabási、Albert 提出的无标度网络模型,本书提出了人际竞争情报网络动态分析框架。人际竞争情报网络动态分析由网络行动者选择机制、网络联结机制、网络演化模式三部分构成。网络行动者选择过程包括网络行动者分类备选和选择依据设计两步骤;网络联结机制是研究网络行动者结网的影响因素、网络行动者资源的吸引力度和社会网络的嵌入效应决定的人际竞争情报网络行动者间的联结概率;网络演化模式分为三类,即单中心模式、多中心模式、分散支撑模式。

(6)研究了人际竞争情报分析方法的应用。本书给出了三个单项分析案例和一个综合性分析案例,系统展示了本书研究成果——人际竞争情报分析方法如何应用于各种竞争情报分析领域。静态特征分析案例——华泰证券股权投资竞争对手分析详细展示了人际竞争情报网络的构建以及如何把静态特征指标应用在竞争情报活动、竞争环境扫描、竞争对手分析中。静态验证性分析案例实证研究了一个物流企业竞争情报团队的结构、认知、关系对企业竞争情报共享水平的影响,该案例弥补了以往只关注结构特征的弊端,考虑了认知、信任等其他非结构因素对竞争情报活动的影响,证明了验证性分析在寻找和研究人际竞争情报活动规律中的作用。动态分析案例是以 J 区服务于产业发展的人际竞争情报网络为例,分析了该网络的选择机制、联结机制和演化机制,该案例也间接验证了人际竞争情报网络发展可以在动态分析框架指导下进行。综合分析案例是把人际竞争情报分析方法应用于产业集群的信息服务机制研究。在该案例中,利用人际竞争情报分析方法框架，对产业集群中的行动者网络进行了建模和分析，用社会网络分析、超网络等分析工具对网络进行了分析，给出了相关应对策略。具体包括用网络基本特征指标对产业集群现状进行分析，依据行动者网络理论，构建产业集群信息服务行动者网络，提出用网络度中心相似度、中介中心相似度、接近中心相似度等指标对子网络之间的协调机制进行分析，同时结合特征指标对预警机制进行了研究。通过该案例可以发现人际竞争情报分析方法具有良好的通用性，能解决当前多关系、异质、多网络的复杂性问题。

本书研究得出以下基本观点。

（1）人际竞争情报分析的一般方法论需要网络建模研究。人际竞争情报研究主要解决两个问题：一是如何利用竞争情报为企业更好地开拓、利用和维护社会资本，为企业社会资本战略的成功实施给予支持；二是利用社会资本对竞争情报活动给予支持，为人际竞争情报提供理论与方法基础。由上可见，以关系为主要建模对象的网络分析自然成为人际竞争情报研究的重要工具。

（2）人际竞争情报网络建模不同于一般的社会网络建模，人际竞争情报网络主要研究人际情报规划、搜集、分析、传播中涉及的主题，它是人际竞争情报定量与定性研究结合的桥梁。

（3）人际竞争情报网络模型描述是进行人际竞争情报分析的前提。用社会网络模型不能全部解决人际竞争情报研究领域的所有问题。只有通过行动者网络、社会网络、超网络三大网络融合才能从根本上完善人际竞争情报分析方法。

（4）人际竞争情报网络分析应关注双向"嵌入"机制的影响。网络分析一方面要关注社会资本理论中的嵌入性、弱联结优势、强联系效应、结构洞、社会资本负债对网络行动者的影响机制；另一方面，要关注行动者（群体）的人格特质、人际吸引、群体结构、群体过程等因素对网络的影响。

本书的学术价值在于提出了基于网络思维的人际竞争情报分析方法，在理论和方法上均给予了创新，较好地解决了当前人际竞争情报研究面临的不足，使人际竞争情报分析方法成为竞争情报的基本方法之一，提升了人际竞争情报在竞争情报研究中的地位和作用。人际竞争情报分析方法有良好的通用性、规范性和科学性，能解决当前多关系、异质、多网络的复杂问题。应用领域非常广阔，不仅适用于企业竞争战略研究、竞争环境分析、竞争对手分析，同时能拓展和衍生到国家竞争情报和产业竞争情报中去。比如，应用于国家竞争情报中，可以通过国家之间的各种关系（军事、经济、文化等）来分析国家之间的竞争与合作行为；应用于产业竞争情报中，可以通过产业、政策、领军企业的异质、多关系的研究，来分析产业布局的战略意图和发展趋势等。